分级基金

概念·原理·策略

陶 伟 ◎ 著

上海财经大学出版社

图书在版编目(CIP)数据

分级基金:概念·原理·策略/陶伟著. —上海:上海财经大学出版社,2016.1
ISBN 978-7-5642-2298-7/F·2298

Ⅰ.①分… Ⅱ.①陶… Ⅲ.①基金-投资-基本知识 Ⅳ.①F830.59

中国版本图书馆 CIP 数据核字(2015)第 306674 号

□ 责任编辑　台啸天
□ 封面设计　杨雪婷
□ 责任校对　王从远

FENJI JIJIN
分级基金
概念·原理·策略

陶　伟　著

上海财经大学出版社出版发行
(上海市武东路 321 号乙　邮编 200434)
网　　址:http://www.sufep.com
电子邮箱:webmaster @ sufep.com
全国新华书店经销
上海华业装潢印刷厂印刷装订
2016 年 1 月第 1 版　2016 年 1 月第 1 次印刷

710mm×1 000mm　1/16　18.75 印张　287 千字
印数:0 001—4 000　定价:42.00 元

目　录

第一章　初识分级基金/1

　　第一节　背景介绍/3

　　第二节　谁是分级基金的最合适投资者/10

　　第三节　本书的结构/13

第二章　分级基金的结构和运作原理/17

　　第一节　资产负债表及其衍生概念/20

　　第二节　分级基金的结构和净值计算/35

　　第三节　基金市场的一些基本概念和分级基金的运作/42

　　第四节　分级产品的其他案例/58

第三章　公募基金市场概述/65

　　第一节　基金管理公司/68

　　第二节　基金分类/73

　　第三节　基金经理/102

　　第四节　货币市场型基金专题/103

　　第五节　保本型基金专题/108

　　第六节　Wind资讯的基金分类法/115

第四章　分级基金的投资策略/119

　　第一节　分级基金三类份额的独立投资策略/121

　　第二节　分级基金的组合投资策略/151

第三节　常见的基金投资方式/162
　　第四节　基金定投操作指南/164

第五章　基本面分析/169
　　第一节　基本面分析的基本框架/173
　　第二节　基金投资中的基本面分析方法/190

第六章　技术分析/193
　　第一节　假设条件对技术分析有效性的限制/198
　　第二节　主观性对技术分析有效性的限制/200
　　第三节　我所使用的技术分析框架/202

第七章　综合案例：我的分级B基金投资手记/215
　　第一节　准备工作/217
　　第二节　基金池及套利和不定期折算监控模型的建立/218
　　第三节　分级B基金的深入分析/224
　　第四节　市场和行业的基本面分析和技术分析的应用/234
　　第五节　小结/240

第八章　风险！风险！/241
　　第一节　多大的风险是合适的？/243
　　第二节　投资者应该具备的风险观/245

附录/247
　　附录1　分级基金一览表/249
　　附录2　分级基金的分组及分级A基金的约定收益率一览表/256
　　附录3　用电子表格（EXCEL）构建住房按揭贷款还款进度表/266
　　附录4　基金公司一览表/267
　　附录5　QDII基金一览表/271

附录6　货币市场型基金一览表/275

附录7　保本型基金一览表/290

参考文献/292

致谢/293

初识分级基金

绝代有佳人,幽居在空谷。

第一章

第一节　背景介绍

2010年夏天，我尚在位于北京金融街丰汇园11号的中国出口信用保险公司工作。在一次基金公司组织的机构投资者交流会上与一位朋友聊天，首次接触到分级基金。至今我还很清楚地记得，我们谈论的那只基金是银华锐进（基金代码：150019），目前它仍然是所有分级基金中少数规模较大、交易最为活跃者之一，在本书后面的章节中我会多次以它为例。

我在中国出口信用保险公司工作的部门是资产管理部，当时部门一共15人左右，管理着大约40亿元的人民币资产和10亿美元的外币资产（欧元、日元、英镑等其他外币均折算成美元计算），我所在的处室负责人民币部分的资产投资。根据当时的监管政策，保险公司投资于权益类资产的比例不得超过25%，据此测算，在合计100亿元人民币的可投资资产中，我们可投资权益类资产的金额在25亿元左右。当时，我们的外币几乎全部配置固定收益类产品，权益类投资的职责都落在了人民币资产上，因此，可用于权益类资产投资的资产占人民币资产的比例约为60%（25亿元/40亿元），所以，实际上我们是在运作一只规模为40亿元的平衡型风格的混合型基金。

当时市场上可供我们投资的权益类产品主要有两种：股票和偏股型公募基金（包括股票型基金和混合型基金）。监管机构对于保险公司的投资（特别是股票投资）管理非常严格，保监会制定了一整套标准，只有达到这些标准的保险机构才能够申请直接投资股票的资格并从事股票投资业务。那时，中国出口信用保险公司尚未取得这项业务资格（在本书完结的时候，我与一位老朋友聊天，得知他们现在已经获得了此业务资格），所以权益类投资的唯一选项就是偏股型基金。同时，债券型基金和货币市场型基金也是我们进行固定收益类投资和现金管理的重要工具，人民币资产中的固定收益类资产投资品种就是以这两类基金为主。因此，公募基金在我们的人民币资产投资中占据了绝对的主力地位。从这个意义上讲，我们运作的这只规模为40亿元的平衡型风格的混合型基金

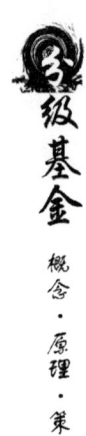

实际上是一只 FOF(Fund of Funds)产品。

在接触分级基金之前,我从事当时的工作将近两年,主要的工作是和部门的其他同事一起研究经济金融形势、制定投资策略、定期对中国内地 60 多家基金公司(现在已经增长至将近 100 家)的几百只产品(现在已经增长至超过 2 000 只)进行跟踪和研究,从中挑选合适的投资标的。2010 年时的公募基金市场,产品以开放式为主,数量约为上百只,封闭式产品只有几十只。直到今天,这两类基金发展悬殊的局面仍然如此,而且呈现出开放式基金持续发展、封闭式基金不断萎缩的局面(见表 1.1)。

表 1.1　　　　　　　　　　公募基金市场统计

基金类型	数量(只)	占比(%)	份额(亿份)	占比(%)	资产净值(亿元)	占比(%)
开放式基金	1 870	93.36%	40 250.15	97.15%	43 821.12	95.11%
封闭式基金	133	6.64%	1 179.15	2.85%	2 253.33	4.89%
合　计	2 003	100.00%	41 429.30	100.00%	46 074.45	100.00%

资料来源:Wind 资讯(截至 2014 年 12 月 31 日)。

注:(1)在统计基金数量时,有些基金是合并统计的,例如,货币基金 A 和货币基金 B 只统计为一只;

(2)不同的统计口径可能得到不同的统计数据,若读者在别处读到不同于 Wind 资讯的数据,请注意识别。

从基金数量上来看,封闭式基金只有 133 只,在全部基金中占比约为 6.64%,而开放式基金有 1 870 只,在全部基金中占比约为 93.36%,是封闭式基金的 14 倍之多。从基金份额和基金资产净值来看,两者的差距也同样悬殊:开放式基金的份额和资产净值分别是封闭式基金的 34 倍和 19 倍。

站在 2010 年的时点来看,基金市场发展的重心完全在开放式基金上。从 2002 年 8 月份最后一只封闭式基金"基金银丰"(基金代码:500058)上市交易之后,一直到 2009 年 10 月份国投瑞银瑞和远见(基金代码:150009)与国投瑞银瑞和小康(基金代码:150008)上市交易,这 7 年间封闭式基金的发展几乎停滞,而同时期开放式基金发行了约 550 只。基金市场的创新,包括指数型基金、量化对冲投资基金等,都集中于开放式基金领域,人们谈论的焦点也集中于此。封闭式基金似乎从人们的视野中消失了,我们对它们的关注,也仅限于通过观察其折价率来判断市场风向。这几十只封闭式基金的命运,好像只是在静静地等待时间的流逝,一旦封闭期结束,就按照市场惯例转换为开放式基金,从那张并不长的封闭式基金清单列表上一一消失而已。我们对封闭式基金如此轻视,以至于从2009年10月份到2010年上半年,一共4组分级基金成立、共有8只封闭式基金上市之后,才引起少数投资者的关注[国投瑞银瑞和远见(基金代码:150009)与国投瑞银瑞和小康(基金代码:150008)是其中一组]——我正是在那时初识了分级基金,并在接下来的4年之中不断跟踪和研究它们,亲眼见证了分级基金家族的发展壮大——在截至2014年的5年里,它们的数量几乎扩张了大约30倍。

我们研究的传统开放式指数型基金,都以追求标的指数的表现为目标。例如,国泰沪深300基金(基金代码:020011)的投资目标是:

"运用以完全复制为目标的指数化投资方法,通过严格的投资约束和数量化风险控制手段,力争控制本基金的净值增长率与业绩衡量基准之间的日平均跟踪误差不超过0.35%,实现对沪深300指数的有效跟踪。"

——摘自该基金《招募说明书》

我们可以简单地理解为:国泰沪深300基金的投资目标就是力争取得与沪深300指数涨跌幅一致的业绩,即追求标的指数(或称为"追踪指数")沪深300指数的表现。

我们的长期研究表明:战胜市场,取得比指数更高收益率(又称市场平均收益率)的概率并不大。大部分投资者的目标就是在市场上涨的时候取得与之相当的收益率,而在市场下跌的时候能够控制风险、争取跌幅不超过指数跌幅。事实上,对于各类投资者来说,这并不是一个容易达成的目标,仍然有相当比例的投资者的收益率低于市场指数的收益率。

在长期的投资工作中,我们正努力争取获得与指数收益率相当的收益率时,突然有人告诉我们:有这么一只基金,也是指数型,但是它在牛市或者反弹市场中的表现好于大多数股票和基金,可能还并不亚于市场热门的龙头股票。

这样的基金产品,怎能不让人眼前一亮而为之心动?

没错,这就是分级基金。

我们来看一个例子。

申万证券行业 B 基金（基金代码：150072）于 2014 年 3 月 31 日上市,截至 2014 年 12 月 31 日,它在 9 个月中上涨了 518.45%（见图 1.1）。

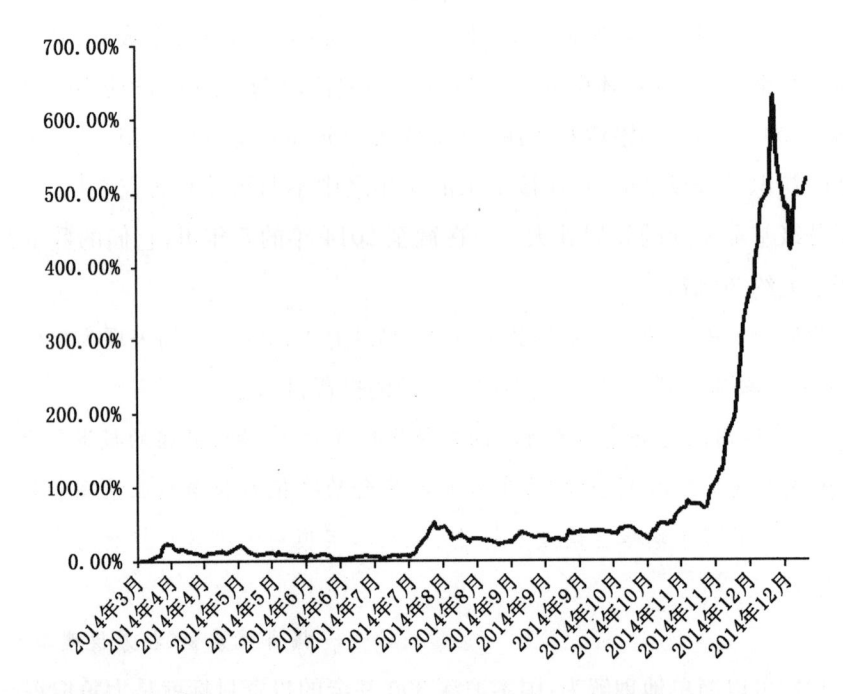

资料来源：Wind 资讯。

图 1.1　申万证券行业 B 基金（基金代码：150072）的市场表现（复权后）

同时期,19 家上市交易的证券公司股票表现不一,差距巨大（见表 1.2）。

表 1.2　　　2014 年 3 月 31 日～12 月 31 日上市证券公司股价表现

序　号	证券代码	证券简称	区间涨跌幅
1	000783.SZ	长江证券	322.70%
2	000562.SZ	宏源证券	275.62%
3	601788.SH	光大证券	266.34%
4	000728.SZ	国元证券	262.82%
5	601377.SH	兴业证券	251.34%
6	601099.SH	太平洋	237.88%
7	002673.SZ	西部证券	236.82%

续表

序 号	证券代码	证券简称	区间涨跌幅
8	601688.SH	华泰证券	224.18%
9	600030.SH	中信证券	221.68%
10	601555.SH	东吴证券	215.26%
11	600999.SH	招商证券	180.81%
12	600369.SH	西南证券	169.29%
13	000776.SZ	广发证券	164.89%
14	600837.SH	海通证券	159.85%
15	601901.SH	方正证券	158.06%
16	000686.SZ	东北证券	157.96%
17	002500.SZ	山西证券	151.53%
18	600109.SH	国金证券	111.11%
19	000750.SZ	国海证券	78.26%

资料来源：Wind资讯。

19家上市证券公司的股价中，上涨幅度最大的是长江证券，其股价翻了3倍多，上涨幅度最小的国海证券股价上涨不足1倍；19只股票平均涨幅为202.44%（简单算术平均）。而申万证券行业B基金的涨幅为518.45%，远远高于所有券商股票的股价涨幅（注：该基金进行过两次上折，此处的收益率是复权后的收益率）。

但是，分级基金并不是如此简单。

一组典型的分级基金由三个部分构成：

（1）母基金。一般是开放式基金，在场外交易，投资者可以向基金公司申请申购和赎回。

（2）子基金的稳健份额。又称A类份额或分级A基金，事先约定收益率，净值每日稳定增长，一般是封闭式基金（也有小部分为开放式基金，在场外交易，后文将有详细介绍），在证券交易所上市交易。

（3）子基金的激进份额。又称"B类份额"或"分级B基金"，享受母基金的收益扣除A类份额的约定收益之后的剩余收益，一般是封闭式基金（也有小部分为开放式基金,在场外交易,后文将有详细介绍),在证券交易所上市交易——在口头语中,我们所讲的"分级基金"或"杠杆基金"就是指这一类份额。在后文中,我们使用"分级基金"这个名词时,有时候是指一组分级基金,有时候是特指分级 B 基金,请读者注意区分。

我们最初看到的 2009 年后上市的 8 只封闭式基金就是 4 组分级基金的两类子基金——到目前为止,对于许多非专业的基金投资者来说,"母基金""子基金""约定收益率"等概念看起来比较晦涩难懂,但是请读者不必烦恼,在后面的章节中,我会用平实的语言和具体的实例来阐释它们,这也正是我写作此书的目的——经过近 5 年的发展,到我完成此书的 2015 年初,市面上可供投资的分级基金多达 125 组,涵盖了股票指数型、股票主动管理型、债券型、QDII 型等多种类型,形成了比较完整的产品序列,本章附录 1.1 列举了它们的基本情况——还有一些同类产品仍在候审待发,待到本书出版发行时,这张列表可能就不全了,需要在后面再追加新的成员。

我们当时谈论的银华锐进(基金代码:150019),是银华深证 100 分级基金的一个组成部分,另外两个部分分别是母基金银华深证 100(基金代码:161812)和子基金稳健份额银华稳进(基金代码:150018),这组分级基金追踪的是深证 100 指数(指数代码:399330)。银华锐进是激进份额,初始杠杆率为 2 倍。理论上,如果不考虑二级市场资金供求状况的影响,它的净值增长率和二级市场交易价格涨跌幅应该大约是标的指数深证 100 价格指数的 2 倍——在实际中,资金状况的影响比较大,在市场上升的时候,由于资金的追逐,往往对其交易价格有推波助澜的作用,基金的二级市场交易价格涨幅可能会远超其净值增长率(见图 1.2)。

2014 年 11 月底至 12 月初,股票市场经历了一波较为明显的上升,沪深 300 指数和深证 100 指数上涨幅度均超过 20%,而银华锐进的二级市场价格涨幅超过 60%,是其追踪标的指数深证 100 指数的 3 倍之多。

然而,即便离第一组分级基金问世已有 5 年,分级产品的数量也已超过 100 组,但是在大部分的投资者眼中(包括一些金融从业者在内),分级基金仍然是一个复杂艰深的领域。在谈起这些产品的时候,人们对于分级基金的激进类份额("杠杆基金")在市场反弹时的表现印象深刻,迫不及待地询问为什么会这

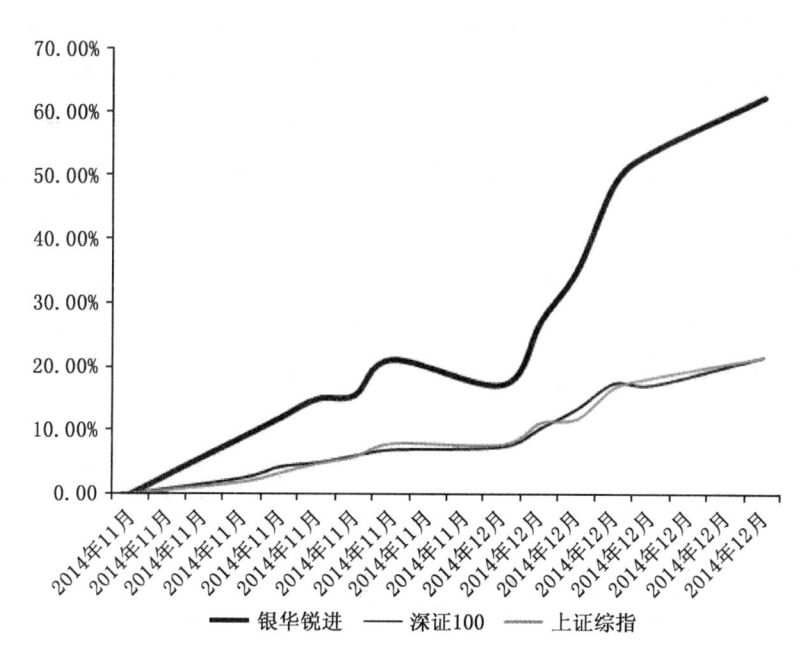

资料来源：Wind 资讯。

图 1.2　银华锐进与深证 100 指数和沪深 300 指数表现对比

样、它们到底是怎样运作的、我们应该怎样选择合适的投资标的，等等。我很想将我们多年来积累的有关分级基金的知识和技巧倾囊相授，但是的确一言难尽——也许你可以要求我们用一两句话来概括这类产品的运行机制或风险特征，也能很快知道如何进行交易买卖，但是到了实际操作层面，你也许仍会一筹莫展，因为许多问题仍然是难以逾越的障碍，例如：

为什么它有两种"价格"：一个是"净值"，一个是"二级市场价格"？

它们之间有什么关系？

什么是折价率？它为什么会出现？它的合理范围是多少？

如果折价率偏离达到一定程度会有何风险？

为什么盘面的报价并不连续？

……

2011 年，我回到家乡武汉，在天风证券股份有限公司供职，主要工作之一就是进行金融产品研究。当时国内证券公司主要研究领域是宏观经济、配置策略、股票、债券和股指期货等，主要关注的金融产品也只是股票、债券和期货，对公募基金、私募基金、商业银行理财产品、保险产品、信托产品等缺乏足够的关注。这时候,证券公司的经纪业务由于长年的价格战和股票市场的持续低迷而面临困境,到了非转型不可的时候。转型的路径之一,就是由单纯的经纪业务转向综合理财服务,这项工作的要求之一,就是对全市场的金融产品加以研究,为客户提供资产配置服务。这时,我们继续将分级基金作为一类单独的金融产品加以深入研究,并取得了积极的成果。3年之后的2014年,分级基金市场已经发展成为一个庞大的家族,但是各类投资者对于分级基金这个相对较新的投资品种存在着种种疑问和混淆,我们感觉到写作这样一本专著的时机已经成熟。

第二节 谁是分级基金的最合适投资者

分级基金几乎适合所有类型的投资者。

一、机构投资者与分级基金

机构投资者是金融市场中最为活跃的一群投资者,他们拥有专业的投资知识和技能,能够对金融市场和金融产品做全面、细致的研究和分析,运用各种投资组合技术追求稳健的收益。

1. 机构投资者与分级B基金

分级B基金又称杠杆基金(激进类份额),由于带有杠杆,它不会减小、反而会增大投资组合的波动性,这也是我们在保险公司之时,研究过分级基金之后不得不将它排除在投资标的范围之外的主要原因。因此,从资产的收益率波动性和市场流动性上考量,分级B基金目前并不是机构投资者理想的投资标的。

2. 机构投资者与分级A基金

不过,分级A基金却是机构投资者良好的投资标的。

分级A基金一般享受约定收益率,例如,银华稳进(基金代码:150018)的约定收益率为"一年期同期银行定期存款利率 + 3%"(见该基金的《招募说明书》),在2014年11月21日降息之前,一年期同期银行定期存款利率为3%,因此,银华稳进的约定收益率为6%,在定期折算日,基金公司向投资者分红。如果投资者持有10 000份,则可以分得价值600元(10 000×6%)的母基金份额,投资者只需要向基金公司赎回母基金份额就可以得到现金了。因此,实际上,约定收益率与债券的票面利率非常相像——不同的是,债券一般有固定期限,而分级A基金没有固定期限,投资者一般将其视作一只永续债券;另外一个不同点是,债券(特别是信用债)面临着信用风险,而分级A基金基本不存在此类风险。

正是由于分级A基金的这种特性,使它成为机构投资者所青睐的资产。目前,保险公司、商业银行等机构投资者是分级A基金最主要的机构投资者。

3. 机构投资者与母基金

母基金与一般的开放式基金一样,都可以向基金公司进行申购和赎回,因此,实际上为机构投资者增添了新的投资品种。

4. 机构投资者与分级基金套利

由于母基金与子基金之间可以进行配对转换,例如:1份银华锐进和1份银华稳进可以合并成2份银华深证100母基金,反之亦然。当母基金的净值与子基金的二级市场价格发生偏离时,就会出现套利机会,机构投资者特别是持有分级A基金的机构投资者,可以买入相应份额的分级B基金,合并成母基金后向基金公司申请赎回,获得套利利润,反之亦然。

以上的种种投资策略,我们将在第四章中详细说明。

二、个人投资者与分级基金

1. 个人投资者与分级B基金

对积极的个人投资者来说,分级B基金提供了良好的杠杆工具,成为他们在牛市或反弹市中的投资利器。我们经常看到投资者在市场发生阶段性反弹时手忙脚乱的情形,因为在大多数情况下,反弹持续的时间既短,幅度也有限,等到他们找到合适的标的(市场热点、龙头股票等)时,行情已经结束。但是如果平时就关注一些分级基金,了解它们的特性,在行情到来时就能很快出手,获得的收益也几乎与龙头股票旗鼓相当,图1.3显示了几只分级基金在反弹行情中的表现。

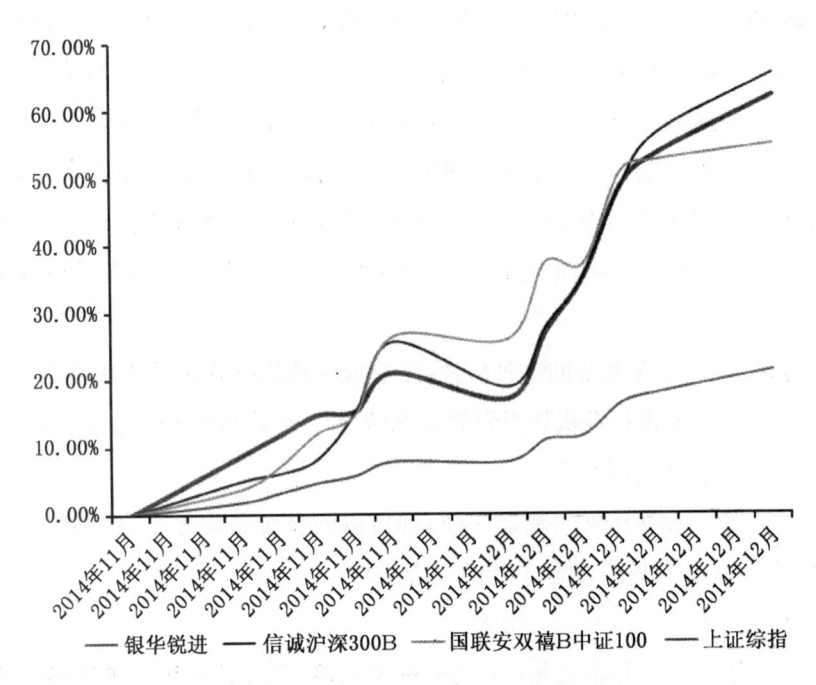

图 1.3 部分分级基金在市场反弹时的表现

资料来源：Wind 资讯。

图例：银华锐进　信诚沪深300B　国联安双禧B中证100　上证综指

2014 年 11 月 21 日至 12 月 8 日的半个月中，上证综指（指数代码：000001）出现了一波约 20% 的反弹，而跟踪大盘指数的几只分级基金进取份额（国联安双禧 B，150013；银华锐进，150019；信诚沪深 300B，150052）的价格涨幅几乎是大盘的 3 倍！

在分级基金出现之前，个人投资者很少有使用杠杆进行投资的机会——对机构投资者来说，股指期货、融资融券等提供了放大和对冲的工具，而这些工具对于个人投资者来说门槛太高（例如，股指期货的门槛是人民币 50 万元），这使得个人投资者在市场之中处于天然的劣势，在市场受到重大利空的冲击之时，机构投资者很容易使用股指期货来对冲风险，而个人投资者由于没有做空的工具而只能忍痛割肉；市场突然出现重大利好时，机构投资者又可以利用融资融券或股指期货来放大收益，而个人投资者又面临着举棋不定、选股不准的风险。分级基金出现之后，使投资金额较小的个人投资者有了使用杠杆的机会——但是，至今还没有出现一般个人投资者可以参与的小额做空工具，这也应该是基金行业创新的一个方向。这种工具一旦问世，则个人投资者至少在投资工具上与机构投资者达到了形式上的平等，他们可以使用这些工具来优化自己的投资组合，控制投资风险。

2. 个人投资者与分级Ａ基金、母基金及套利

适用于机构投资者的分级Ａ基金投资方法、母基金投资方法及套利交易方法均适用于个人投资者。

本书虽为分级基金而作，但是我们也应该清醒地认识到：分级基金只是公募基金家族中的一个成员，它所使用的某些投资策略同样适用于基金家族的其他成员。同时，适用于基金市场的一些概念、方法，也同样适用于分级基金——我们将在第三章中简要介绍公募基金市场的整体状况，将分级基金置于整个公募基金市场中加以研究。因此，不论是机构投资者还是个人投资者，都是分级基金潜在的投资者，都能从本书中获得包括分级基金在内的公募基金的投资方法和技巧。

第三节 本书的结构

本书一共分为八章。

第一章我们介绍了本书写作的背景及分级基金的合适投资者。分级基金出现已有5年之多，但是并没有被投资者广泛接受，仍然只是一个非常小众的投资品种。其中的障碍之一，就是相比传统的公募基金，它们自有其独特的结构和运作规则，对于很多投资者来说是一个全新的领域。我写作此书的目的，正是帮助读者深入全面地了解它们。

第二章我们将剖析分级基金的结构和运作原理。我们从一个简单的例子入手，引入资产负债表及其衍生的一些概念，打下我们研究分级基金的基础——在我看来，这正是理解所有分级产品的关键，因此本章不仅介绍了分级基金，我们还将视野放宽，介绍了一些其他类型的分级产品。接着，我们将说明

为什么分级基金要采用如此结构,以及分级基金每一类份额的净值计算方法。同时,我们对分级基金的运作也做了简要介绍,为我们在第四章讨论分级基金的投资策略立下根基。

第三章我们将简要介绍整个公募基金市场。分级基金只是公募基金大家族里的一类特殊品种而已,不能够脱离整个族群而存在,因此,了解整个公募基金市场也有助于我们对分级基金的正确认知。本章我们着重介绍基金的分类,这是基金投资的第一步,也是最重要的一步。同时,我们还将简要讨论基金经理在基金运作中的作用。

第四章我们将探讨分级基金的投资策略。我们将在分级基金分类的基础上,介绍一组分级基金中三类份额的每一类基金份额进行单独投资的策略,以及三类份额共同进行的组合套利投资策略。本章中所探讨的投资策略,大多也可应用于其他类型公募基金的投资。

第五章和第六章我们将简要讨论基本面分析和技术分析。我们并不打算详细介绍基本面分析和技术分析的技巧,而只是提出一些基本概念和方法,为读者系统地学习这些技巧奠定基础。

第七章我们将前文做一个汇总。我们将结合实例介绍在分级B基金投资上的一般步骤和方法,供读者参考。

第八章我们向投资者提示投资风险。在前面的章节中,我们对这个问题并没有特别强调(只是就产品本身的投资风险作了分析),但实际上它却是一切投资首先应该考虑的因素。我们将之置于本书的最后一个章节,意在提醒那些迫不及待要冲入市场的投资者,应时刻牢记风险,保持冷静的头脑和理性的思维。

还有一点需要特别说明的,是本书所使用的数据问题。

本书一般使用最新的数据,但是有时候也会使用一些比较旧的数据。这些旧的数据有的更具有代表性,有的是为了保证数据样本全部落在一年之内——但是它们并不妨碍读者对于本书内容的阅读和理解,因此读者不必纠结于没有看到最新数据。

另外,本书的数据主要引自Wind资讯的数据,但是它的数据也存在着一些问题。举一个简单的例子,我们在统计整个基金市场的数据时,它给出的封闭式基金的数量是133只,但是仅就125组分级基金而言,上市交易的封闭式基金数量就多达178只,这是一个最为明显的矛盾。所以,如果要较真,市场数据的收集和整理本身就是一项浩大的工程。我并不打算在这个问题上过多纠结,只是尽可能地使用同一个口径的数据,最大限度地保证数据使用的连贯性。

分级基金的结构和运作原理

不积跬步,无以至千里。

第二章

大多数投资者接触分级基金的初衷,是被它们在市场上扬时的惊艳表现所吸引。在大多数投资者眼中,"分级基金"就是"杠杆基金"的另一种叫法,关于分级基金疑问的焦点也大多汇集到这个问题上:

"分级基金的杠杆是怎么来的?"

为了解决这个疑问,我们像侦探一样拨开层层迷雾,逐渐接近真相的时候,却愕然发现:原来我们对分级基金的认知是这么肤浅和粗略!要正确认识并投资分级基金,的确需要花上一番功夫呢!这正是本书所要完成的任务。

本章我们将迈出第一步,重点探讨分级基金的结构和运作原理。分级基金是最近几年才出现的创新型基金,相比传统公募基金,它的创新体现在以下几方面:

第一,分级基金不是单个的一只基金,而是由三只基金(或三个部分)组成——我们称为一组分级基金,它们之间既相互独立又相互关联;

第二,大多数投资者所关注的杠杆基金(分级 B 基金),其实只是分级基金子基金中的一只,它运用了财务杠杆;

第三,分级基金子基金中的稳健份额(分级 A 基金),其净值是可以事先精确计算的;

第四,分级基金的母基金既可以像传统的开放式基金那样交易,也可以与子基金按照一定的规则进行分拆和合并,进行套利交易。

行文至此,读者对上述分级基金的几个创新之处可能并不理解,但是请勿担心,读完本章之后请再翻回此处,你一定会有幡然领悟、豁然开朗之感。

本章共分为四节。第一节我们将阐述资产负债表、资本结构、财务杠杆等概念。这些概念都是会计学的专门术语,但是它们正是理解分级基金以及其他分级产品的基础。不具备基本财务和会计知识的读者不必望而却步,因为我们并不打算正襟危坐地向你传道,我们所使用的方法是使用简单而直观的案例,再加以抽象,使一般读者都能够理解。第二节我们将重点剖析分级基金的结构,使读者了解构成一组分级基金的各个组成部分及其净值的计算,它们是我们第四章中讨论分级基金套利交易的基础之一。第三节我们在了解基金市场的一些基本概念的基础上,一窥分级基金的运作原理,包括分级基金的分拆、合并、套利等,它们也是我们第四章中讨论分级基金套利交易的基础。第四节我们还介绍了一些其他类型的分级产品案例（证券公司资产管理计划、住房按揭贷款等），加深读者对于"分级"精髓的理解。

第一节 资产负债表及其衍生概念

资产负债表是一个基础而复杂的会计概念，感兴趣的读者可以从专门的教科书中学到从原始凭证记录到编制资产负债表的一整套技术。本书的关注点，在于它的结构和这种结构中所蕴含的意义。

一、资产负债表

我们从一个简单的例子入手。

小王想开一家社区便利店，需要投资10万元，不过小王手头只有5万元，怎么办？

两种常见的方法：一是向人借债，一是找人入伙。

1. 向人借贷

借债的办法包括向银行申请、向亲朋好友告贷等，这些办法都有一个共同特征：定期要支付利息，到期要偿还本金（而还本付息是不管社区便利店的经营状况的）。

例如，小王借款5万元，期限5年，年利率为8%，一年付息一次。则小王一年需要支付4 000元利息（50 000×8%），到期后需要偿还5万元本金（见图2.1）——不管小王的社区便利店是赚钱还是亏本，都是如此。

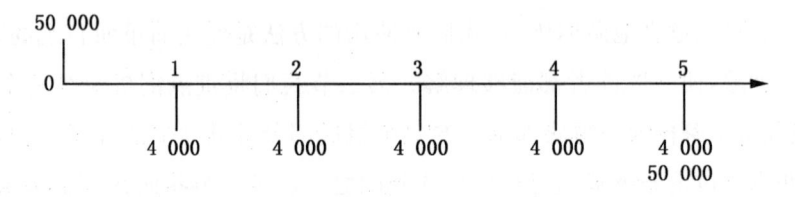

图2.1 借款5万元、期限5年、年利率为8%的现金流示意

图 2.1 中,向右的横轴代表时间,"0"表示借款当日,1～5 表示借款后的第 1 至 5 年;横轴上方的数字表示现金流入,下方的数字表示现金流出。例如,在第 0 年,即借款当日,小王借入了 5 万元,因此现金流为 5 万元;在第 1 年,小王需要支付利息 4 000 元,因此现金流为 −4 000 元;在第 5 年,小王需要支付利息 4 000 元,偿还本金 5 万元,因此现金流为 −54 000 元——后面我们也会用此类方式来显示现金流,届时不再做重复解释。

2. 找人入伙

找人入伙则不同。入伙者与小王共担风险、共享收益。小王的合伙人也出资 5 万元,与小王各占 50% 的股份。若社区便利店盈利,需要将盈利的一半付给小王的合伙人;如果亏损,小王的合伙人也要承担一半的损失。

向人借贷和找人合伙,这两种办法所反映出来的是两种不同的关系。

向人借贷是债权债务关系(在这个例子中,小王是债务人,借钱给小王的银行或亲朋好友是债权人,或者称为债主);寻找合伙人则是股东与股东的关系(小王和合伙人各占 50% 的股份),一般情况下,小王与合伙人是平等关系,按照出资比例享有社区便利店的财产所有权。

不管采用哪种办法,小王的社区便利店开业了。这时,小王的身份是双重的:

一是社区便利店的所有者(在借款的筹资办法中,小王是 100% 的所有者;在找人入伙的筹资办法中,小王是 50% 的所有者,小王的合伙人是另外 50% 的所有者);

二是社区便利店的管理者。

3. 资产负债表恒等式

我们从两个角度来看小王的社区便利店。

第一个角度,我们来看小王的资金来源。

在向人借贷的办法中,小王的资金来源是:5 万元借贷,5 万元自有资本。前者是小王的负债,后者是小王的所有者权益。

在找人入伙的办法中,小王没有借贷,所以也没有负债,全部资金都是所有者权益,只不过小王和合伙人各占 50% 的份额。

不管采用哪种办法,结果都是:小王自有的 5 万元资金,加上另外那 5 万元

（不论是借来的还是合伙人出资），一共 10 万元，现在都在小王的账上，可以供小王使用——专业的术语叫"分开募集，合并运作"。

第二个角度，小王的资金到位之后用在什么地方了。

小王可能花费了 1 万元用于店面租赁，1 万元用于店面装修，5 万元用于购买货架、收银机、商品等，剩余的钱作为流动资金。这些都是小王所开的社区便利店的资产。

稍微抽象一下，我们不难得出下面的等式：

资金来源＝资金用途

在借贷的情况下：资金来源＝负债（5 万元借款）＋所有者权益（5 万元自有资金），资金用途即社区便利店的所有资产，价值 10 万元。

在找人入伙的情况下：资金来源＝负债（0 元）＋所有者权益（10 万元，其中小王占 50％份额，合伙者也占 50％份额），资金用途即社区便利店的所有资产，价值 10 万元。

进一步抽象一下，我们可以得出下面的等式：

负债＋所有者权益＝资产

这就是资产负债表恒等式。

几乎所有规范运作的企业都会定期编制资产负债表，感兴趣的读者可以去找一些来看。一般资产负债表会采用左右分列的形式展示：左边列示资产，右边上半部分列示负债，右边下半部分列示所有者权益（见图 2.2）。

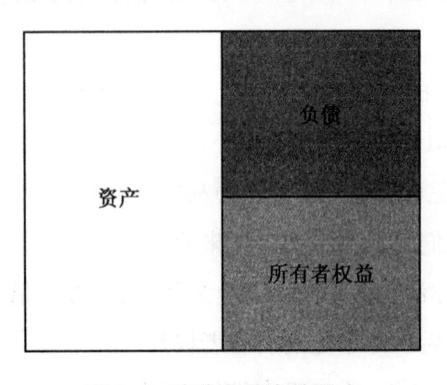

图 2.2　资产负债表的形式

在借款的情况下，我们为社区便利店编制的资产负债表大致如表 2.1

所示。

表 2.1　　　　社区便利店资产负债表(向人借贷)

资　产		负　债	
现金	30 000	借款	50 000
店面租赁(1年)	10 000		
店面装修	10 000	所有者权益	
货架、商品等	50 000	所有者权益	50 000
总资产	100 000	负债和所有者权益合计	100 000

在找人入伙的情况下,我们为社区便利店编制的资产负债表大致如表2.2所示。

表 2.2　　　　社区便利店资产负债表(找人入伙)

资　产		负　债	
现金	30 000	借款	0
店面租赁(1年)	10 000		
店面装修	10 000	所有者权益	
货架、商品等	50 000	所有者权益	100 000
总资产	100 000	负债和所有者权益合计	100 000

从表2.1和表2.2的对比中我们可以看出:不管用什么方法筹资,小王的社区便利店开业了,资产端(左列)都是一样的,不一样的只是资金来源,即"负债"和"所有者权益"的构成不一样。

接下来,我们将要看看这种不一样的构成对于小王作为社区便利店所有者的影响,这正是下一小节的主题——不过,我们还有一点需要澄清,那就是必须把"小王"和"社区便利店"区分开来。社区便利店的资产是10万元,小王的出资是5万元。如果社区便利店的利润率为10%,即意味着社区便利店的利润是1万元,但这并不是小王的全部利润,因为小王要么需要支付利息,要么需要向他的合伙者分利润,所以,最后小王个人的利润可能只有6 000元(支付4 000元利息)或5 000元(向合伙人分派50%利润),小王的利润率可能是12%(6 000/50 000)或10%(5 000/50 000)。

二、资本结构

在上面这个例子中,我们看到两种不同的资本结构:

第一种:50%负债+50%所有者权益;

第二种:0%负债+100%所有者权益。

我们将资金来源中"负债"和"所有者权益"的不同比例组合称为"资本结构"。资本结构对于企业的经营和企业所有者的利润有诸多影响。如果一一列举这些影响,我们将会花费大量篇幅,也会使我们的话题岔开,所以我们只是集中于两个最重要的方面:

第一,企业关闭或破产清算时向资金提供者进行清偿的顺序;

第二,对企业所有者的利润的影响。

我们还是用社区便利店的例子来一一探讨。

1. 社区便利店转手或关闭时财产的清偿顺序

根据一般的商业法则,小王转手或关闭社区便利店之后,需要还掉借款的本金和利息、向其他合伙人按比例分配剩余的财产。

但是,一定要注意:这两个清偿的顺序是不可以颠倒的。小王必须先支付借款的本金和利息,再和合伙人按比例分配剩余财产,反过来则不行——请读者回头看看图2.2资产负债表的形式,右边列示的是负债和所有者权益,并且负债在所有者权益的上方,这种列示方式隐含的就是资产处置后的清偿顺序。

2. 不同资本结构对小王的利润的影响

我们分别假设小王的社区便利店在第一年的利润率分别为-5%、0、5%和10%的情况下,来计算小王作为社区便利店的所有者在不同资本结构下的利润和利润率。

第一种假设:社区便利店的利润率为-5%,即亏损5 000元(100 000×-5%)。

在借贷的情况下,小王首先要偿付利息4 000元(50 000×8%),那么作为所有者的小王总共亏损9 000元(5 000+4 000),则小王的利润率是-18%(-9 000/50 000,因为小王自己的投入只有5万元,所以在计算小王作为所有者的利润率时,是以5万元作为基数,而非10万元,下同)。

而在找人入伙的情况下,小王和合伙人各亏一半,即2 500元(5 000/2),小王的利润率是-5%(-2 500/50 000),见表2.3。

表2.3　社区便利店利润为-5%时,小王作为企业所有者的利润及利润率计算

	向人借款	找人合伙
便利店利润率(%)	-5	
便利店利润(元)	-5 000	
减:利息支出(元)	4 000	0
等于:归属于股东的利润(元)	-9 000	-5 000
减:归属于合伙人的利润(元)	0	-2 500
等于:归属于小王的利润(元)	-9 000	-2 500
小王的利润率(%)	-18	-5

第二种假设:社区便利店的利润率为0,即不赚不亏。

在借贷的情况下,小王首先要偿付利息4 000元(50 000×8%),那么作为所有者的小王总共亏损4 000元,则小王的利润率是-8%(-4 000/50 000)。

在找人入伙的情况下,小王和合伙人不赚不亏,小王的利润率是0(0/50 000),见表2.4。

表2.4　社区便利店利润为0时,小王作为企业所有者的利润及利润率计算

	向人借款	找人合伙
便利店利润率(%)		0
便利店利润(元)		0
减:利息支出(元)	4 000	0
等于:归属于股东的利润(元)	-4 000	0
减:归属于合伙人的利润(元)	0	0
等于:归属于小王的利润(元)	-4 000	0
小王的利润率(%)	-8	0

第三种假设:社区便利店的利润率为5%,即盈利5 000元(100 000×5%)。

在借贷的情况下,小王首先要偿付利息4 000元(50 000×8%),作为所有者的小王总共盈利1 000元(5 000-4 000),利润率是2%(1 000/50 000)。

在找人入伙的情况下,小王和合伙人各赚2 500元(5 000/2),小王的利润率是5%(2 500/50 000),如表2.5所示。

表 2.5　社区便利店利润为 5%时,小王作为企业所有者的利润及利润率计算

	向人借款	找人合伙
便利店利润率(%)	5	
便利店利润(元)	5 000	
减:利息支出(元)	4 000	0
等于:归属于股东的利润(元)	1 000	5 000
减:归属于合伙人的利润(元)	0	2 500
等于:归属于小王的利润(元)	1 000	2 500
小王的利润率(%)	2	5

第四种假设:社区便利店的利润率为 10%,即盈利 10 000 元(100 000×10%)。

在借贷的情况下,小王首先要偿付利息 4 000 元(50 000×8%),作为所有者的小王总共盈利 6 000 元(10 000－4 000),利润率是 12%(6 000/50 000)。

在找人入伙的情况下,小王和合伙人各赚 5 000 元(10 000/2),小王的利润率是 10%(5 000/50 000),见表 2.6。

表 2.6　社区便利店利润为 10%时,小王作为企业所有者的利润及利润率计算

	向人借款	找人合伙
便利店利润率(%)	10	
便利店利润(元)	10 000	
减:利息支出(元)	4 000	0
等于:归属于股东的利润(元)	6 000	10 000
减:归属于合伙人的利润(元)	0	5 000
等于:归属于小王的利润(元)	6 000	5 000
小王的利润率(%)	12	10

略去中间的计算过程,我们将关注的焦点放在便利店的收益率与小王作为便利店所有者的收益率上,可以得到表 2.7 的数据。

表 2.7　以上四种假设情况下社区便利店和小王的利润率对比

	借款	合伙	借款	合伙	借款	合伙	借款	合伙
社区便利店利润率(%)	−5		0		5		10	
小王的利润率(%)	−18	−5	−8	0	2	5	12	10

仔细观察表 2.7,我们可以得出以下几个结论:

第一,如果采取找人合伙的方式,不管社区便利店的生意如何,最终归属于小王的收益率与社区便利店的收益率一样。社区便利店赚 0、5% 和 10%,小王也赚 0、5% 和 10%;社区便利店亏损 5%,小王也亏损 5%。

第二,如果采取向人借钱的方式,小王的收益率和社区便利店的收益率是不一样的。例如,社区便利店如果亏损 5%,小王的亏损则高达 18%;社区便利店盈利 10%,则小王的盈利会达到 12%。

也就是说,同样经营成果,不同的资本结构会给作为所有者的小王带来不同的收益率。

为什么会如此?

因为不同的资本结构意味着不同的"财务杠杆",这正是接下来我们要讨论的议题。不过,在此之前,还有两个收益率是我们所感兴趣的。

第一个是盈亏平衡点。

即社区便利店的收益率达到多少时,小王作为社区便利店所有者不赚不亏。这意味着:若社区便利店的收益率高于这个值,小王作为所有者是盈利的;若社区便利店的收益率低于这个值,小王作为所有者是亏损的。

这个答案的计算方法很简单:将表 2.3 中的计算倒推回去就可以了。我们发现:

在向人借款的情况中,社区便利店的盈亏平衡点是 4%(这个收益率刚好覆盖了借款利息支出);

在找人合伙的情况中,社区便利店的盈亏平衡点是 0(小王不需要支付任何利息,只要盈利小王就可以分利润)。

第二个是借款成本 8%,它意味着什么?

如果社区便利店的收益率为 8%,小王作为所有者的利润率是多少? 重复

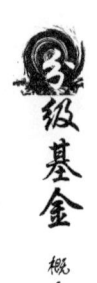

表 2.3 的计算过程,我们会发现:在找人借款的情况下,小王的利润率为 8%;毫不意外地,在找人合伙的情况中,小王的利润率也为 8%。

我们再深究一步会发现:如果社区便利店的收益率分别为 5%(低于借款成本 8%)和 10%(高于借款成本 8%),那么小王的收益率分别为 2% 和 12%,一个比社区便利店低(2% 低于 5%),一个比社区便利店高(12% 高于 10%),见表 2.8。

表 2.8　　　　　　　社区便利店利润为 5%、8% 和 10% 时,
　　　　　　　　　小王作为企业所有者的利润及利润率计算

	借款	合伙	借款	合伙	借款	合伙
社区便利店利润率(%)	5	5	8	8	10	10
小王的利润率(%)	2	5	8	8	12	10

那么我们是不是可以得出这样的结论:

只有社区便利店的收益率(10%)高于借款成本(8%),小王通过借款才是可以盈利更多呢?(社区便利店收益率为 5%,若借款,小王的收益率为 2%,若找人入伙,小王的收益率也为 5%;社区便利店收益率为 10%,若借款,小王的收益率为 12%,若找人入伙,小王的收益率也为 10%。)

答案是:对。

其实原因很直观:如果小王借钱投资的项目,收益率比借款成本还低,小王还借钱干什么?这时的最优策略应该是把钱借出去。在第三章我们介绍分级基金的分类时,读者会发现分级基金中没有货币市场型基金,原因就在于此。

三、财务杠杆

刚才我们提到,不同的资本结构会导致所有者权益的收益率不同(例如,社区便利店的收益率为 10% 时,两种资本结构下小王的收益率分别为 12% 和 10%),原因就是财务杠杆。

本来筹建社区便利店需要 10 万元,结果小王自己只掏了 5 万元就开业了(另外 5 万元是小王借来的),小王用 5 万元撬动了 10 万元的生意。因此,小王的收益率也被撬动了:注意看社区便利店收益率为 10% 的例子,小王的收益是

12%,即小王的收益率是社区便利店的1.2倍。但是,杠杆也是一把双刃剑,可以带来更高的收益,也可能造成更大的亏损,看社区便利店亏损5%的例子,小王的亏损高达18%(是社区便利店的3.6倍)。

所以,通过借款,小王使用了财务杠杆,他的收益率波动变得更大了(相对于社区便利店的收益率)。

如果以上的例子还不够明白,我们来做另外一种假设。

还是假设便利店的收益率为10%,则通过上面的计算可知,归属于小王的收益率是12%。这个计算过程的前提是:在筹建社区便利店的10万元资金中,有5万元是小王借来的。如果我们改变自有资金和借贷资金的结构,看看会发生什么。

假设10万元中只有2万元是自有资金,8万元是借款。则在社区便利店获利10%的情况下,便利店的利润为1万元(100 000×10%),借款的利息支出为6 400元(80 000×8%),归属于小王的利润为3 600元,小王的利润率高达18%(3 600/20 000)。见表2.9。

表2.9　　　　　　　　两种不同资本结构下所有者利润率对比

	向人借款(50%)	向人借款(80%)
便利店利润率(%)	10	10
便利店利润(元)	10 000	10 000
减:利息支出(元)	4 000	6 400
等于:归属于小王的利润(元)	6 000	3 600
小王的利润率(%)	12	18

也就是说,即使总资产不变,负债与所有者权益的结构发生了变化,小王的收益率也会发生变化。同样社区便利店获利10%,在2倍杠杆(5万元撬动10万元)的作用下,小王的利润率是12%(是社区便利店的1.2倍);在5倍杠杆(2万元撬动10万元)的作用下,小王的利润率是18%(是社区便利店的1.8倍)。

我们用下面的公式来计算杠杆倍数:

杠杆倍数=资产/所有者权益=(负债+所有者权益)/所有者权益

在没有借款的情况下,负债为0,杠杆倍数为1,小王作为社区便利店的所有者,收益率与社区便利店的收益率一样。

在有借款的情况下,由于杠杆倍数的存在,小王的收益率与社区便利店的收益率不是一样的,而且,只有当社区便利店的收益率高于借款成本时,杠杆对小王才是有利的(在借款50%的情况下,社区便利店的收益率分别为-5%、0、5%和10%,小王的收益率分别为-18%、-8%、2%和12%);另一方面,若社区便利店的收益率高于借款成本(考虑社区便利店利润率为10%的情况),杠杆倍数越大,则归属于小王的收益率越高(回想社区便利店利润率为10%时,2倍杠杆和5倍杠杆的差别)。

通过上面的分析,我们不难得到如下结论:

在所投资的项目收益率高于借款成本的前提下,杠杆倍数越高越好;反过来,若投资项目收益率低于借款成本,就不应该使用杠杆。

以上的讨论,我们看到了不同的资本结构对企业所有者利润率的影响,以及资产负债表结构中所隐藏的收益分配顺序,这是我们打开分级基金大门的关键钥匙。如果你确信拿到了正确的钥匙,那么恭喜你,请随我在下一节中来一窥分级基金的内部结构。不过在此之前,我们还要做一些准备工作,了解最基本的两类证券:债券和股票。

四、债券和股票

债券和股票是我们在投资中最常见到的两类资产,我们在这里也需要简略地做一个通俗的解释。

还是以社区便利店为例。

(1)债券

小王开社区便利店需要10万元,但是小王自己只有5万元,假设小王找一个朋友A借了5万元,借期为5年,每年的利息为8%,每年付息一次。在借款的时候,小王给这位朋友A打一个借条,上面载明:"本人向A借款5万元,借期5年,年利息8%,每年付息一次,到期还本。"然后写上小王的名字、朋友A的名字,以及公证人的名字。如果没有意外,这张借据所代表的现金流如图2.1所示。

假设在小王的社区便利店顺利开张后不久,小王的这位朋友 A 急需用钱,但是小王又不可能迅速还款,怎么办呢?他找小王商议说:"我把这张借条卖给我们共同的朋友 B,以后你付息和还本都还给他,行吗?"小王答应了,于是那张借条就转手了。

最后的结果就变成了:

开始借钱给小王的那位朋友 A 得到了现金(从朋友 B 处),与小王之间没有任何债权债务关系,与朋友 B 之间也没有任何债权债务关系;

后来的那位朋友 B 付出了现金(付给了朋友 A),得到了借条,以后小王付息和还本都给他,他与小王之间形成了债权债务关系;

小王的生意和现金流没有受到影响,只是债主由朋友 A 变成了朋友 B。

而这些变化中的这张借条,就是"债券"的雏形——把这个例子放大:企业(社区便利店)发行债券(借条)来筹措资金,并按照事先的约定还本付息(5 万元,5 年期,8%年利率,每年付息一次),债券的投资者可以在公开市场上交易债券(朋友 A 和朋友 B)。

不过,在上述借条转手的交易中,可能会存在一个这样的问题:接手的朋友 B 付给朋友 A 的现金(我们称为交易价格或价格),可能并不一定等于借条上载明的本金 5 万元(我们称之为"票面价格"或"面值")。例如,朋友 A 非常急迫地想要得到现金,这样无形中削弱了与朋友 B 的谈判能力,最后的交易价格可能是 4.9 万元。另外一种情形中,朋友 A 需要现金的情况不是那么紧急,而朋友 B 刚好有一笔钱闲置,又没有好的投资去处,他愿意以稍高的交易价格(例如 5.1 万元)接手这张借条。因此,"交易价格"与"票面价格"可能是背离的,在债券市场中,这是一种常态。

既然在债券市场中,"交易价格"与"票面价格"经常背离,那么"交易价格"主要受哪些因素影响呢?

在借条的例子中,交易价格主要受朋友 A 和朋友 B 的谈判能力影响,谈判能力又受到他们对于现金或投资机会的渴求程度影响。而在一个拥有众多买卖双方的市场中,债券的买方和卖方都不具备如此强大的谈判能力,交易价格主要受资金价格(即借款成本或利率)的影响。

我们假设当时小王的社区便利店发行那张"债券"时,市场流行的借款成本

就是 8%。现在 1 个月过去了,市场上的资金供求状况发生了变化,找人借钱变得更加困难,借款成本上升到了 9%,那么我们那张"债券"的价格会发生什么变化呢?

这时,小王如果要借 5 万元,借期为 5 年,年利率就变为 9%,年付息一次。这样,对于小王来说,现金流便如图 2.3 所示。

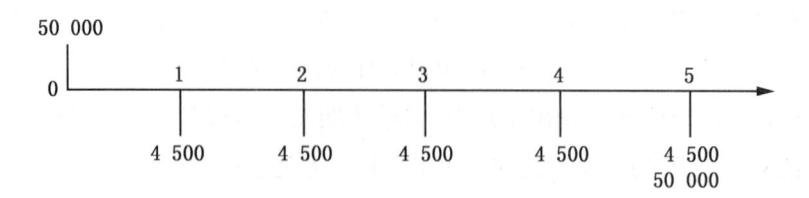

```
50 000
 │
0├────┬────┬────┬────┬────→
      1    2    3    4    5
    4 500 4 500 4 500 4 500 4 500
                             50 000
```

图 2.3 借款 5 万元、期限 5 年、年利率为 9% 的现金流示意

这时,小王原来发行的那张票面利率为 8% 的债券如果要转手,还能够卖 5 万元吗?

显然不能。

如果我们忽略 1 个月的时间差,小王原来发行的那张债券的现金流如图 2.4 所示。

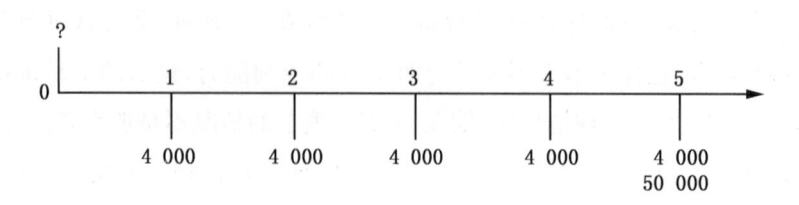

```
 ?
 │
0├────┬────┬────┬────┬────→
      1    2    3    4    5
    4 000 4 000 4 000 4 000 4 000
                             50 000
```

图 2.4 借款 5 万元、期限 5 年、年利率为 8% 的现金流示意

比较图 2.3 和图 2.4,如果投资者愿意以 5 万元购买年利率 9% 的那张债券,那么年利率为 8% 的这张债券能够卖多少钱呢? 即便不经过计算,我们也能很快得到这样的结论:肯定会低于 5 万元。

因为这两只债券的本金相同,期限也相同(实际上相隔 1 个月),但是一只每年付息 4 000 元,另一只每年付息 4 500 元,所以每年付息 4 500 元的那张债券(9%年利率的债券)应该更贵,因此,若 9%年利率的债券交易价格为 5 万元,那么年利率 8% 的那张债券的交易价格一定低于 5 万元。

如果这样说还不够明白,我们换一种说法:

现在市场利率为9%,投资者愿意以9%的年利率借5万元钱给小王,这样一年后他会收到4 500元利息,两年后再收4 500元利息,以此类推,5年一共22 500元(4 500×5)利息。这时,他如果以8%的年利率借钱给小王,5年一共只能收到20 000元(4 000×5)利息。为了弥补利息的损失,他可能与小王约定,我直接给你本金4.8万元,你按照5万元的面值计算利息和还本(即每一年的利息为50 000×8%=4 000元,5年一共20 000元,还本5万元,比初始付出的本金4.8万元高2 000元,投资者总共赚了22 000元)。也就是说,如果利率上升了,原来那张8%年利率的债券已经不能够以5万元的面额转让了,只能以更低的价格转让。

反过来,如果利率由8%下降到7%,则那张债券将以高于面值5万元的价格转让,具体的推理过程请读者自行完成。

由此,我们得出如下结论:

如果利率上升,债券的价格会下降;如果利率下降,债券的价格会上升,这正是利率与债券价格之间的关系(见图2.5)。

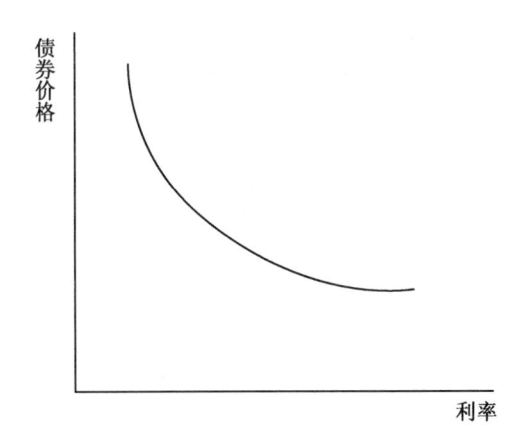

注:这个图形并不精确,只是大致地反映债券价格与利率的关系。
图 2.5 债券价格与利率的关系

(2)股票

在这个社区便利店的资金来源中,小王有5万元的自有资金。现在,不是小王的那位朋友A,而是小王急需用钱,一时又没有办法把社区便利店转手,于是小王找到朋友 A 以及另外一个共同的朋友 C，三个人在一起商议。小王说："我写一张字条，证明这家社区便利店由我出资 5 万元，并向 A 借款 5 万元，借期 5 年，年利率 8%，来筹资组建。现在，我愿意将我的所有者权益转手给 C，由他来经营社区便利店，向 A 还本付息，并享有社区便利店剩余的收益"，并由小王、朋友 A、朋友 C 以及公证人签字。

最后的结果就变成了：

C 代替小王成为社区便利店的主人，并向小王支付一笔现金，以后向 A 还本付息；

小王转让了社区便利店，得到一笔现金，并解除了与 A 的债权债务关系；

A 不再是小王的债主，而变成了 C 的债主。

这个过程中的那字条就是"股票"的雏形，即企业所有权的证明文件。

在这个交易中，朋友 C 向小王支付的资金数额，由小王和 C 协商确定。也许社区便利店在开业的时候便显示了良好的盈利能力，C 可能愿意以高于 5 万元的价格接手；也有可能社区便利店的盈利并不如预计的那么好，C 只愿意出低于 5 万元的价格接手。这样，小王的这张"股票"的价格就取决于社区便利店的盈利能力了——股票分析师们在分析股票时，也是以企业的盈利能力来给股票定价。在其他条件相同的情况下，盈利能力强的企业股票价值要比盈利能力弱的企业股票高。

(3) 债券 VS 股票：收益与风险比较

一般而言，债券和股票哪一个的收益和风险更高呢？

上文中，我们通过假设社区便利店不同的收益率来计算借款人的收益率和所有者的收益率时发现：不论经营状况如何，借款人的收益率都比较固定（即借款利率），而所有者的收益率则波动很大（见表 2.3～表 2.6）。

而且，前面我们已经分析过：债券价格最重要的影响因素是利率的变化，而利率的变化并不是很频繁，且变化的幅度也相对小；而对于股票来说，其价格主要受企业盈利能力的强弱决定，变换社区便利店的上架商品、进行促销活动等经营手段，社区便利店的盈利就可能发生非常大的变化（可能变好，也可能变坏），因此股票的价格波动也非常大。

所以，综合来看：股票的风险要大于债券，同时股票的预期收益率也高于债券。

第二节　分级基金的结构和净值计算

现在,让我们把目光转移到分级基金上来。

理解分级基金的结构,是认识分级基金的第一步,也是最重要的一步。第四章中关于分级基金的投资策略大部分基于我们对本部分知识的掌握。

一、分级基金净值恒等式

首先我们回顾一下上节中的资产负债表恒等式:

$$资产 = 负债 + 所有者权益$$

这个等式蕴含的意思是:资金分开募集(负债和所有者权益,即借款5万元,自有资金5万元),合并使用(两部分资金均由小王来使用,用于购买各类资产)。

再来看分级基金,一般它由三个部分组成:

母基金(又称分级基金的"基础份额"等);

子基金 A 类份额(称"稳健收益类份额""优先级份额""分级 A 基金"等);

子基金 B 类份额(称"积极收益类份额""进取类份额""分级 B 基金"等)。

你可能会想,是不是也存在这样的等式:

$$母基金 = 分级 A 基金份额 + 分级 B 基金份额$$

是的,尽管并不准确。

更加准确的表述通常是:

(M+N)份母基金的净值 ＝ M份分级 A 基金的净值 ＋ N份分级 B 基金的净值

这就是分级基金净值恒等式。此处我们只是提出这个概念,本节第4部分我们再深入研究这个问题。

二、分级基金的资金募集和收益分配

在社区便利店的例子中,如果小王是通过借款的方式筹集了5万元资金,

则实际上小王兼具三重角色：

第一，小王是债务人（因为小王借款了5万元）；

第二，小王是社区便利店的所有者（并且是唯一股东）；

第三，小王是社区便利店的管理者。

把这三种角色放到分级基金中来：你有5万元，但是你想用10万元进行投资，因此你向别的投资者借款5万元（并按照约定还本付息），总共得到10万元；但是，你自认为不具备专业的投资技能，因此你聘请一家基金公司来为你运作这10万元资金。

在这个结构中，别的投资者是债权人，基金公司是管理人，你是基金的所有者。注意，这个结构与便利店的例子的区别在于：所有者和管理者分离了（在社区便利店的例子中，小王既是所有者也是管理者；在分级基金的例子中，你是所有者，基金公司是管理者）。

我们再做一个改变：如果这只分级基金不是由你发起，而是由基金公司发起。这样，你投资"所有者权益"的那个部分，金额为5万元；别的投资者借款5万元；基金公司作为管理人，将这10万元合并运作，并按照类似于社区便利店关闭之后的顺序来进行收益分配。这样，一组分级基金就募集成功了。

我们来看实例：

> 鹏华丰信分级基金（母基金：鹏华丰信分级，000291；分级A基金：丰信A基金，000292；分级B基金：丰信B基金，000293）的募集方式和运作方式是：丰信A基金和丰信B基金分别通过各自基金销售网点独立进行公开发售，投资者可参与丰信A基金或丰信B基金中的某一级份额的认购，也可同时参与丰信A基金和丰信B基金的认购，所募集的两级基金的基金资产合并运作。
>
> ——摘自该基金《招募说明书》

在这个例子中，丰信A基金相当于"债券"，它的投资者将资金借给丰信B基金的投资者使用；丰信B基金相当于"股票"，它的投资者获得丰信A基金的投资者的借款资金；然后，所有的两部分资金合并之后，交给鹏华基金管理公司进行管理。

在收益分配的时候，鹏华基金首先扣除相关费用（管理费、交易费用等），然后丰信A基金和丰信B基金的投资者分别按照下面的规则来进行分配：

第一，丰信A基金首先获得收益，其约定收益率（类似于社区便利店例子中借款的利率，或债券的票面利率）按照下列公式计算：

$$丰信A基金约定收益率＝1年期定期存款利率＋利差$$

其中，利差由基金公司确定，取值范围为0～2%。

例如，若1年期定期存款利率为3%，利差为2%，则丰信A基金的约定收益率为5%（相当于丰信A基金的投资者以5%的利率借款给丰信B基金的投资者）。

第二，剩余的收益归丰信B基金的投资者。

以上我们通过对分级基金的资金募集和收益分配的过程进行了剖析，读者如果有心，将之与第一节中社区便利店的例子进行类比，则会发现它们是何其相似——这也正是我要在第一节讲解资产负债表及其相关概念的原因，读者如果能够触类旁通、举一反三，那么几乎所有的分级产品都很容易理解。

三、分级基金资金募集的不同方式，以及财务杠杆的确定

在鹏华丰信分级基金中，由于分级A基金和分级B基金是独立发售的，所以其财务杠杆是不确定的。为了解决这个问题，在其招募说明书中，基金管理人对两类基金的份额比例做出了规定：

"丰信A基金与丰信B基金的初始份额配比不高于7∶3，基金发售结束后，基金管理人将以丰信B的最终发售规模为基准，在丰信A与丰信B的配售比例不超过7∶3的范围内，对丰信A的有效认购申请进行确认。"

——摘自该基金《招募说明书》

例如，若丰信B基金的发售规模为3亿元，那么丰信A基金的最高发售规模为7亿元，超过7亿元的部分基金公司不予确认，投资者认购可能是不成功的——这样，丰信B基金的投资者所使用的初始杠杆是3.33倍（3亿元撬动10亿元）。当然，若丰信A基金的募集规模只有6亿元，本分级基金也是可以成功发行的，只不过丰信B基金的投资者所使用的杠杆就变成了3倍（3亿元撬动9亿元）。

与鹏华丰信分级基金在募集时财务杠杆不能事先确定不同,有些分级在发售之前就确定了财务杠杆,其发售方式也与鹏华丰信分级基金略有不同。例如,浙商沪深 300 分级基金(母基金:浙商沪深 300,166802;分级 A 基金:浙商稳健,150076;分级 B 基金:浙商进取,150077):

场外认购的全部份额将确认为浙商沪深 300 份额;场内认购的全部份额将按 1∶1 的比例确认为浙商稳健份额与浙商进取份额。

——摘自该基金《招募说明书》

我们将在下一节解释"场内认购"和"场外认购"的区别,这里我们将目光聚焦在"场内认购的全部份额将按 1∶1 的比例确认为浙商稳健份额与浙商进取份额"这句话上。上例中,鹏华丰信分级基金的分级 A 基金和分级 B 基金是独立发售的,而本例中的分级 A 基金和分级 B 基金则不是独立发售的,投资者只能够认购母基金,在场内认购的母基金全部份额按 1∶1 的比例确认为浙商稳健和浙商进取份额。举例来说,若投资者在场内认购了 200 份母基金,则募集结束后会自动拆分为 100 份浙商稳健和 100 份浙商进取,投资者可以卖掉其中的任何一类份额。

因此,实际上浙商沪深 300 分级基金的资金募集已经不再是"分开募集"了(分别向分级 A 基金和分级 B 基金的投资者募集),而是"合并募集"。这样,我们就可以很清楚地知道,投资浙商进取的投资者所使用的杠杆倍数是 2 倍。基金公司在发售该基金时,相关工作也会变得更加简单(因为不需要对认购份额进行计算和确认)。

四、分级基金各部分的净值计算

在基金的投资运作中,基金经理购买股票、债券等资产,这些资产的价值可能会上升,也可能会下降,因此基金的净值也可能会发生变化。我们通过实例来看看如何计算分级基金各部分的净值。

例如,2012 年 7 月 2 日闭市后,浙商沪深 300 分级基金的基金资产净值约为 61.38 亿元,浙商沪深 300 份额、浙商稳健份额与浙商进取份额的基金份额分别为 24 亿份、18 亿份和 18 亿份,请分别计算这三只基金的单位净值。

首先,我们已经知道,浙商稳健和浙商进取的份额比例为 1∶1,本例中都为

18亿份——验证了此点。

其次,由于母基金可以按照1:1的份额分拆成浙商稳健和浙商进取的份额,因此反过来,18亿份浙商稳健和18亿份浙商进取也可以合并为36亿份母基金份额。这样,7月2日,这组分级基金的份额折算成母基金,一共是60亿份(24+36)。

再次,我们计算母基金的单位净值:61.38亿元/60亿份=1.023(元/份)。

下面,我们再来分别计算浙商稳健和浙商进取的单位净值。

根据该基金的《招募说明书》,我们得知:浙商稳健的约定收益率为"1年期定期存款利率+3%",且上限为12%。当前的1年期定期存款利率为3%,因此浙商进取的约定收益率为6%(取6%和12%中的最小者)。也就是说,净值为1元的浙商进取在1年后净值会变为1.06元——实际上我们可以计算任何时点上浙商稳健的单位净值。

假设现在距离该基金正式成立刚好1年,那么浙商稳健的净值就为1.06元。

最后,由于1份浙商稳健和1份浙商进取可以合并为2份母基金,而且浙商进取获取的是剩余收益,因此它的净值为:

2份母基金的净值−1份浙商稳健的净值=2×1.023−1.06=0.986(元)

以上通过计算分级基金各部分的净值,我们发现其与我们在上一节中计算社区便利店所有者的利润极其相似,分级基金的结构与资产负债表的结构也几无二致,见图2.6。

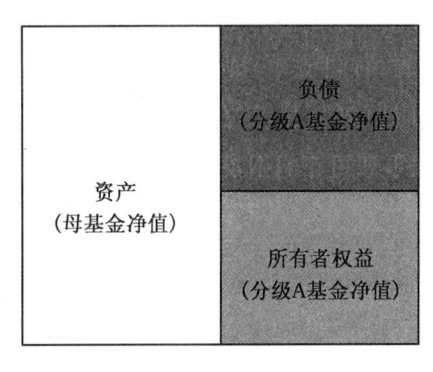

图2.6 分级基金与资产负债表结构对应

实际上，在每个交易日结束之后，基金管理人都会公布基金净值，一般是按照一天一次的频率进行。

五、分级 A 基金的净值

本部分我们重点关注分级 A 基金的净值计算。

由于分级基金净值恒等式(M＋N 份母基金的净值＝M 份分级 A 基金的净值＋N 份分级 B 基金的净值)的存在，如果我们能够确定其中的一个变量(分级 A 基金的净值)，就可以根据其中的一个变量(母基金的净值)来确定另外一个变量(分级 B 基金的净值)。

就像我们在社区便利店例子中看到的那样，借款前我们会确定借款的利率。例如，如果借款期限是 1 年，本金金额为 5 万元，利率为 8％，那么 1 年后债主可以收到 5.4 万元(5 万元本金和 4 000 元利息，4 000＝50 000×8％)。如果不是 1 年，假设过了半年，理论上债主是可以收到 5.2 万元(5 万元本金，2 000 元利息，2 000＝50 000×8％/2)；1 个季度后债主理论上可以收到 5.1 万元(5 万元本金，1 000 元利息，2 000＝50 000×8％/4)。以此类推，我们实际上可以计算每一天债主可以收回的本息合计金额。

分级 A 基金的净值计算类似于此。

还是以浙商沪深 300 分级基金为例。由于分级 A 基金浙商稳健(证券代码：150076)的约定收益率为"1 年期定期存款利率＋3％"与"12％"两者之中的最小者，根据目前的情况，为 6％。那么，从起息日起，1 年后 1 份浙商稳健的净值就应该由 1 元增长至 1.06 元；从起息日起，半年后 1 份浙商稳健的净值应该为 1.03 元。以此类推，我们可以准确计算每个交易日浙商稳健的单位净值，并且，随着时间的推移，其净值呈现非常规则的增长(理论上我们可以计算每一天浙商进取单位净值的增长额度)，见图 2.7。

图 2.7 第 3 栏显示的是浙商稳健的单位净值。你可以看到，随着时间的流逝，浙商稳健的净值是非常稳定地增长的(某一些交易日，它的净值看起来是一样的，例如 12 月 10～13 日共 4 天，净值都是 251.0570 元，这是由于四舍五入后保留四位小数的结果，如果小数位更多，你会发现实际上这 4 天的净值也是不一样的)。

时间	收盘价	单位净值
2013-12-16	--	1.0580
2013-12-13	--	1.0570
2013-12-12	--	1.0570
2013-12-11	--	1.0570
2013-12-10	--	1.0570
2013-12-09	--	1.0560
2013-12-06	--	1.0560
2013-12-05	--	1.0560
2013-12-04	--	1.0560
2013-12-03	--	1.0550
2013-12-02	--	1.0550
2013-11-29	--	1.0550
2013-11-28	--	1.0550
2013-11-27	--	1.0540
2013-11-26	--	1.0540
2013-11-25	--	1.0540
2013-11-22	--	1.0540
2013-11-21	--	1.0530
2013-11-20	--	1.0530
2013-11-19	--	1.0530
2013-11-18	--	1.0530

资料来源：Wind 资讯。

图 2.7 浙商稳健净值列表

一般来说，分级基金在其《招募说明书》中会说明分级 A 基金约定收益率的计算方式（见附录 2.1），由此我们可以精确计算其在不同时点的单位净值。

第三节 基金市场的一些基本概念和分级基金的运作

上两节我们通过将分级基金与资产负债表相关的一些概念做类比,介绍了分级基金的结构和各部分的净值计算方法。本节我们来了解一些基金市场的基本概念,并以此为基础探讨分级基金的运作规则。

一、场内市场、场外市场,及分级基金发售

与其他物品和服务一样,金融产品的交易也有市场,它可能是基于互联网的虚拟市场(例如债券交易的全国银行间市场),也可能是具有物理设备的真实市场(例如商业银行、证券公司营业网点的柜台)。

1. 场内市场

场内市场一般是指交易所市场。中国内地的交易所市场,主要包括:(1)沪深交易所,包括上海证券交易所和深圳证券交易所,交易的品种包括股票、基金、债券等;(2)商品期货交易所,包括郑州商品交易所、上海期货交易所和大连商品交易所等,交易品种包括农产品期货、贵金属期货等;(3)金融期货交易所,包括中国金融期货交易所,交易品种为股指期货、国债期货等;(4)其他交易所,如各地的产权交易所、金融资产交易所等。表2.10列示了这些交易所的基本情况。

表 2.10　　　　　　　　中国内地交易所基本情况

序号	交易所名称	交易品种	网　址
1	上海证券交易所	证券、基金、债券等	http://www.sse.com.cn
2	深圳证券交易所	证券、基金、债券等	http://www.szse.cn
3	大连商品交易所	商品期货	http://www.dce.com.cn
4	郑州商品交易所	商品期货	http://www.czce.com.cn
5	上海期货交易所	商品期货	http://www.shfe.com.cn
6	中国金融期货交易所	股指期货、国债期货等	http://www.cffex.com.cn

续表

序号	交易所名称	交易品种	网址
7	其他交易所	未上市股权、金融资产等	—

资料来源:交易所网站。

2. 场外市场

交易所市场之外的市场统称为场外市场,它包括商业银行的柜台、证券公司营业网点柜台等有形市场,也包括银行间市场等无形市场。投资者购买开放式基金的途径包括商业银行(网上银行或银行柜台)、基金公司(网站直销)等,这些市场都不是交易所,都属于场外交易的范畴。

3. 分级基金的发售、认购和二级市场交易

一般来说,基金在正式成立之前,有一个募集期。投资者在募集期申请购买基金份额的行为称为认购;募集期后,基金合同生效,基金正式成立,投资者在此时申请购买基金份额的行为称为"申购",申请将基金份额兑换为现金的行为称为赎回,见表2.11(在口头表达中,投资者经常混淆"认购"和"申购",也经常用"买入"指代"申购",用"卖出"指代"赎回")。

表2.11　　　　　　　　认购、申购、赎回等概念的适用阶段

	基金募集期	基金运作期
适用概念	认购	申购、赎回

分级基金一般在场内、场外两个市场同时发售,投资者可以在这两个市场上认购基金份额。例如:

> 浙商沪深300基金通过场外、场内两种方式公开发售,基金发售结束后,投资人在场外认购的全部基金份额将确认为浙商沪深300份额;场内认购的全部基金份额按照1∶1的比例自动分离为预期收益与风险不同的两种份额类别,即浙商稳健份额和浙商进取份额。根据浙商稳健份额和浙商进取份额的基金份额比例,浙商稳健份额在场内基金初始总份额中的份额占比为50%,浙商进取份额在场内基金初始总份额中的份额占比为50%,且两类基金份额的基金资产合并运作。
>
> ——摘自该基金《招募说明书》

这样，实际上投资者可以投资的份额是三种：一种是场外认购的母基金份额，这时它与传统的开放式基金是一样的；另外两种分别是浙商稳健和浙商进取，它们是投资者通过场内认购母基金后自动分拆而来，或者是场外母基金转至场内后分拆的份额。让我们翻回上节中计算浙商沪深300分级基金各部分净值的那个例子，其中的"浙商沪深300份额、浙商稳健份额与浙商进取份额的基金份额分别为24亿份、18亿份与18亿份"，也说明可供投资者投资的份额包括母基金份额以及两类子基金份额。

基金的发售可以通过多种渠道，其中一种是交易所。目前，基金公司一般会通过深圳证券交易所来发售基金份额，投资者可以通过证券公司在深圳证券交易所开立基金账户来认购或申购这些基金份额。

基金发售完成后，有的可以在交易所挂牌上市交易，我们称为场内交易；有的只能通过基金公司直销网点、商业银行柜台、基金销售公司等交易所以外的市场申购或赎回基金份额，我们称之为"场外交易"。

二、分级基金的分拆与合并

分级基金的一个最为明显的特征，就是组成一组分级基金的三类份额可以进行分拆或合并。

1. 分拆

在浙商沪深300分级基金的例子中，我们知道：在场内认购的浙商沪深300基金份额（基金代码：166802），待基金合同正式生效之后会自动按照1：1的比例分拆为浙商稳健（基金代码：150076）和浙商进取（基金代码：150077）。

例如，若投资者认购了200份母基金，则募集结束后会自动拆分为100份浙商稳健和100份浙商进取。

2. 合并

合并是分拆的逆动作。

例如，基金上市后，投资者可以在场内买入100份浙商稳健份额和100份浙商进取份额，然后合并为200份浙商沪深300份额，并向基金管理人赎回。

3. 分拆、合并示意图

再举一例。

国联安双禧中证 100 指数分级基金包括三类份额：母基金双禧 100 份额（基金代码：162509）、子基金双禧 A 份额（基金代码：150012）和子基金双禧 B 份额（基金代码：150013）。母基金可以在场外进行正常的申购和赎回，申购的份额可以转至场内市场，然后拆分为双禧 A 份额和双禧 B 份额，这两类份额在场内市场交易；母基金也可以直接在场内市场进行申购，然后进行拆分。两类子基金份额可以直接在场内买卖，并且可以按照 4∶6 的比例申请合并为 10 份母基金双禧 100 份额，向基金公司赎回，见图 2.8。

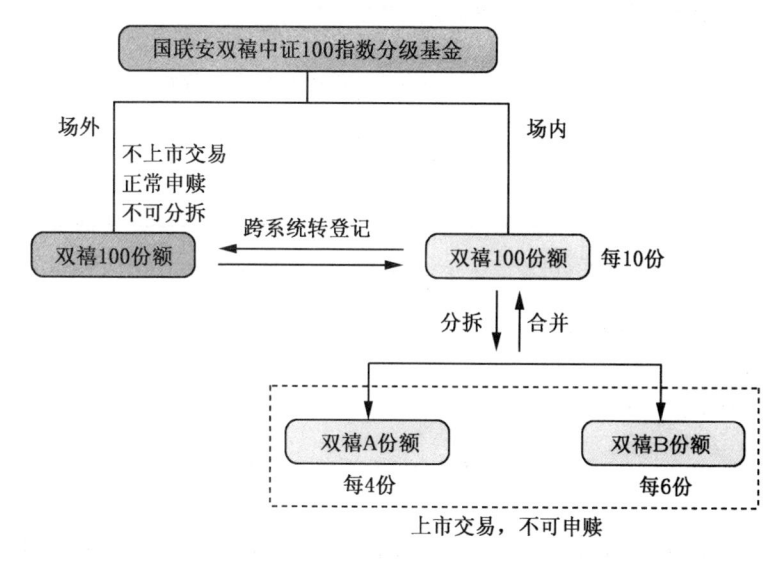

资料来源：摘自该基金《基金合同》。

图 2.8 分级基金的拆分与合并

聪明的读者可能会问：既然我们可以分别投资分级基金的三类份额，为什么还要进行拆分或者合并呢？

好问题。

答案是：套利。

这个话题我们留待第四章再详细讨论。

三、托管和转托管

1. 托管

投资者认购或申购基金份额之后，这些份额登记和托管在哪里呢？

基金份额的登记托管工作一般由中国证券登记结算有限公司（简称"中登公司"）来完成。在它庞大的网络系统中，有两个系统来处理与公募基金相关的登记工作：一个是中登公司开放式基金登记结算系统，它负责场外基金份额的注册和登记；一个是中登公司深圳分公司证券登记结算系统，它的职责之一是负责场内基金份额的注册和登记。

我们已经知道，基金管理人可以通过其直销机构和场外代销机构进行基金份额的场外代销工作。这样，在中登公司开放式基金登记结算系统里就会记录这只基金的销售机构及投资者份额，如图2.9所示。

```
        中登公司开放式基金登记结算系统
                    │
            浙商沪深300基金(166802)
        ┌───────────┼───────────┬──────┐
   浙商基金直销中心   华夏银行    交通银行   ……
        ┌──────┬──────┐
     投资者1  投资者2   ……
    (100万份) (100万份)
```

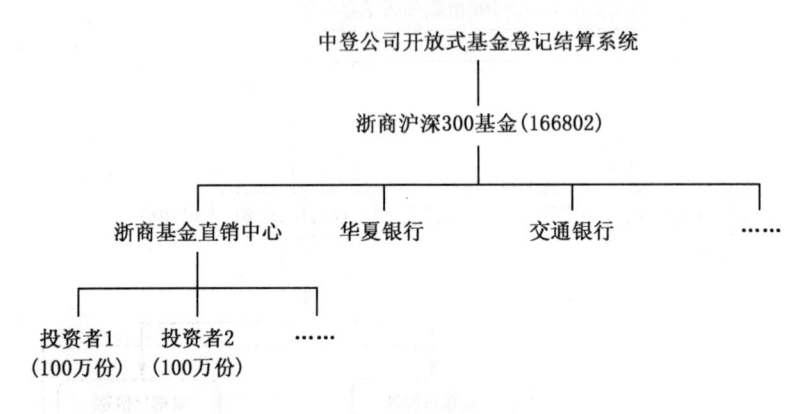

图 2.9　场外基金份额的登记注册示意

投资者可以选择浙商基金公布的直销机构或场外代销机构来认购浙商沪深300基金（基金代码：166802）的份额，并做相应的记录。

同样，投资者也可以通过场内代销机构（证券公司）来认购此基金份额，并登记于中登公司深圳分公司证券登记结算系统，见图2.10。

注意：基金发售结束后，投资者所认购的浙商沪深300基金自动按照1∶1的比例分拆为浙商稳健和浙商进取份额，这两类基金份额也登记在中登公司深圳分公司证券登记结算系统；在日后的交易中，投资者也可以按照1∶1的比例将浙商稳健和浙商进取合并为浙商沪深300基金份额，或者直接在场内申购浙商沪深300基金份额，它也登记在中登公司深圳分公司证券登记结算系统——实际上，每一只基金都应该分别进行登记注册，而非像图2.10中将三只基金列示在一起。

因此，投资者所认购的基金份额实际上都登记和托管在中登公司的两个系

```
                中登公司深圳分公司证券登记结算系统
                              │
                      浙商沪深300基金(166802)
                       /浙商稳健(150076)
                       /浙商进取(150077)
                              │
        ┌─────────────┬─────────────┬─────────────┐
      华泰证券        华安证券        信达证券       ……
        │
   ┌────┴────┐
 投资者1    投资者2   ……
(100万份)  (100万份)
```

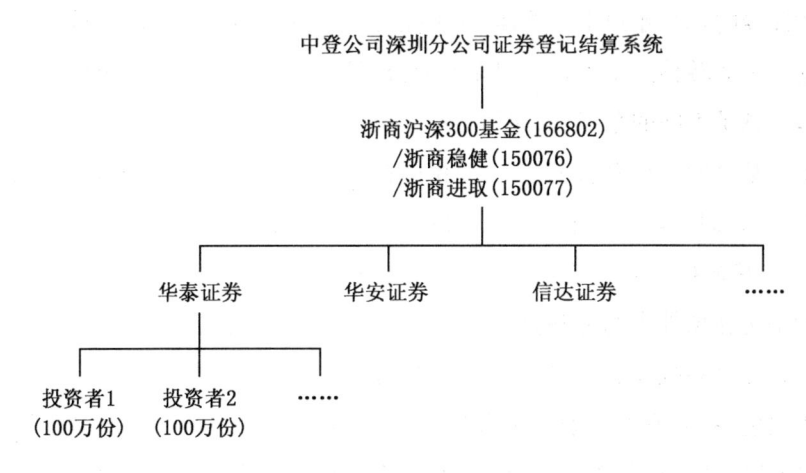

图 2.10　场内基金份额的登记注册示意

统中了。不过,需要注意的是:中登公司开放式基金登记结算系统只能用于开放式基金的登记和托管,所以对于在交易所(场内)上市的封闭式基金是不能登记和托管的。

前面我们已经介绍过,一般母基金是开放式基金,子基金是封闭式基金。因此,中登公司开放式基金登记结算系统只能办理母基金的托管;而中登公司深圳分公司证券登记结算系统则可以办理开放式基金和封闭式基金的托管,因此一组分级基金的三类份额均可在此系统中托管。

2. 转托管

前文中我们已经知道,基金份额可能托管在两个不同的系统里,投资者可以将持有的份额在不同的机构或系统中进行转移,这种行为称为转托管。

例如,某投资者可以将通过从浙商基金直销中心认购的基金份额转移到他在华夏银行的账户里(见图2.9);而另外一个投资者可以将他通过华泰证券从深交所认购的基金份额转移至他在信达证券的基金账户里(见图2.10)。不论如何转移,请读者注意:这两个投资者所做的转移都是在同一个系统之中。前者是在中登公司开放式基金登记结算系统,后者是在中登公司深圳分公司证券登记结算系统,他们的基金份额并没有从这两个系统中转走,因此称为系统内转托管。

再如,第三位投资者将通过从浙商基金直销中心认购的基金份额转移到他在信达证券的基金账户里。这样,原来托管在中登公司开放式基金登记结算系统的基金份额转移到了中登公司深证分公司证券登记结算系统(见图2.9和图2.10),跨越了不同的系统,因此称为跨系统托管。

　　了解基金的登记和托管有助于我们在进行套利交易时缩短时间、提高效率。例如,我们发现了一个拆分套利的机会,需要先申购母基金份额,然后拆分成分级A基金和分级B基金份额,再在交易所中卖出分级A基金和分级B基金。如果是在场外申购母基金,我们是没有办法直接进行拆分的,因为场外基金的登记托管系统没有办法进行分级A基金和分级B基金的登记托管,因此,在分拆之前,我们不得不进行跨系统转托管,将从场外申购的母基金份额转至场内,即从中登公司开放式基金登记结算系统转移至中登公司深圳分公司证券登记结算系统,然后再进行分拆。相比直接在场内申购母基金份额然后直接分拆,在场外申购母基金后转托管再分拆会花费更多的交易费用和时间成本,套利空间也可能因此而消失——这个问题是很多投资者感到困惑的地方,有时候明明侦查到了套利机会,却因为不懂得登记托管规则和场内场外的区别而无法进行。

四、封闭式基金和开放式基金

　　基金发行之后,如果投资者可以向基金管理人申请申购和赎回,基金份额在不同的交易日可能不同,这种基金就是开放式基金。

　　另外还有一类基金,成立之后在封闭期内(可能是3年,也可能是5年、10年,每只封闭式基金的封闭期不同)封闭运行,份额一般不会发生变化,这种基金就是封闭式基金。为了满足投资者的交易需求,封闭式基金一般都会在交易所上市交易,基金份额在不同的投资者之间流转。

　　对于分级基金而言,母基金(不论是在场外申购的,还是在场内申购的)一般是开放式基金;子基金的两类份额一般是封闭式基金,在深圳证券交易所上市交易,例如:浙商沪深300分级基金,在基金合同生效后,母基金浙商沪深300份额(基金代码:166802,开放式基金)设置单独的基金代码,只可以进行场内与场外的申购和赎回,但不上市交易;浙商稳健份额(分级A基金,基金代码:150076,封闭式基金)与浙商进取份额(分级B基金,基金代码:150077,封闭式基金)交易代码不同,只可在深圳证券交易所上市交易,不可单独进行申购或赎回。

但是,还存在两种不同的情况:

一种情况是母基金和分级 A 基金为开放式基金,只可以进行场内与场外的申购和赎回,不上市交易(其中分级 A 基金也可由母基金分拆得来);分级 B 基金为封闭式基金,只可在深圳证券交易所上市交易(截至 2014 年 12 月 31 日,所有上市交易的分级基金均在深圳证券交易所上市,未来上海证券交易所也可能提供此种服务),不可单独进行申购或赎回。

一种情况是母基金、分级 A 基金和分级 B 基金均为开放式基金,都只可以进行场内与场外的申购和赎回,不上市交易。

据此,我们将分级基金分为 3 个组别,见表 2.12(所有分级基金的分组请参见附录 2.1)。

表 2.12　　　　　　　　　　　3 个组别的分级基金

组　别		母基金	分级 A 基金	分级 B 基金
Ⅰ	基金类型	开放式	封闭式	封闭式
	上市地点	场外市场	证券交易所	证券交易所
Ⅱ	基金类型	开放式	开放式	封闭式
	上市地点	场外市场	场外市场	证券交易所
Ⅲ	基金类型	开放式	开放式	开放式
	上市地点	场外市场	场外市场	场外市场

不同组别的分级基金适用不同的投资方法,在第四章中我们再详细探讨。

很多投资者都有一个错觉,认为开放式基金都是场外交易的基金,封闭式基金都是场内交易基金。这是不对的。例如,LOF 和 ETF 都是开放式基金,但是也能在交易所上市交易——封闭式基金、开放式基金和场内交易基金、场外交易基金是基金分类的两种不同方式,并不存在对应关系,读者需仔细辨别。

为了标识基金是场内交易还是场外交易,我们在基金代码后面加上了不同的字母:"SH"代表上海,即该基金在上海证券交易所上市交易;"SZ"代表深圳,即该基金在深圳证券交易所上市交易;"OF"表示该基金不在交易所市场上市交易。附录 2.1 中除了列示分级 A 基金的约定收益率计算方式外,还列示了每只基金的类型(封闭式、开放式),以及其交易市场(不上市 OF、深圳证券交易所 SZ)。

五、分级基金的"净值"与"价格"

在上一节中,我们知晓了分级基金三类份额的净值计算方式;同时我们也了解到:分级基金的场内份额分拆为两类子基金后,投资者可以在场内单独交易这两类子基金份额。

需要注意的是,在场内交易子基金份额,只是在不同的投资者之间进行买卖,总的基金份额不增不减——与股票交易一样。股票发行上市之后,如果没有进行增发、回购、送股或缩股,股票的数量是恒定不变的,股票交易实际上是股票份额在不同的投资者之间流转。与之相反,申购和赎回则会改变基金的总份额。

举例来说,若某基金的份额为 1 亿份,投资者向基金公司申购 2 000 万份,则该基金的份额就变为 1.2 亿份,基金公司可用于投资运用的资金也增加了;若投资者向基金公司赎回了 2 000 万份,则该基金的份额就变为 0.8 亿份,基金公司可用于投资运用的资金也减少了。在不同的交易日,基金的份额是可变的,基金经理可运用的资金也是可变的。在申购或赎回的交易中,投资者的交易对手是基金管理人,而不是其他的投资者,这就是开放式基金份额会发生变化的原因。

对于大多数分级基金而言,其子基金通常在证券交易所上市,投资者可以像买卖股票一样来交易基金份额。在场内交易的这些基金,也像股票一样由买卖双方报价,撮合成交,图 2.11 截取的是银华锐进(基金代码:150019,它是银华深证 100 分级基金的 B 类份额)在 2013 年 12 月 17 日星期二盘中的行情界面。

熟悉股票交易的读者会发现,这个界面与普通股票的行情界面几无二致。与股票交易一样,投资者可以看到五档买价和五档卖价(另外一些软件可能显示更多的报价信息)、现价、均价、涨跌额、涨跌幅度、开盘价、最高价、最低价、成交数量、成交金额等信息,画面左侧的蜡烛图也与股票的图形一样。在交易日,

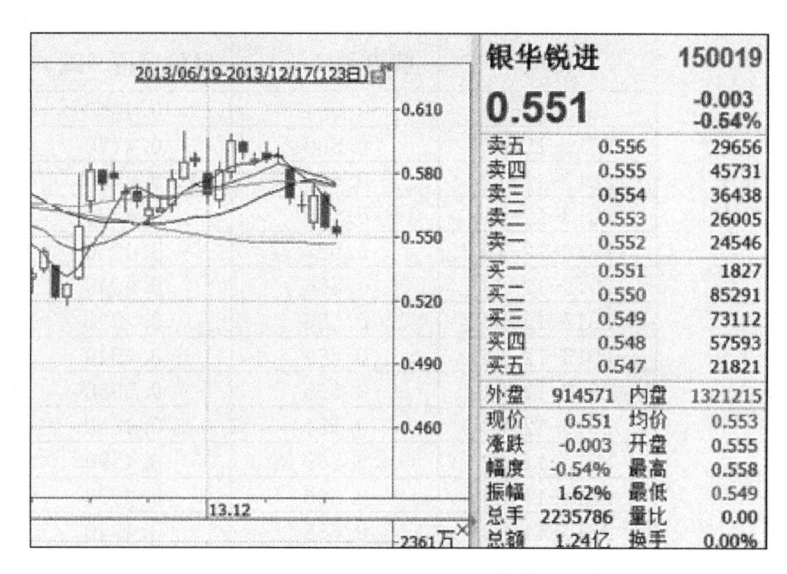

资料来源：Wind 资讯。

图 2.11　银华锐进的行情界面

上市交易的封闭式基金份额只是在不同的投资者之间流转，基金的总份额是不变的，基金公司所能用来投资的资金也是不变的——这是开放式基金与封闭式基金的重要区别。

于是问题来了：基金的净值一般每天公布一次，但是在场内交易的基金份额在不同的时点会有不同的报价和成交价格，为什么？

想象下面的情形：某只场内交易的基金的净值为 1 元，但是有投资者很看好它，愿意出 1.01 元购买，那么他可以在交易所市场挂出买单："1.01 元，求购 1 份基金份额"；不看好它的投资者可能挂出这样的卖单："0.99 元，出售 1 份基金份额"，这样就有了偏离单位净值（1 元）的买卖报价。像股票一样，不同的投资者报出不同的价格，就会形成连续竞价的清单。因此，对于在场内上市交易的基金份额，除了"净值"之外，还有一个可能随时发生变化且偏离"净值"的"价格"，见图 2.12。

图 2.12 的第二栏显示的是银华锐进在不同交易日的收盘价，它由场内投资者买卖双方的报价撮合形成；第三栏显示的是银华锐进在对应日期的净值，它由我们在上一节中的计算方法计算得来。

实际上，银华深证 100 分级基金子基金的另外一类份额，银华稳进（基金代

日期	收盘价（元）	单位净值（元）
2013-12-16	0.554	0.4550
2013-12-13	0.569	0.4770
2013-12-12	0.565	0.4730
2013-12-11	0.568	0.4730
2013-12-10	0.587	0.4960
2013-12-09	0.586	0.4940
2013-12-06	0.586	0.4920
2013-12-05	0.589	0.4940
2013-12-04	0.595	0.5030
2013-12-03	0.581	0.4830
2013-12-02	0.569	0.4590
2013-11-29	0.586	0.4930
2013-11-28	0.585	0.4940
2013-11-27	0.577	0.4780
2013-11-26	0.563	0.4620
2013-11-25	0.563	0.4640
2013-11-22	0.566	0.4690
2013-11-21	0.571	0.4770

资料来源：Wind 资讯。

图 2.12　银华锐进的收盘价和净值列表

码：150018）也在场内市场交易，它也有净值和价格。这样，这组分级基金一共有 5 个价格变量：3 个净值，2 个价格，见表 2.13。

表 2.13　　　　　　　　　分级基金的价格变量

	母基金	分级 A 基金	分级 B 基金
适用概念	净值	净值、价格	净值、价格

了解净值和价格的概念，是为我们在后面探讨分级基金的套利奠定基础。

六、分级基金的折算

分级基金的折算是分级基金运作和投资中一个很重要的问题。现在，一些策略分析师甚至已经构建出利用折算来套利的各种交易模型。

分级基金的折算分为两种：一种是定期折算，一种是不定期折算。

1. 定期折算

在讨论这个问题之前，我们先来看看股票分红。

股票分红对于股票投资者来说并不陌生。股票分红一般有两种形式：现金分红或股份分红。不论哪一种形式，都有一个基本的原则：

分红前后投资者所持有的资产总价值不会发生变化

我们先来看现金分红。

假设投资者 A 持有某只股票 1 000 股，上一交易日该股票的收盘价格为 10 元/股，那么该投资者所持有的资产总价值为：1 000 股×10 元/股＝10 000 元。

假设该股票将于今日进行分红除权，每 1 股将收到 0.2 元，那么投资者的资产会发生怎么样的变化呢？

首先，投资者或获得现金红利 200 元(1 000 股×0.2 元/股)。

其次，投资者所持有的 1 000 股股票价值会下降。分红是对经营业绩的一种处理，本身并不会对上市公司的经营产生直接的影响，即简单来说分红是分配劳动果实，所以分配前后总价值并不会发生变化。这样，在分红之前，投资者的资产总价值为 10 000 元，分红之后也应该是 10 000 元。由于投资者收到了 200 元的现金分红（税前），那么他所持有的股票价值应该相应地减少 200 元，为 9 800 元，则每股股票的价格下降到 9.80 元(9 800 元/1 000 股)。

因此，现金分红实际上只是改变了投资者的资产构成形式（分红之前全部是股票资产，价值 10 000 元；分红之后现金为 200 元，股票价值 9 800 元，合计 10 000 元）。

我们再来看股份分红。

假设上述的上市公司决定的分红方案不是现金分红，而是股份分红，分红方案是 10 送 10，即投资者持有多少股份就送多少股份。这时，上述投资者的股票数量就变成了 2 000 股，但是由于它们的总价值仍然要保持 10 000 元不变，因此股票的价格变成了 5 元/股(10 000 元/2 000 股)。

我们来看实例。

2013 年 5 月 13 日，省广股份（股票代码：002400）收于 53.80 元。5 月 14 日，省广股份进行了"10 送 10"的股份分红。根据上面的原理，在 5 月 14 日这一天，该股票应该以 26.90 元(53.80/2)的价格为基准进行波动——这样，从 K

线图上看，它的股票价格像是被拦腰斩断了一样(见图 2.13)。

资料来源：Wind 资讯。

图 2.13　省广股份除权后股价变化

定期折算从本质上来讲是一种股份分红。但是由于分级基金的结构比较复杂，使得分级基金的折算看起来显得更加困难。为了使问题变得直观，我们还是来看实例(此例来源于银华基金管理有限公司 2013 年 12 月 27 日发布的《关于银华深证 100 指数分级证券投资基金办理定期份额折算业务的公告》，不过本书的计算过程将不同于此份公告，银华基金的报告只是简单地给出了份额和净值的折算公式，一般投资者仍然难以理解，本书将更加注重计算过程的推演)。

本组分级基金包括 3 只基金：母基金银华深证 100(基金代码：161812.OF)、分级 A 基金银华稳进(基金代码:150018)和分级 B 基金(基金代码:150019)。基金定期折算的对象为母基金银华深证 100 和分级 A 基金银华稳进。折算规则如下：

对于银华稳进份额期末的约定应得收益，即银华稳进份额每个会计年度 12 月 31 日份额净值超出本金 1.000 元部分，将折算为场内银华深证 100 份额分配给银华稳进份额持有人。银华深证 100 份额持有人持有的每 2 份银华深证 100 份额将按 1 份银华稳进份额获得新增银华深证 100 份额的分配。持有场外银华深证 100 份额的基金份额持有人将按前述折算方式获得新增场外银华深证 100 份额的分配；持有场内银华深证 100 份额的基金份额持有人将按前述折算方式获得新增场内银华深证 100 份额的分配。经过上述份额折算，银华稳进份额和银华深证 100 份额的基金份额净值将相应调整。在基金份额折算前与折算后，银华稳进份额和银华锐进份额的份额配比保持 1∶1 的比例。

简单来说，此基金的折算实际上是分级 A 基金银华稳进进行了分红，分红后银华稳进的单位净值变为 1 元；分红则以母基金份额的形式表现。

假设某年定期份额折算基准日，银华深证 100 份额当天折算前资产净值为 74.58 亿元（已同存续的银华稳进和银华锐进的基金净值区分开，此净值不包括银华稳进和银华锐进的基金净值，仅包括母基金的基金净值）。当天场外银华深证 100 份额、场内银华深证 100 份额、银华稳进份额、银华锐进份额的份额数分别为 50 亿份、5 亿份、30 亿份、30 亿份。前一个会计年度末每份银华稳进份额资产净值为 1.058 元，且未进行不定期份额折算。那么：

第一，定期份额折算的对象为基准日登记在册的银华稳进份额（分级 A 基金）和银华深证 100 份额（母基金），即 30 亿份和 55 亿份（场外 50 亿份＋场内 5 亿份）。银华锐进不受定期折算的影响。

第二，我们来计算折算后母基金的单位净值。

我们知道，在折算之前，场内和场外的母基金份额合计为 55 亿份，总资产净值为 74.58 亿元。我们也知道，2 份母基金可以分拆为 1 份银华稳进和 1 份银华锐进，因此我们重新解读上面的信息：在折算之前，55 亿份母基金（场内加场外）可以分拆成 27.5 亿份银华稳进和 27.5 亿份银华锐进，它们的总资产净值为 74.58 亿元。

此时，银华稳进的单位净值为 1.058 元，那么 27.5 亿份银华稳进的资产净值为 29.095 亿元（1.058 元/份×27.5 亿份）。

则 27.5 亿份银华锐进的资产净值为 45.485 亿元（74.58 亿元－29.095 亿元），1 份银华锐进的净值为 1.654 元（45.485 亿元/27.5 亿份）。

折算后，银华稳进的单位净值会变为 1 元，银华锐进的单位净值保持不变，仍为 1.654 元、分红所得到的是母基金份额，假设为 2M 亿份，我们将其拆分为 M 份银华稳进和 M 份银华锐进。那么，折算后，银华稳进和银华锐进的份额均为(27.5＋M)亿份。

经过计算，折算后银华稳进和银华锐进的总资产净值为：

(27.5＋M)亿份×1元/份＋(27.5＋M)亿份×1.654元/份

它应该等于折算之前的总资产净值74.58亿元。则我们有下面的等式：

(27.5＋M)亿份×1元/份＋(27.5＋M)亿份×1.654元/份＝74.58亿元

由此我们计算出：M＝0.600 98

也就是说，折算之后，投资者等同于同时持有28.100 98亿份(27.5＋0.600 98)银华稳进和同样份额的银华锐进。我们将它们合并为母基金银华深证100，即为56.201 96亿份(28.100 98亿份×2)。

因此，在折算之前，55亿份母基金总资产净值为74.58亿份；折算之后，56.201 96份母基金总资产净值为74.58亿元，则折算后母基金的单位净值为1.327亿元(74.58元/56.201 96亿份)。

第三，我们来看银华稳进份额持有人的份额变化。

在折算之前，银华稳进的份额为30亿份，单位净值为1.058元，则其总资产净值为31.74亿元。

折算之后，银华稳进的份额保持不变，为30亿份，单位净值变为1元，它的资产净值为30亿元。由于折算前后银华稳进的总资产净值应该保持不变，则剩余的1.74亿元(31.74亿元－30亿元)应该是红利的价值。由于红利是以母基金的形式体现，而折算后母基金的单位净值为1.327元，则红利的份额为131 122 833.46份(1.74亿元/1.327元/份)。即折算后，银华稳进的份额持有人共持有30亿份银华稳进份额，单位净值为1元；同时获得131 122 833.46份母基金，单位净值为1.327元。所有份额的总资产净值为31.74亿元。

最后，我们再来看母基金持有者的份额变化。

折算之前，母基金的份额为55亿份，总资产价值为74.58亿元。

折算后，母基金的总资产价值为74.58亿元，单位净值为1.327元，份额数为56.201 96亿份，即获得了1.201 96亿份(56.201 96－55)的红利。

从上面的计算过程我们可以得知，分级基金定期折算的关键点在于：折算前后基金净值保持不变，只是单位净值和基金份额发生了变化——这与股票分红是一样的。

2. 不定期折算

分级基金的不定期折算一般与母基金和分级 B 基金的净值大幅下降或上升有关。母基金净值大幅上升后所进行的折算称为向上折算(或简称上折),分级 B 基金的净值大幅下跌后所进行的折算称为向下折算(或简称下折)。

先来看上折。看一个实例:

银华深证 100 的《招募说明书》中说:"当银华深证 100 份额的基金份额净值达到 2.000 元,本基金将进行份额折算(不定期折算)。"

为什么会有这种规定呢? 由于 2 份银华深证 100 份额可以分拆成 1 份银华稳进和 1 份银华锐进,则当银华深证 100 的净值达到 2.000 元时,假设银华稳进的净值为 1.058 元,那么银华锐进的净值为 2.942 元(2.000×2－1.058),这时分级 B 基金的投资者所使用的杠杆由原来的 2 倍(2.000/1.000)降为 1.33 倍(4/2.942),杠杆效应减小,失去了分级基金的设计初衷,对投资者的吸引力自然就下降了。通过上折,将杠杆再度恢复到原始值,使分级基金的功用得以继续存在。

一般上折发生在牛市中。

再来看下折。

回顾我们在第二章中便利店的例子。在 50%∶50% 的资本结构中,小王投入了自有资金 5 万元,借了外部资金 5 万元,借款成本为 8%。小王的债主担心小王亏本还不上钱,会设置一些条件,例如亏损达到一定幅度后要强制清盘,偿还本金和利息。由于借款成本(利息每年 4 000 元)的存在,小王的社区便利店的最小价值应该为 54 000 元,才能保证还本付息,即债主能够容忍的最大亏损应该为 46 000 元(100 000－54 000),而不是小王的自有资金 5 万元。在实际中,债主一般不会设定这样的极端值,可能在小王亏损 3 万元时就要求小王强制清盘。分级基金的不定期折算就是基于这种风险意识而设立的规则。

以银华深证 100 分级基金为例。银华基金在 2014 年 1 月 14 日发布公告称:

"根据《银华深证 100 指数分级证券投资基金合同》(以下简称基金合同)中关于不定期份额折算的相关规定,当银华深证 100 指数分级证券投资基金(以下简称本基金)之"银华锐进份额"的基金份额参考净值达到 0.250 元及以下,本基金银华 100 份额(基础份额)、银华稳进份额及银华锐进份额将进行不定期份额折算。由于近期 A 股市场波动较大,截至 2014 年 1 月 13 日,银华锐进份额的基金份额参考净值(0.3480 元)接近基金合同规定的不定期份额折算阀值,因此本基金管理人敬请投资者密切关注银华锐进份额近期的参考净值波动情况,并警惕可能出现的风险。"

因此,从这个角度来讲,分级基金的下折是保护分级 A 基金投资者利益的一种机制。一旦折算之后,分级 B 基金的杠杆作用就会降低,进一步降低风险。

但是,如果从分级 B 基金投资者的角度来讲,不定期折算又会有另外的意义。当分级 B 基金的单位跌至 0.250 元时,其杠杆率上升至 5 倍(1.25/0.25),风险急剧放大,因此需要将杠杆率减小(向下折算)。

一般下折发生在熊市中。

我们将在第四章中再详细讨论不定期折算的风险。

第四节 分级产品的其他案例

在金融市场中,还有很多其他产品的交易结构与分级基金相似。本节我们重点介绍常见的两个产品:证券公司资产管理计划分级产品及住房按揭贷款。

一、证券公司分级资产管理计划分级产品

证券公司资产管理计划是证券公司接受客户委托,运用自身专业知识和技能,为客户管理资产的一种形式,本质上也是一种代客理财产品。但是,证券公司的资产管理计划可以根据客户的需求进行深度定制,投资范围广泛、风格灵活,因此也可以看作是私募基金产品,其中不乏分级式的资产管理计划。

我们举例说明。

1. 分级资产管理计划的诞生

一家上市公司 AAA 委托证券公司 BBB 发行一只债券,融资 10 亿元,期限

为5年,年利率为8%,一年付息一次(即每年支付利息8 000万元,5年之后还本10亿元),但是AAA担心不会有那么多的投资者愿意购买这只债券,所以它要求证券公司BBB必须买下剩余的部分(这就是我们常说的余额包销)。证券公司BBB不愿意失去这笔生意,就答应了AAA的要求。证券公司BBB努力地寻找这只债券的买家,最后确定只能够卖出8亿元面值的债券,也就是说,它自己要掏2亿元买下其余的部分。2亿元对于证券公司BBB来说也不是一个小数目,它不愿意出这么多钱,怎么办呢?它决定成立一只证券公司资产管理计划,叫作产品CCC。

CCC被设计成一个分级产品,一级叫作优先级,一级叫作次级,比例为8∶2,即优先级1.6亿元,次级0.4亿元。分配收益时,优先级份额持有人获得事先约定的收益率7%,剩余部分收入才归次级份额持有人所有。一旦该产品CCC到期或提前终止,所有资产应该先用于偿付优先级份额持有人的本金和收益,剩余部分才归次级份额持有人所有。

然后证券公司BBB找到一家银行DDD,对它说:"我有一只分级产品,共2亿元,优先级是1.6亿元,我可以卖给你,收益率为7%;次级是0.4亿元,由我自己认购。"银行DDD认为有利可图,就答应了。

这样,一个分级资产管理计划就诞生了——2亿元的产品CCC就相当于分级基金的母基金,1.6亿元的优先级相当于分级基金的A类份额,0.4亿元的次级相当于分级基金的B类份额,7%相当于A类份额的约定收益率,见图2.14。

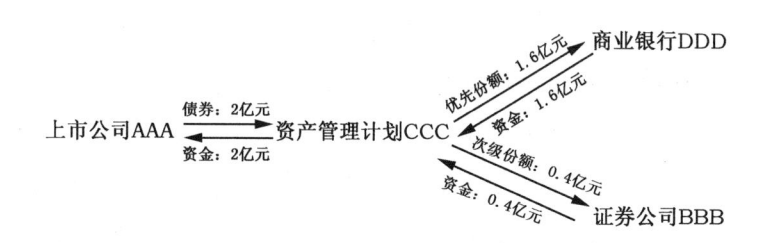

图2.14 证券公司资产管理计划分级产品交易结构

2. 分级资产管理计划的收益分配

如果一切顺利,一年之后,2亿元的资产管理计划CCC获得1 600万元利息(2亿元×8%),银行DDD的优先级获得1 120万元收益(1.6亿元×7%),证券公司的次级 0.4 亿元获得 480 万元收益（1 600－1 120），收益率高达 12%（480/4 000），见图 2.15。

```
                              约定收益1 120万元   商业银行DDD
           利息1 600万元                        ↗
上市公司AAA ──────────→ 资产管理计划CCC
                                            ↘
                              剩余收益480万元   证券公司BBB
```

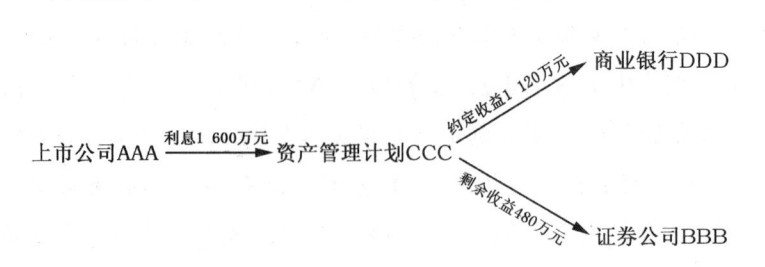

图 2.15　证券公司资产管理计划收益分配

在这个例子中，证券公司仅用 0.4 亿元就撬动了价值 2 亿元的债券，它通过向商业银行借款的方式（优先级份额 1.6 亿元）来放大自己的收益。由于借款的成本（优先级份额的约定收益率 7%）低于投资项目的收益率（债券的利率 8%），因此这样的交易结构是有利可图的。

3. 优先级份额持有者的风险控制

对于优先级份额的购买者商业银行来说，它充当了借款人的角色，也知道它所投资的资产管理计划全部投资于证券公司发行的一只债券。现在，商业银行开始担心：要是面值为 2 亿元的债券价格下跌，导致证券公司资产管理计划的净值下跌，自己所持有的优先级份额会不会受到损害？

我们假设资产管理计划 CCC 在成功成立之后，将产品分成 2 亿份，每份的单位净值就是 1 元。那么，对商业银行来说，资产管理计划的单位净值在什么水平之上才能够保证自己的利益呢？

由于资产管理计划中有 1.6 亿元是商业银行的资金，加上它的预期收益 1 120 万元（1.6 亿×7%），一共是 1.7120 亿元。所以商业银行要求证券公司保证整个资产管理计划的净值不能低于 1.7120 亿元（换算成单位净值，即是 1.7120 亿/2 亿=0.8560 元），否则资产管理计划应该立即卖出所有的资产，向商业银行偿还本金和应得的利息。也就是说，商业银行在资产管理计划成立之前，会要求证券公司承诺，一旦资产管理计划的净值下跌到 0.8560 元，该资产管理计划就应该立即清盘，以保证商业银行的利益。为了保险起见，商业银行会要求证券公司设立一个警戒线，例如 0.9000 元，即若该资产管理计划的净值下跌到0.9000元的时候,证券公司就应该有所行动,降低资产管理计划的仓位,为清盘做好准备。

因此,一般而言,这种分级资产管理计划会依照优先级投资人的要求设立两个关键的净值:一个是警戒线(单位净值为0.9000元),当资产管理计划的净值触及它时,资产管理计划需要卖出一部分资产,降低仓位和风险;一个是强制平仓线(单位净值为0.8560元,类似于分级基金中的向下折算标准),一旦资产管理计划的单位净值触及它时,就必须无条件强制清仓,向优先级份额持有人偿付本金和利息(类似于企业破产清算)。

因此,通过设置这样的两道防线,分级资产管理计划的优先级份额持有人就能够充分保障自己的利益——在第一节社区便利店的例子中,借钱给小王的朋友A也会面临社区便利店经营状况不佳导致亏损的风险,因此也可能采取类似的措施,要求小王在社区便利店亏损达到一定程度时卖掉它,偿还借款。

4. 商业银行转嫁风险

当然,故事并没有完。

通常的情况是,银行不会自己拿1.6亿元来购买产品CCC的优先级份额,它会对它的客户说:我这里有一个产品,年收益率为6%。客户一比较,6%是一年期定期存款的2倍,值!于是就把存款取出来购买这个产品,这种产品就是我们通常所说的银行理财产品。这样,银行自己一分钱没花,却获得了160万元的收益[1.6亿×(7%-6%)]。

5."影子银行"

将上述的业务链条进行梳理,我们会发现:通过商业银行的理财产品和证券公司的资产管理计划这两个中介,作为资金需求方的上市公司和作为资金供给方的银行客户就发生了联系,如图2.16所示。

通过这样的迂回交易,上市公司相当于获得了一笔贷款(尽管是通过发行债券的方式来实现的),而资金的来源依然是银行的客户——这与银行用客户的存款向企业发放贷款的交易在本质上并没有区别。问题是:上市公司为什么不直接向银行贷款,而要发行债券呢?

一种可能是上市公司达不到银行的贷款条件。因此,虽然不能直接得到银行贷款,但是企业通过迂回的方式最终还是从银行拿到了钱。这样,对于银行

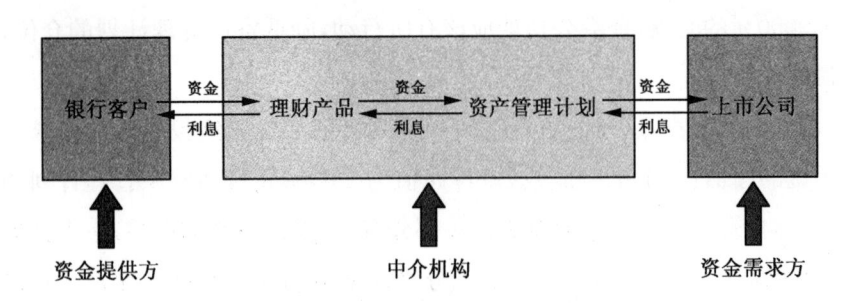

图 2.16 "迂回贷款"交易流程

来说,除了正常的贷款发放之外,还出现了大量的这种"非正常流程"的贷款,相当于在银行之外创造了一个"影子银行",而且,通过影子银行获得资金的企业往往质地并不优良,或者企业所在的行业并不是国家所鼓励的行业(例如高能耗、重污染等行业),一旦企业的经营状况恶化或者国家政策变得更为严厉,它所发行的那只债券就有可能发生不能偿付的风险,于是多米诺骨牌效应就出现了:债券违约不能还本付息,导致资产管理计划净值大幅缩水,次级和优先级投资者损失惨重,投资于资产管理计划的银行理财产品不能按期兑付,银行和客户都要蒙受损失。

二、住房按揭贷款

如果你最近有过贷款买房的经历,一定不会对这部分陌生。

现在,我们仔细分析一下这笔交易:首付款一般是你的自有资金(所有者权益,分级 B 基金),银行贷款或住房公积金贷款是借款(负债,分级 A 基金),两处资金归集后购买了房产(资产,母基金),贷款利率就是负债的利率或分级 A 基金的约定收益率。

我们还是以实例来说明。

假设一处房产价格为 100 万元,你可以最低支付 30% 的首付款,其余部分使用银行贷款。一年后房子涨到了 110 万元,你转手卖掉,那么你的收益率是多少?

我们的计算过程如下:

首付 30 万元,从银行贷款 70 万元,分 30 年还清。如果你去过售楼中心,那里的工作人员就会在计算器上很快给你算出你每个月的月供。假设贷款利率为每年 6.5%,则你的月供为 4 424 元(计算方法见附录 2.2)。

这样,一年之中你一共支付了:300 000+4 424×12=353 093(元)。

一年之后你卖掉房子,得到 110 万元,还掉银行欠款本金 692 175 元,收入为 407 824 元(1 100 000－692 175),获利 54 730 元(407 824－353 093),收益率为 15.50%(54 730/353 093),而同时期房价只上涨了 10%。

很多炒房者就是通过这样的操作获利的。

也许有读者已经热血澎湃,准备去找能够借钱的人借尽可能多的钱去干点什么了。不过,在行动之前,还请三思。杠杆是一把双刃剑。例如,上部分例子中的房产不是上涨了 10%,而是下跌了 10%,则你卖掉房子,还完银行欠款之后,到手的金额仅为 207 824 元,你将亏损 145 269 元(207 824－353 093),亏损率高达 41.14%(145 269/353 093)。

所以,凡是想要运用杠杆的朋友们请切记:

如果投资项目的收益率低于借款成本,你所做的事情就是不合算的;如果你投资的项目发生了亏损,你的损失就会成倍地放大。

公募基金市场概述

欲穷千里目,更上一层楼。

第三章

这一章是我最不愿写但又不得不写的一个章节。

公募基金市场是一个十分庞大的市场,要想了解这个市场,一个章节的篇幅远远不够,我自己研究基金市场多年,自信比一般普通投资者更了解和熟悉它,但是至今为止我仍不敢夸口对它了如指掌。在公募基金的理论知识方面,中国证券业协会组编、中国金融出版社出版的《证券投资基金》一书是一本全面而权威的教材,它也是证券从业人员资格考试的一个科目。这本书虽然枯燥,却给我非常多的教益,本章的写作也重点参考了这本书,有兴趣的读者可以自行阅读。但是,这本书并不适合个人投资者去阅读,甚至很多参加完本科目考试的考生也很少对它进行深度阅读和研究,因此,我有必要专门拿出一个章节来为读者普及这方面的知识。但我并不打算面面俱到,只是挑选其中重要的问题来讲;同时,我会特别注重实践性,将理论知识与市场实践相结合,使读者在读完本章后对整个公募基金市场有大致了解。

有读者可能会问:

本书研究的不是分级基金吗?

为什么要了解整个公募基金市场?

分级基金在整个公募基金的产品系列中只是非常小的一块,分级基金的数量在整个公募基金市场中的份额不足10%。即便有再大的魅力,它毕竟只是整个体系中的冰山一角,不窥见冰山的全貌,即便我们的研究和探讨再精再深,也无法正确地看待我们的研究对象。很多在整个公募基金市场使用的常用概念(例如主动管理、被动管理、股票型、债券型、货币市场型等)也是我们在分级基金投资中所使用的。因此,本章是研究公募基金的共性,这些共性也同样适用于分级基金;西方人在经济学和金融学的教科书中讨论某一个细节问题时,经常会提示读者 Keep the big picture in mind,意思是要有大局观,在研究细微问题的时候一定要将其置身于大体系中来考虑。因此,这一章也是必不可少的。

本章共分为六节。第一节我们将简要介绍公募基金的管理者:基金管理公司,它们是基金产品的管理人,在选择基金产品时了解基金管理公司是基础的一步。第二节我们将从不同的维度来对基金进行分类。很多投资者面对两千多只基金产品无从下手,很大一部分原因就是不知道它们之间有什么区别,哪一些适合现在的市场情况,哪一些又更加适合于别的市场情况。可以说,基金分类是我们进行基金投资的最重要一步,大方向一错则满盘皆输。第一节我们讨论基金经理在基金业绩中所发挥的作用,并探讨如何选择优秀的基金经理。第四节和第五节我们分别详细讨论了货币市场型基金和保本型基金,它们看似简单,却常遭到投资者误解。第六节我们介绍了 Wind 资讯的基金分类方法。

第一节 基金管理公司

在 2013 年年中以前,市场上所有的公募基金都是由基金管理公司(简称基金公司)发行和管理的。2013 年年中,证监会发布了新的规定,允许具备资格的商业银行、证券公司、资产管理公司等金融机构从事公募基金业务,随后就有金融机构获得了此业务资格。2013 年 12 月底,上海东方证券资产管理有限公司发行了第一只由非基金公司发行和管理的公募基金产品:东方红新动力灵活配置混合型基金(基金代码:000480)。可以预见,将来的公募基金市场将会出现更多的竞争者和新产品。不过,至今为止,基金公司仍然是开展公募基金业务的主要机构,我们的讨论也主要集中在它们身上,公募基金行业的变化我们将在本书的以后版本中再做更新。

一、基金管理公司概况

截至 2014 年 12 月 31 日,中国内地共有 98 家基金管理公司(见附录 4),管理着规模约为 4.45 万亿元的公募基金资产。

1. 地域分布

这 98 家基金管理公司主要集中于北京、上海和深圳,另外在天津、重庆、杭州、广州、厦门也有少数几家公司,见图 3.1。

上海集中了 45 家基金管理公司,约占到全国的一半,这也是上海作为全国性金融中心的体现之一;北京是首都城市,许多重大政策和市场信息都在这里发布和流通;深圳靠近香港,具备学习国际先进金融知识和实践的优势。天津、重庆、杭州、广州和厦门是中国经济最为发达的城市。

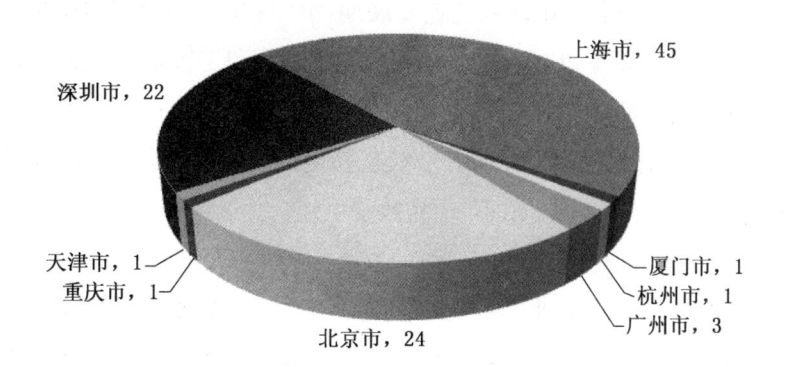

资料来源：Wind资讯。

图3.1 基金管理公司地域分布

2. 历史沿革

中国内地的基金业务开展于20世纪末期，发展时间短暂但是增长较快，见图3.2。

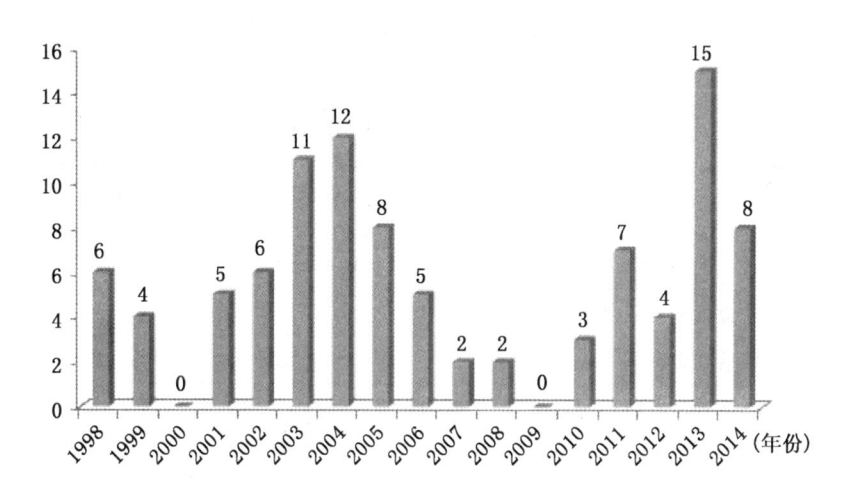

资料来源：Wind资讯。

图3.2 基金管理公司在各年份的成立数量

1998年和1999年是基金管理公司的发展起步阶段，这两年共成立了10家，它们现在是市场上深具影响力的一些大型基金公司，包括南方基金、华夏基金、博时基金、嘉实基金、大成基金、富国基金等，它们所管理的资产在整个公募基金行业都处于前列。

2000年之后,基金行业进入快速发展期,世纪初的6、7年之中,约50家基金公司成立并开展业务,其中易方达基金、广发基金和工银瑞信基金发展迅猛,目前其管理的资产额也名列行业前茅。

2007年之后,由于股票市场深度调整,基金行业扩张的步伐有所放缓,这期间成立的基金公司普遍规模较小、产品数量也较少。

2013年,证监会放宽了基金公司的准入门槛,一大批基金公司成立,多达15家,这一趋势一直延续到2014年。同时,证监会发布规定,允许符合条件的证券公司、保险公司、私募基金管理公司及PE等机构开展公募基金管理业务。截至2013年12月6日,共有东方证券和华融证券两家证券公司获得了公募基金业务资格,成为首批非基金公司开展公募基金业务的金融机构,这个名单将会一直加长。

3. 资产集中度

98家基金管理公司管理着约4.45万亿元的公募基金资产,不过不同基金公司管理的资产规模差异巨大,表3.1列示了管理规模前10名的基金公司及其资产规模。

表3.1　　　　　管理资产规模前10名基金公司一览

排序	基金公司	基金数量	资产合计（亿元）	市场份额（%）
1	天弘基金管理有限公司	16	5 897.97	13.25
2	华夏基金管理有限公司	47	3 115.95	7.00
3	工银瑞信基金管理有限公司	52	2 532.36	5.69
4	嘉实基金管理有限公司	68	2 445.99	5.49
5	易方达基金管理有限公司	60	2 087.71	4.69
6	南方基金管理有限公司	57	1 949.01	4.38
7	中银基金管理有限公司	44	1 609.30	3.61
8	广发基金管理有限公司	58	1 315.26	2.95
9	建信基金管理有限责任公司	46	1 211.39	2.72
10	招商基金管理有限公司	44	1 157.74	2.60

资料来源:Wind资讯(截至2014年12月31日)。

全行业的管理资产为4.45万亿元;98家基金公司管理资产的平均规模为478.71亿元;按照资产规模从大到小排序,最中间的两家分别是摩根士丹利华鑫基金和平安大华基金,其管理资产规模分别为134.31亿元和126.40亿元(有48家的资产规模大于它们,另有48家的资产规模小于它们)。公募基金行业的"贫富分化"现象十分明显,规模最大的天弘基金管理着5 897.97亿元资产;高于行业资产平均数478.71亿元的基金公司只有26家,其余72家均低于平均数;管理资产规模在千亿元以上的基金公司除表3.1中所示的10家外,还有汇添富基金、博时基金和上投摩根基金,共13家,而管理资产规模低于100亿元的高达37家,约占行业的38%。

从管理资产集中度(CR)指标来看,最大的1家基金公司的市场份额为13.25%,最大的3家基金公司市场份额为25.94%,最大的5家基金公司市场份额为36.12%,最大的10家基金公司市场份额为52.39%,见表3.2。

表3.2　　　　　　　　　公募基金行业资产集中度概览

指标名称	指标值(%)
CR1	13.25
CR3	25.94
CR5	36.12
CR10	52.39

资料来源:Wind资讯。

4. 为什么要关注基金管理公司

正如我们购买家用电器或其他商品一样,因为存在众多的生产者,他们的产品虽然在功能和款式上大同小异,但是我们更倾向于购买某些钟爱的品牌一样,在购买基金之前,我们也应该花时间去了解这些基金的生产者(发行人),即基金管理公司。

基金公司的历史和规模是需要关注的一个重要方面。那些成立历史悠久,在证券市场的牛市和熊市中都能够生存并且能够发展壮大的公司,必定有其过人之处。基金管理公司的公募基金产品,大部分是开放式产品,投资者在交易日都能够申请申购和赎回,所以基金管理公司管理资产规模的大小,纵然有销售人员的努力,也是投资者"用钱投票"的结果。投资者喜欢那些风险控制措施得当、业绩优良且持续、服务良好的基金公司和基金产品。遗憾的是,对于普通个人投资者来说,要全面和深入评价一个基金公司不是一件容易的事情,只能够从公开市场信息来做出简单的判断。不过,即便如此,这一环节仍然必不可少。

二、基金管理公司的业务

基金管理公司的业务包括两大类:公募业务和非公募业务。无论是哪一种业务,基金公司都是作为资产或财富的管理人角色出现的,其中,公募业务主要收入来自于管理费收入,而管理费收入又依赖于所管理资产的规模。以华夏成长(基金代码:000001)为例,它的规模为84.79亿元,管理费率为1.50%,如果它的规模在一年之中平均保持这样的规模,则它一年能够获得1.27亿元(84.79亿元×1.50%)的管理费收入。如果考虑到整个华夏基金超过3 000亿元的规模,你可以大致估算出它一年的管理费收入(需要注意的是,不同类型的基金的管理费率是不一样的,华夏成长是一只混合型基金,管理费率为1.50%,其他类型的基金,例如债券型、货币市场型、指数型等,管理费率一般会低于混合型基金和股票型基金)。对于非公募业务,基金公司则以收取超额收益的形式获得收入,例如专户产品,基准收益率为6%,超额部分基金公司提取20%。

1. 公募业务

公募业务是基金管理公司最基础的业务。它主要是指基金管理公司通过发行公募基金来为客户管理资产的业务,我们所看到的开放式基金、封闭式基金、LOF、ETF、QDII基金等产品,都是这种业务。本章前文中所统计的基金公司资产规模也仅仅是公募业务的规模。我们所研究的分级基金,就是公募业务的一种产品。

2. 非公募业务

非公募业务主要包括:

(1)社保基金组合管理业务:指基金公司接受社会保险保障等政府机构的委托,管理其资产的业务;

(2)企业年金业务:指基金公司接受企业委托,管理企业年金的业务;

(3)特定资产管理业务:指基金公司接受客户委托,进行特定资产(如票据、未上市股权等)的管理业务;

(4)其他业务。

此部分的介绍只是一个提纲,简单地覆盖了基金管理公司的业务范围,这样读者可以知晓我们所讨论的分级基金在整个基金公司业务版图中的位置。在结束本部分之前,我还需要对下面两个问题做再一次的说明。

第一,公募基金业务今后不仅仅只有基金管理公司可以开展,符合条件的证券公司、保险公司等金融机构都可以开展。所以,今后你可能会遇到其他类型的金融机构的公募基金产品,对此你不应该感到特别意外——实际上,中国金融业混业经营的趋势已经非常明显,商业银行、保险公司、证券公司、期货公司、资产管理公司等金融机构互相合作和渗透,资源整合的范围更广,链条更长,产品的结构也更加复杂,由此而来的风险也更加难以识别和控制。

第二,基金管理公司的非公募业务增长迅速,有一些基金公司的非公募业务甚至超过了公募业务。由于混业经营的发展,基金公司通过非公募业务可以扩大业务范围,增加新的收入来源,对于那些公募业务规模较小的基金公司,尤其如此。在股市和债市低迷的市场环境中,公募业务的发展受到极大的抑制,一些成立时间较晚的基金公司,在公募业务发展举步维艰的困境中,也倾向于走差异化的道路,大力发展非公募业务。所以,不排除有些基金公司把业务重心放在非公募业务上。

第二节　基金分类

我们现在来着手将大约2 000只公募基金进行分类。这样,下一次金融市场发生显著变化的时候(包括大幅上涨、大幅下跌和大幅波动等情形),你就知道应该去投资什么类型的基金,你的投资标的又有哪些。

许多个人投资者不知道股票型基金与混合型基金的区别,搞不清楚为什么别人买的基金会涨而自己买的基金却一直原地踏步。不同类型的基金适合于不同的市场状况,所以一定要选择那些适合市场形势的基金才有获利的可能,靠掷骰子的办法不可能为你带来稳定而正确的收益(所谓"正确的收益",是指通过合乎逻辑的分析所产生的投资策略,并利用这个投资策略获取的收益;有些时候,我们靠纯粹的运气也可能获利,但是它并不是可以复制和持久的,我们称为"不正确的收益",侥幸偶尔会发生,但不会一直发生)。

基金的分类,与其他许多商品一样,根据不同的维度就有不同的分类,而且这些分类之间相互交织,所使用的分类指标越多,分出来的基金种类就越多。这样做的好处是,当我们想找到特定市场情况下的投资品种时,我们只需选定几个关键的指标,找到同时在这些类别中的基金品种,即为我们的投资标的。

一、国内基金和QDII基金

1. 概念

每一只基金都有自己的投资范围,大部分基金都投资于国内的资产,也有一类投资于国外的资产,它的特定称谓是"QDII基金"。

"QDII"是"Qualified Domestic Institutional Investor"的首字母缩写,翻译成中文的意思是"合格的境内机构投资者"。简单地说,它是指经过监管机构认定合格后,可以投资外国资本市场的中国机构,它为中国投资者投资海外市场提供了一个途径。"QDII基金"是可以投资海外市场的基金(这类基金的投资范围是全球市场,也包括中国),例如:华夏全球精选基金(基金代码:000041)"主要投资于全球证券市场中具有良好流动性的金融工具,包括银行存款、短期政府债券等货币市场工具,政府债券、公司债券、可转换债券、住房按揭支持证券、资产支持证券等固定收益类证券,在证券市场挂牌交易的普通股、优先股、全球存托凭证和美国存托凭证、房地产信托凭证等权益类证券,以及基金、结构性投资产品、金融衍生产品和中国证监会允许基金投资的其他金融工具"(资料来源:该基金《招募说明书》)。

QDII制度是在中国金融市场并没有全面放开形势下的一种特殊安排。在此之前,中国内地的投资者投资海外市场的渠道非常稀少、手续非常繁琐,因此选定合格的境内机构投资者来代理投资就成为应运而生的一种权宜之计了。QDII基金适用于海外市场繁荣的市场状况,我们以2013年为例,见图3.3。

2013年全年,中国内地的主要股票指数上证综指(指数代码:000001)、深证成指(指数代码:399001)、沪深300指数(指数代码:000300)的涨跌幅分别为

资料来源:Wind 资讯。

图 3.3 中美两国股市 2013 年走势对比

-7.09%、-10.74%和-7.72%;而同时期美国三大股指道琼斯工业指数(指数代码:DJI)、纳斯达克指数(指数代码:IXIC)、标普 500 指数(指数代码:SPX)的涨跌幅分别为 23.59%、34.20%和 26.39%。因此,在 2013 年投资美国市场的投资将获利颇丰,而普通个人投资者投资美国市场的最便捷途径就是 QDII 基金。截至 2014 年 10 月 31 日,中国内地基金公司发行的 QDII 基金共有 111 只,见附录 5。

2. QFII 基金

与"QDII"相对应的一个概念是"QFII",它是"Qualified Foreign Institutional Investors"的首字母组合,意思是"合格的境外机构投资者",指经中国证监会认定合格的外国机构投资者,海外的投资者通过他们来投资中国市场。

3. QDII 基金的投资要点

投资者投资 QDII 需要考虑下面几个问题:

(1)交易币种和汇率风险

QDII 基金多以人民币计价,投资者需要用人民币投资;也有少部分 QDII

基金用外币计价，投资者需要用外币投资。例如，嘉实美国成长人民币基金（基金代码：000043）用人民币计价，而嘉实美国成长美元现汇基金（基金代码：000044）用美元计价，投资者在投资之前要弄清楚交易币种。

一般的个人投资者以人民币进行基金投资，若投资对象是QDII基金，则会产生汇率风险。因为QDII基金投资海外市场，需要将人民币兑换成外币，当投资者赎回基金份额时，基金经理卖出以外币计价的资产，然后兑换成人民币，还给投资者。举例来说：

某投资者投资一个以美国为投资地区的QDII基金，金额为10 000元人民币。半年后基金净值增长了3%，则理论上该投资者可以得到10 300元人民币；但是由于人民币升值3%，即美元贬值3%，则以美元计价的美元资产换算成人民币后也会贬值3%，投资者在汇率上的损失也约为3%，则该投资者的收益率为0。

(2) QDII基金投资组合的地区分布

QDII基金投资于海外市场，那么"海外市场"指的是什么？

一般而言，海外市场是指全球金融市场。不过，由于全球金融市场的表现并不相同，所以QDII基金的收益也会大不一样。例如，嘉实美国成长人民币基金（基金代码：000043）主要投资于美国大盘成长型股票，见图3.4；交银环球精选基金（基金代码：519696）和建信新兴市场优选基金（基金代码：539002）则分散投资于全球市场，见图3.5和图3.6。

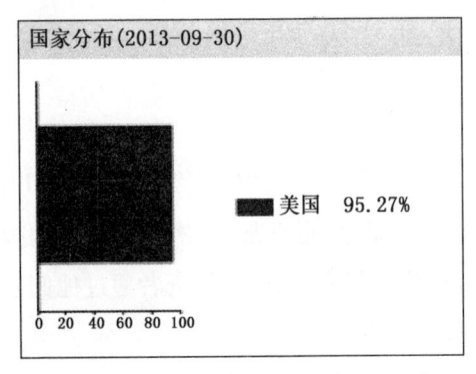

资料来源：Wind资讯。

图3.4 嘉实美国成长人民币(000043)投资组合地区分布

国家分布(2013-09-30)

美国	41.03%
中国香港	29.40%
英国	5.62%
法国	3.82%
日本	3.11%
德国	2.80%
加拿大	2.05%
瑞士	1.51%
荷兰	0.80%
巴西	0.85%

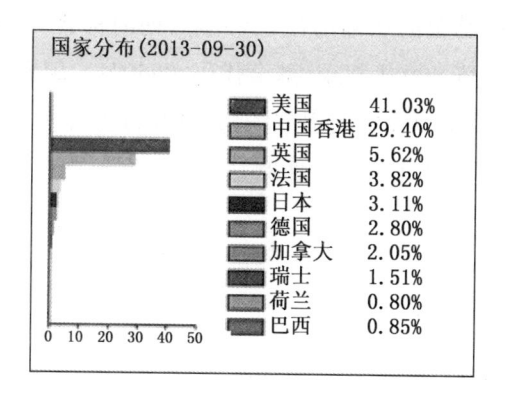

资料来源：Wind 资讯。

图 3.5　交银环球精选(519696)投资组合地区分布

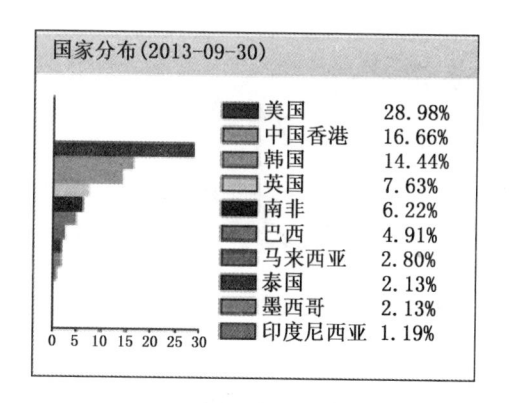

国家分布(2013-09-30)

美国	28.98%
中国香港	16.66%
韩国	14.44%
英国	7.63%
南非	6.22%
巴西	4.91%
马来西亚	2.80%
泰国	2.13%
墨西哥	2.13%
印度尼西亚	1.19%

资料来源：Wind 资讯。

图 3.6　建信新兴市场优选(539002)投资组合地区分布

因此，投资者在投资 QDII 基金之前，应该弄清楚这些 QDII 基金主要投资于哪些地区，这些地区是否在你的考虑范围之内。

(3)QDII 基金的投资范围

QDII 基金和国内基金一样，有不同的投资范围，例如，嘉实黄金(基金代码：160719)、易方达黄金主题(基金代码：161116)、诺安全球黄金(基金代码：320013)等基金主要投资于与黄金相关的资产，而黄金在 2013 年大跌 28%，这些基金的跌幅都在 30% 左右；招商标普金砖四国(基金代码：161714)、信诚金砖四国(基金代码：165510)、南方金砖四国(基金代码：160121)等基金主要投资于中国、俄罗斯、巴西和印度的公司股票，而这些新兴市场国家 2013 年的表现远逊于发达国家,这些基金的跌幅均在5%左右;博时标普500ETF连接(基金代码:050025)、大成标普500等权重(基金代码:096001)、国泰纳斯达克100(基金代码:160213)等基金主要投资美国市场,美国市场2013年的涨幅约为30%,这些基金的涨幅也几乎与此相等,见图3.7。

资料来源:Wind资讯。

图3.7　不同投资范围的基金表现(2013年)

可见,同样是QDII基金,由于投资范围不一样,其业绩表现也大相径庭。

4. 分级基金中的QDII基金

在截至2014年12月31日的125组分级基金中,仅有三组为QDII基金,它们(母基金)分别是嘉实新兴市场(基金代码:000340.OF)、汇添富恒生指数(基金代码:164705.OF)和银华恒生H股(基金代码:161831.OF)。

二、主动管理型基金、被动管理型基金和半主动管理型基金

每一只基金都有基金经理,负责该基金的投资运作,但是在这个过程中他们的作用和努力程度并不相同。有的基金在建仓完毕后很长一段时间内都不需要调整仓位,基金经理的工作相对轻松,只需保证基金管理的各个环节能够顺利进行即可;有的基金经理则需要考虑资金在不同资产上的配置问题(股票和债券各投资50%,还是股票60%、债券40%?是选择汽车股还是金融股?)、仓位问题(市场是不是要大跌,需不需要卖出股票,持有现金?)、个券的选择问题(是买证券A还是证券B?),等等,诸如此类的问题。

所以,实际上基金的操作方式是不一样的。前者的管理方式称为被动管理,该类基金称为被动管理型基金。你也许会问,既然基金经理这么轻松,他管理的基金业绩会好吗?如果这样也能算是管理,那么岂不是一般人都能够做基金经理?

答案显然是否定的。

1. 被动管理型基金

基金管理面临的两个重大而直接的问题是:如何选择投资时机("择时")和选择哪些证券("择券")。这两个问题对于被动管理型基金来说,都非常简单。

被动管理型基金一般是指数型基金,它的持仓会复制某只指数的成分股,只要该指数的成分不变,该基金的配置就不会发生变化(解决了"择券"的问题,因为基金经理不需要花费大量时间和精力去选择合适的投资标的。他的投资标的,大部分就是本基金所跟踪的指数的成分股),并且一旦基金成立建仓完毕,基金经理也不需要考虑在何时应保持多高的仓位的问题(一般股票型基金经理会考虑:在目前的市场情况下,保持60%还是70%的股票仓位是合适的?如果市场发生变化,我的仓位是不是也应该做相应的调整?这是"择时"的问题。被动管理型基金的基金经理在基金建仓完成之后,一般会保持90%左右的仓位——这一仓位被认为是"满仓",因为基金经理需要预留5%左右投资者赎回变现的空间。也就是说,不管市场是好还是坏,被动管理型基金的仓位基本是不变的)。

我们以建信央视财经50(基金代码:165312.OF)为例。

建信央视财经50的投资目标和投资范围是:

> 通过严格的投资程序约束和数量化风险管理手段,实现对央视财经50指数的有效追踪。该基金投资于股票的资产不低于基金资产净值的85%,其中投资于央视财经50指数成分股和备选成分股的资产不低于股票资产的90%。

——摘自该基金《招募说明书》

我们可以简单地理解为，建信央视财经 50 基金投资于央视财经 50 指数成分股的资产不低于基金资产的 76.5%(85%×90%)。

你会问到的下一个问题可能是：

什么是央视财经 50 指数？它的成分股有哪些？

2011 年，中央电视台财经频道联合北京大学、复旦大学、中国人民大学、南开大学、中央财经大学五大院校，以及中国注册会计师协会、大公国际资信评估有限公司等机构，共同评价遴选，以"成长、创新、回报、公司治理、社会责任"五个维度为基础，从 2 200 家上市公司中选出 50 家公司(每个维度 10 家，一共 50 家)，编制和发布"央视财经 50 指数"。央视财经 50 指数由深圳证券信息有限公司和中央电视台财经频道于 2012 年 6 月 6 日发布，指数代码为"399550"，简称"央视 50"，指数基日为 2010 年 6 月 30 日，基点为 2 563.07 点。截至 2013 年 12 月 8 日，央视财经 50(指数代码：399550)的成分股及其收盘价、流通市值、所属行业信息如表 3.3 所示。

表 3.3　　　　　　　央视财经 50 指数成分股一览

序号	证券代码	证券简称	流通 A 股(亿股)	收盘价(元)	市值(亿元)	行　业
1	601088.SH	中国神华	164.91	17.05	2 811.72	采掘—煤炭开采Ⅱ—煤炭开采Ⅲ
2	601898.SH	中煤能源	90.07	5.35	481.87	采掘—煤炭开采Ⅱ—煤炭开采Ⅲ
3	000888.SZ	峨眉山 A	2.16	19	41.05	餐饮旅游—景点—自然景点
4	600261.SH	阳光照明	6.45	12.7	81.96	电子—其他电子Ⅱ—其他电子Ⅲ
5	000002.SZ	万科 A	96.75	8.67	838.82	房地产—房地产开发Ⅱ—房地产开发Ⅲ
6	000726.SZ	鲁泰 A	5.57	10.08	56.12	纺织服装—纺织制造—棉纺
7	300070.SZ	碧水源	5.13	38.15	195.53	公用事业—环保工程及服务Ⅱ—环保工程及服务Ⅲ
8	600019.SH	宝钢股份	164.72	4.4	724.76	黑色金属—钢铁—普钢
9	600160.SH	巨化股份	14.02	6.56	91.97	化工—化学制品—氟化工及制冷剂
10	600315.SH	上海家化	6.5	40.2	261.17	化工—化学制品—日用化学产品
11	600406.SH	国电南瑞	22.06	14.6	322.04	机械设备—电气设备—电气自控设备
12	601727.SH	上海电气	98.51	3.95	389.1	机械设备—电气设备—电源设备
13	000157.SZ	中联重科	62.61	5.93	371.31	机械设备—专用设备—工程机械
14	600031.SH	三一重工	75.94	7.36	558.9	机械设备—专用设备—工程机械
15	600690.SH	青岛海尔	26.96	18.1	487.96	家用电器—白色家电—冰箱
16	000333.SZ	美的电器	33.84	14.02	474.49	家用电器—白色家电—空调

续表

序号	证券代码	证券简称	流通A股（亿股）	收盘价（元）	市值（亿元）	行 业
17	000651.SZ	格力电器	29.86	32.38	966.94	家用电器—白色家电—空调
18	600717.SH	天津港	16.75	9.11	152.57	交通运输—港口Ⅱ—港口Ⅲ
19	000338.SZ	潍柴动力	9.71	21	203.92	交运设备—汽车零部件Ⅱ—汽车零部件Ⅲ
20	600660.SH	福耀玻璃	20.03	9.11	182.47	交运设备—汽车零部件Ⅱ—汽车零部件Ⅲ
21	600104.SH	上汽集团	91.7	15.81	1 449.83	交运设备—汽车整车—乘用车
22	600805.SH	悦达投资	8.49	11.81	100.29	交运设备—汽车整车—乘用车
23	601318.SH	中国平安	47.86	42.91	2 053.85	金融服务—保险Ⅱ—保险Ⅲ
24	601601.SH	中国太保	62.08	19.5	1 210.62	金融服务—保险Ⅱ—保险Ⅲ
25	600016.SH	民生银行	225.88	8.55	1 931.29	金融服务—银行Ⅱ—银行Ⅲ
26	601398.SH	工商银行	2 637.77	3.81	10 049.91	金融服务—银行Ⅱ—银行Ⅲ
27	601939.SH	建设银行	95.94	4.45	426.92	金融服务—银行Ⅱ—银行Ⅲ
28	601988.SH	中国银行	1 955.26	2.83	5 533.39	金融服务—银行Ⅱ—银行Ⅲ
29	002385.SZ	大北农	9.17	15.99	146.63	农林牧渔—饲料Ⅱ—饲料Ⅲ
30	002024.SZ	苏宁云商	49.46	9.8	484.74	商业贸易—零售—专业连锁
31	600887.SH	伊利股份	15.88	39.37	625.26	食品饮料—食品加工制造—乳品
32	000596.SZ	古井贡酒	3.84	22.33	85.66	食品饮料—饮料制造—白酒
33	600519.SH	贵州茅台	10.38	138.75	1 440.47	食品饮料—饮料制造—白酒
34	600809.SH	山西汾酒	8.66	19.36	167.63	食品饮料—饮料制造—白酒
35	600600.SH	青岛啤酒	6.96	46.21	321.58	食品饮料—饮料制造—啤酒
36	600880.SH	博瑞传播	4.14	18.05	74.74	信息服务—传媒—平面媒体
37	002253.SZ	川大智胜	1.24	24.9	30.78	信息服务—计算机应用—软件开发及服务
38	002405.SZ	四维图新	6.36	12.06	76.74	信息服务—计算机应用—软件开发及服务
39	002230.SZ	科大讯飞	3.31	45.4	150.21	信息服务—计算机应用—系统集成
40	300047.SZ	天源迪科	1.71	10.12	17.26	信息服务—计算机应用—系统集成
41	002376.SZ	新北洋	4.63	11.42	52.92	信息设备—计算机设备Ⅱ—计算机设备Ⅲ
42	002415.SZ	海康威视	29.42	21.81	641.63	信息设备—计算机设备Ⅱ—计算机设备Ⅲ
43	300045.SZ	华力创通	1.41	22.18	31.22	信息设备—计算机设备Ⅱ—计算机设备Ⅲ
44	002038.SZ	双鹭药业	3.75	47.25	177.2	医药生物—生物制品Ⅱ—生物制品Ⅲ
45	600196.SH	复星医药	19.04	17.71	337.27	医药生物—生物制品Ⅱ—生物制品Ⅲ

续表

序号	证券代码	证券简称	流通A股（亿股）	收盘价（元）	市值（亿元）	行　业
46	000538.SZ	云南白药	6.94	104.19	723.33	医药生物—中药Ⅱ—中药Ⅲ
47	600085.SH	同仁堂	13.11	20.7	271.33	医药生物—中药Ⅱ—中药Ⅲ
48	600535.SH	天士力	10.33	41.24	425.94	医药生物—中药Ⅱ—中药Ⅲ
49	000970.SZ	中科三环	10.65	13.96	148.7	有色金属—金属非金属新材料—磁性材料
50	600111.SH	包钢稀土	14.79	26.18	387.33	有色金属—有色金属冶炼与加工—小金属

资料来源：Wind资讯。

也就是说，建信央视财经50基金的大部分基金资产都投资于上述50只股票。并且，本基金的目标是"力争实现跟踪偏离度和跟踪误差最小化"，即力争实现该基金与跟踪指数的同涨同跌（即指数上涨1%，基金净值也上涨1%；指数下跌1%，基金净值也下降1%）。这个目标是所有指数型基金的追求目标，同时也是我们衡量指数型基金是否管理优良的最重要标准（即使指数涨1%而基金涨2%，这只基金仍然是失败的）。投资者投资指数型基金的目标，是获取与指数相同的收益率，一旦基金净值的涨跌幅度与所跟踪的指数的收益率幅度偏离过大，则投资者就失去了投资目标和业绩基准。

我们截取了一段建信央视财经50基金和央视财经50指数的走势图，见图3.8。

从图3.8可以看到，建信央视财经50基金很好地跟踪了央视财经50指数的走势。

现在，我给各位读者留下一个练习题：

市场上有很多指数基金以沪深300指数（指数代码：000300）为基准指数，我试举几个：浙商沪深300（基金代码：166802）、信诚沪深300分级（基金代码：165515）、建信沪深300（基金代码：165309）。请你从中选出管理得最好的1只。

现在，我们来思考下一个问题：

建信央视财经50基金的基金经理如何将基金所募集的资金投资在这50只股票上？

这是一项需要高超技巧的工作，一般的投资者不可能胜任。所以一般人士很难成为基金经理。是把所有的资金平均分成50份，每一份投资一只股票？

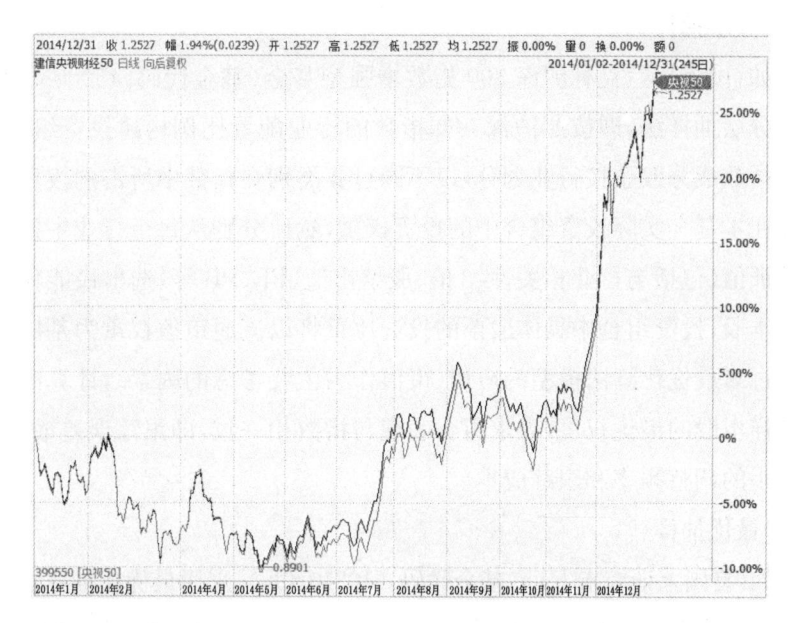

资料来源：Wind 资讯。

图 3.8　建信央视财经 50 基金与央视财经 50 指数走势拟合

还是按照每只股票的指数中的权重，将资金按照这个权重来投资到每一只股票上？如果基金建仓时，有股票停牌没有办法买进怎么办？等等，这些问题的实质都是在问：

基金经理如何复制指数？

复制指数的方法有很多种。

第一种方法是完全复制。

完全复制指的是完全模拟标的指数各个成分证券及其权重来配置证券投资组合，并随时跟踪指数的变化情况进行调整。

目前市场上现有的指数基金大多数采取的是完全复制法跟踪标的指数。

第二种方法是抽样复制。

抽样复制指的是从标的指数各个成分证券中按照一定规则抽取一部分出来，并按照相应算法计算配置权重，以达到投资组合表现与指数一致的目标。

目前市场上现有的指数基金采用抽样复制法的基金很少，但是其抽样方式却比较多，有分层抽样、重点抽样、最优化抽样等，并且还有多种抽样相结合的方式。我们将通过举例重点介绍这三种方式。

(1) 分层抽样

例如：国海富兰克林沪深 300 指数增强型基金（基金代码：450008.OF），投资采用分层抽样法，即按照沪深 300 指数的行业配置比例构建投资组合，将沪深 300 指数成分股票按行业划分，以不同行业类别在指数中所占的权重来决定该行业在本基金实际投资组合中的投资权重，然后分别从每个行业中按照股票风险特征值（包括与行业相关性、β 值、股票市值、PE、PB 等）选出最能代表该行业的样本股，投资组合中具体股票的投资比重将以流通市值权重为基础进行调整。通过对最优化算法模型的应用（市值作为主要考虑的因素），计算出追踪组合内各样本股的最优权重，力求组合表现与指数相一致，即跟踪误差最小，同时保证较小的调整频率和跟踪成本。

(2) 最优抽样

例如：富国上证综指 ETF（基金代码：510210.OF），采用最优化抽样法复制标的指数。最优化抽样依托富国量化投资平台，利用长期稳定的风险模型，使用"跟踪误差最小化"的最优化方式创建目标组合，从而实现对标的指数的紧密跟踪。

(3) 重点抽样+分层抽样

例如：汇添富上证综合指数基金（基金代码：470007.OF），在综合考虑个股的总市值规模、流动性、行业代表性及抽样组合与上证指数的相关性等因素的基础上，采用"重点抽样+分层抽样"的方法，选择上海证券交易所上市交易的部分股票构建基金的抽样股票投资组合，并根据优化模型确定投资组合中的个股配置比例。其抽样流程可以参见图 3.9。

以上三个实例只是采用抽样复制法的指数基金中的一部分，实际上抽样复制的方式比较多，同样采用分层抽样的两只基金，其分层方式也有可能不同。无论采用哪种抽样方式，其最终目的都是相同的，即实现投资组合与指数表现相一致，跟踪误差最小化。

了解了指数基金的投资方法之后，我们需要对每一只基金的跟踪指数进行深入分析。

我们以国联安双禧 B 中证 100（基金代码：150013.SZ）为例。它跟踪的指数是中证 100 指数（指数代码：000903.SH），那么中证 100 指数是怎样的一个指数呢？

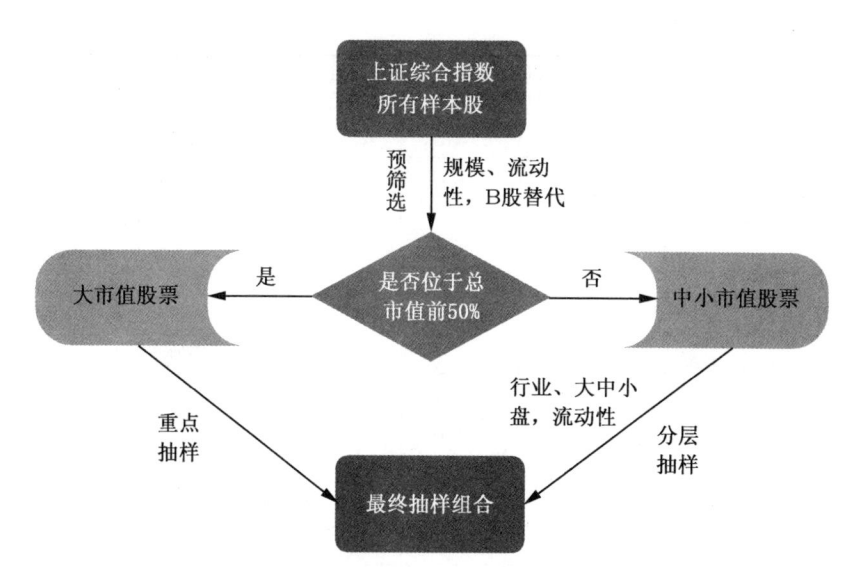

资料来源：该基金《招募说明书》。

图 3.9　汇添富上证综合指数基金抽样规则

中证 100 指数是从沪深 300 指数样本股中挑选规模最大的 100 只股票组成样本股而形成的指数。而沪深 300 指数是由沪深两市市值最大的 300 只股票形成的。换句话说，中证 100 指数是沪深两市最大的 100 只股票所形成的指数，这个指数是一个超级大盘指数。在一些结构性的行情中，创业板或中小板可能涨势凶猛，而超级大盘股很可能是纹丝不动的（2013 年的行情正是如此），这时候投资该基金是不明智的做法。

为了进一步了解这个指数，我们仔细研究了这个指数的成分股，如表 3.4 所示（表中数据是以 2013 年 12 月 31 日收盘价为基础）。

表 3.4　　　　　　　　　　中证 100 指数成分股信息

序号	证券代码	证券简称	流通 A 股（亿股）	前收盘价（元）	市值（亿元）	行　业
1	601808.SH	中海油服	29.1	21.98	639.72	采掘—采掘服务Ⅱ—油气钻采服务
2	000937.SZ	冀中能源	21.94	7.15	156.86	采掘—煤炭开采Ⅱ—煤炭开采Ⅲ
3	000983.SZ	西山煤电	31.51	7.01	220.9	采掘—煤炭开采Ⅱ—煤炭开采Ⅲ
4	600188.SH	兖州煤业	29.6	8.74	258.7	采掘—煤炭开采Ⅱ—煤炭开采Ⅲ
5	600348.SH	阳泉煤业	24.05	6.91	166.19	采掘—煤炭开采Ⅱ—煤炭开采Ⅲ
6	601088.SH	中国神华	164.91	15.79	2 603.93	采掘—煤炭开采Ⅱ—煤炭开采Ⅲ

续表

序号	证券代码	证券简称	流通A股（亿股）	前收盘价（元）	市值（亿元）	行　业
7	601699.SH	潞安环能	23.01	10.18	234.25	采掘—煤炭开采Ⅱ—煤炭开采Ⅲ
8	601898.SH	中煤能源	90.07	4.73	426.03	采掘—煤炭开采Ⅱ—煤炭开采Ⅲ
9	000629.SZ	攀钢钒钛	47.67	2.13	101.54	采掘—其他采掘Ⅱ—其他采掘Ⅲ
10	601857.SH	中国石油	1 619.22	7.70	12 468.00	采掘—石油开采Ⅱ—石油开采Ⅲ
11	000002.SZ	万科A	96.75	7.86	760.45	房地产—房地产开发Ⅱ—房地产开发Ⅲ
12	000024.SZ	招商地产	6.84	20.20	138.22	房地产—房地产开发Ⅱ—房地产开发Ⅲ
13	000069.SZ	华侨城A	31.52	5.16	162.66	房地产—房地产开发Ⅱ—房地产开发Ⅲ
14	600048.SH	保利地产	71.38	8.03	573.18	房地产—房地产开发Ⅱ—房地产开发Ⅲ
15	600011.SH	华能国际	105	5.00	525	公用事业—电力—火电
16	600795.SH	国电电力	153.95	2.33	358.7	公用事业—电力—火电
17	601991.SH	大唐发电	98.94	4.24	419.52	公用事业—电力—火电
18	600900.SH	长江电力	97.46	6.25	609.12	公用事业—电力—水电
19	601158.SH	重庆水务	48	5.87	281.76	公用事业—水务Ⅱ—水务Ⅲ
20	600005.SH	武钢股份	100.94	2.18	220.04	钢铁—钢铁Ⅱ—普钢
21	600010.SH	包钢股份	64.24	3.92	251.81	钢铁—钢铁Ⅱ—普钢
22	600019.SH	宝钢股份	164.72	4.06	668.75	钢铁—钢铁Ⅱ—普钢
23	600309.SH	万华化学	21.62	20.50	443.28	化工—化学制品—聚氨酯
24	000792.SZ	盐湖股份	5.77	16.70	96.37	化工—化学制品—钾肥
25	600028.SH	中国石化	910.52	4.43	4 033.60	化工—石油化工—石油加工
26	600256.SH	广汇能源	30.46	8.78	267.44	化工—石油化工—石油加工
27	600406.SH	国电南瑞	22.06	14.76	325.57	电气设备—电气自动化设备—电网自动化
28	600875.SH	东方电气	16.64	12.54	208.65	电气设备—电源设备—综合电力设备商
29	000157.SZ	中联重科	62.61	5.44	340.63	机械设备—专用设备—工程机械
30	000425.SZ	徐工机械	20.56	7.55	155.2	机械设备—专用设备—工程机械
31	600031.SH	三一重工	75.94	6.38	484.48	机械设备—专用设备—工程机械
32	000527.SZ	美的电器	33.84	14.02	474.49	家用电器—白色家电—空调
33	000651.SZ	格力电器	29.86	32.41	967.83	家用电器—白色家电—空调
34	600585.SH	海螺水泥	40	16.81	672.35	建筑材料—水泥制造Ⅱ—水泥制造Ⅲ
35	601668.SH	中国建筑	298.53	3.10	925.45	建筑装饰—房屋建设Ⅱ—房屋建设Ⅲ

续表

序号	证券代码	证券简称	流通A股（亿股）	前收盘价（元）	市值（亿元）	行 业
36	601186.SH	中国铁建	100.16	4.62	462.75	建筑装饰—基础建设—铁路建设
37	601390.SH	中国中铁	170.93	2.65	452.95	建筑装饰—基础建设—铁路建设
38	601669.SH	中国水电	30.03	3.04	91.29	建筑装饰—基础建设—水利工程
39	601800.SH	中国交建	13.5	4.02	54.26	建筑装饰—基础建设—路桥施工
40	601117.SH	中国化学	49.33	8.00	394.64	建筑装饰—专业工程—化学工程
41	601618.SH	中国中冶	162.39	1.75	284.18	建筑装饰—专业工程—其他专业工程
42	601018.SH	宁波港	128	2.42	309.76	交通运输—港口Ⅱ—港口Ⅲ
43	600029.SH	南方航空	70.23	2.73	191.72	交通运输—航空运输Ⅱ—航空运输Ⅲ
44	600115.SH	东方航空	77.82	2.75	214.01	交通运输—航空运输Ⅱ—航空运输Ⅲ
45	601111.SH	中国国航	83.29	3.92	326.51	交通运输—航空运输Ⅱ—航空运输Ⅲ
46	601006.SH	大秦铁路	148.67	7.25	1 077.84	交通运输—铁路运输Ⅱ—铁路运输Ⅲ
47	600150.SH	中国船舶	13.78	23.48	323.58	国防军工—船舶制造Ⅱ—船舶制造Ⅲ
48	601989.SH	中国重工	121.05	5.58	675.45	国防军工—船舶制造Ⅱ—船舶制造Ⅲ
49	601299.SH	中国北车	103.2	4.87	502.59	机械设备—运输设备Ⅱ—铁路设备
50	601766.SH	中国南车	101.17	4.89	494.72	机械设备—运输设备Ⅱ—铁路设备
51	000338.SZ	潍柴动力	9.71	18.82	182.75	汽车—汽车零部件Ⅱ—汽车零部件Ⅲ
52	002594.SZ	比亚迪	3.84	37.50	144.1	汽车—汽车整车—乘用车
53	600104.SH	上汽集团	92.42	13.99	1 293.01	汽车—汽车整车—乘用车
54	601633.SH	长城汽车	3.04	41.13	125.14	汽车—汽车整车—乘用车
55	601318.SH	中国平安	47.86	40.81	1 953.33	非银金融—保险Ⅱ—保险Ⅲ
56	601336.SH	新华保险	11.01	22.72	250.05	非银金融—保险Ⅱ—保险Ⅲ
57	601601.SH	中国太保	62.08	18.37	1 140.46	非银金融—保险Ⅱ—保险Ⅲ
58	601628.SH	中国人寿	208.24	14.98	3 119.36	非银金融—保险Ⅱ—保险Ⅲ
59	000001.SZ	平安银行	55.76	11.74	654.61	银行—银行Ⅱ—银行Ⅲ
60	002142.SZ	宁波银行	28.71	9.10	261.29	银行—银行Ⅱ—银行Ⅲ
61	600000.SH	浦发银行	149.23	9.20	1 372.90	银行—银行Ⅱ—银行Ⅲ
62	600015.SH	华夏银行	64.88	8.37	543.02	银行—银行Ⅱ—银行Ⅲ

续表

序号	证券代码	证券简称	流通A股（亿股）	前收盘价（元）	市值（亿元）	行 业
63	600016.SH	民生银行	225.88	7.57	1 709.93	银行—银行Ⅱ—银行Ⅲ
64	600036.SH	招商银行	206.29	10.60	2 186.67	银行—银行Ⅱ—银行Ⅲ
65	601166.SH	兴业银行	161.8	9.88	1 598.55	银行—银行Ⅱ—银行Ⅲ
66	601169.SH	北京银行	74.73	7.40	553.01	银行—银行Ⅱ—银行Ⅲ
67	601288.SH	农业银行	2 841.64	2.46	6 990.42	银行—银行Ⅱ—银行Ⅲ
68	601328.SH	交通银行	327.09	3.80	1 242.94	银行—银行Ⅱ—银行Ⅲ
69	601398.SH	工商银行	2 645.95	3.55	9 393.11	银行—银行Ⅱ—银行Ⅲ
70	601818.SH	光大银行	398.51	2.63	1 048.07	银行—银行Ⅱ—银行Ⅲ
71	601939.SH	建设银行	95.94	4.09	392.38	银行—银行Ⅱ—银行Ⅲ
72	601988.SH	中国银行	1 957.42	2.61	5 108.87	银行—银行Ⅱ—银行Ⅲ
73	601998.SH	中信银行	319.05	3.78	1 206.02	银行—银行Ⅱ—银行Ⅲ
74	000562.SZ	宏源证券	35.18	8.22	289.22	非银金融—证券Ⅱ—证券Ⅲ
75	000776.SZ	广发证券	59.19	12.18	720.97	非银金融—证券Ⅱ—证券Ⅲ
76	600030.SH	中信证券	98.15	12.34	1 211.13	非银金融—证券Ⅱ—证券Ⅲ
77	600837.SH	海通证券	80.92	11.14	901.46	非银金融—证券Ⅱ—证券Ⅲ
78	600999.SH	招商证券	46.61	12.49	582.17	非银金融—证券Ⅱ—证券Ⅲ
79	601688.SH	华泰证券	55.98	8.82	493.71	非银金融—证券Ⅱ—证券Ⅲ
80	601788.SH	光大证券	34.18	8.59	293.61	非银金融—证券Ⅱ—证券Ⅲ
81	002024.SZ	苏宁云商	49.46	9.11	450.61	商业贸易—专业零售—专业连锁
82	000895.SZ	双汇发展	12.12	47.08	570.48	食品饮料—食品加工—肉制品
83	600887.SH	伊利股份	15.88	39.48	627.01	食品饮料—食品加工—乳品
84	000568.SZ	泸州老窖	14	19.24	269.4	食品饮料—饮料制造—白酒
85	000858.SZ	五粮液	37.96	14.91	565.92	食品饮料—饮料制造—白酒
86	002304.SZ	洋河股份	8.75	37.11	324.56	食品饮料—饮料制造—白酒
87	600519.SH	贵州茅台	10.38	124.46	1 292.72	食品饮料—饮料制造—白酒
88	600050.SH	中国联通	211.97	3.19	676.17	通信—通信运营Ⅱ—通信运营Ⅲ
89	002415.SZ	海康威视	29.42	22.56	663.69	计算机—计算机设备Ⅱ—计算机设备Ⅲ
90	000063.SZ	中兴通讯	28	13.23	370.47	通信—通信设备—通信传输设备
91	600276.SH	恒瑞医药	13.6	38.25	520.28	医药生物—化学制药—化学制剂
92	000538.SZ	云南白药	6.94	99.20	688.69	医药生物—中药Ⅱ—中药Ⅲ
93	600518.SH	康美药业	21.99	17.72	389.61	医药生物—中药Ⅱ—中药Ⅲ

续表

序号	证券代码	证券简称	流通A股（亿股）	前收盘价（元）	市值（亿元）	行业
94	600489.SH	中金黄金	29.43	8.57	252.23	有色金属—黄金Ⅱ—黄金Ⅲ
95	600547.SH	山东黄金	14.23	17.25	245.48	有色金属—黄金Ⅱ—黄金Ⅲ
96	601899.SH	紫金矿业	158.04	2.31	365.07	有色金属—黄金Ⅱ—黄金Ⅲ
97	601600.SH	中国铝业	95.81	3.38	323.82	有色金属—工业金属—铝
98	600362.SH	江西铜业	20.75	14.02	290.95	有色金属—工业金属—铜
99	600111.SH	包钢稀土	14.79	21.73	321.49	有色金属—稀有金属—稀土
100	601958.SH	金钼股份	32.27	7.16	231.02	有色金属—稀有金属—其他稀有小金属

资料来源：Wind资讯。

再按照行业分类，我们可以得出表3.5（表中数据是以2013年12月31日收盘价为基础）。

表3.5　　　　　　　　　中证100指数行业分布

行业	市值(亿元)	占比(%)
煤炭	4 066.86	4.33
采掘	13 209.26	14.07
房地产	1 634.51	1.74
公用事业	2 194.11	2.34
黑色金属	1 140.60	1.21
化工	4 840.69	5.16
机械设备	1 514.52	1.61
家用电器	1 442.32	1.54
建筑建材	3 337.87	3.55
交通运输	2 119.84	2.26
交运设备	3 741.34	3.98
金融服务	45 217.26	48.16
商业贸易	450.61	0.48
食品饮料	3 649.49	3.89
信息服务	676.17	0.72
信息设备	1 034.16	1.10
医药生物	1 598.59	1.70

续表

行 业	市值(亿元)	占比(%)
有色金属	2 030.07	2.16
合 计	93 898.27	100.00

资料来源：Wind 资讯。

由表 3.5 可知：中证 100 指数的重仓行业是金融服务业(包括银行、证券、保险等)，其比例高达将近 50%；其次是采掘，比例高达 14.07%。所以，国联安双禧中证 100 基金的市场表现与金融行业和采掘行业高度相关。

利用这种方法，我们可以建立每一只基金与重仓行业或板块之间的对应关系，当市场出现某些行业或板块的机会时，就是投资对应指数型基金的好机会。

2. 主动管理型基金

主动管理型基金是开放式基金中最主要的一类产品。与被动管理型基金复制某个指数不一样，主动管理型基金要求基金经理付出更多的时间和精力来管理基金。他们通常面临的问题包括：

(1)未来宏观经济的走势如何？

(2)货币政策和财政政策会不会发生变化？

(3)某一行业的行业政策在整个经济中的地位如何？最近发生了哪些变化？

(4)这个行业中最具投资价值的股票有哪些？

(5)我该在什么时候调整仓位？

(6)是增加仓位还是降低仓位？

……

人们常说投资是一项科学和艺术高度结合的活动。说它是"科学"，是因为我们可以通过大量的研究来增加投资成功的概率(例如，通过统计分析人口的年龄分布，我们可以发现中国已经步入老年化社会，与养老相关的医疗保健、养老院等产业会迎来较好的发展机会；又如，如今中国大部分城市都受到雾霾天气的影响，那些高污染的行业会受到抑制，而大气监测与治理的行业会受到青睐)；说它是"艺术"，是因为即使我们考虑周全，却仍然面临着众多的不确定性(例如，某地突然发生大地震，会对社会经济和人民生活造成伤害，保险公司需要支付保险，因而是一项利空；而与救灾相关的概念，例如食品、帐篷、大型直升机与救援器械行业等,业绩有可能因而提升)。

因此,对于主动管理型基金的基金经理来说,他们纵然拥有较大的决策自主权,同时也面临着来自各方面的压力。基金行业对基金经理的考核办法,主要不是考核他所管理的基金的绝对收益,而是他们所管理的基金在同类基金中的排名——你可以将对基金经理的考核与高考生做对比。高考生最终能上哪所大学,表面上是由他的高考分数决定,实际上是由他在所有报考同一院校的考生中的排名所决定的。例如,武汉大学在湖北省的招生名额是3 000人,而报考的人数有10 000人,你能否上武汉大学,就取决于你在这10 000人中的排名。在年景不好的时候(例如2008年),可能某一类型的基金全部都是亏损的(也就是说,所有此类型的基金的绝对收益率都是负数),亏损少的基金排名靠前,亏损多的基金排名靠后,而且基金之间的业绩差异也十分巨大。例如,我们选取成立时间在2013年之前的股票型开放式基金,观察它们在2013年1~11月份的净值增长率发现:净值增长率最高的为93.68%(中邮战略新兴产业,基金代码:590008),最低的为-21.93%(易方达资源行业,基金代码:110025),而同期上证综指(指数代码:000001)的涨跌幅为-2.14%,沪深300指数(指数代码:000300)的涨跌幅为-3.33%(资料来源:Wind资讯)。

对于投资者来说,选择主动管理型基金也是一件非常困难的事情。归根到底,选择基金实际上是选择基金公司和基金经理,因为投资基金实际上是将你的资金委托给他们,请他们运用专业的知识和技能来实现财富的保值和增值。但是,如何选择好的基金公司和基金经理呢?一个最简单的办法就是看基金公司的规模和基金经理的历史业绩,但是这些都代表过去,不是未来业绩的保证。我就亲眼看见,有一些基金经理前一年的排名在前20%,下一年就滑入了后20%,也有相反的例子。所以,实际上选择基金是一项非常困难的任务。中国市场上,有一些专门的企业从事基金的研究和评级,希望通过评级来筛选出优秀的投资标的(这些机构包括晨星中国、天相、天天基金网、银河证券、海通证券等),有兴趣的读者可以研究一下他们的基金评级方法。

3. 半主动管理型基金

还有一类基金,它的一部分资产是跟踪某个特定指数,另外一部分资产则由基金经理自由配置,因此我们称之为"半主动管理型基金",其典型是指数增强型基金。

指数增强型基金的大部分资金都投资于所跟踪的指数,少部分资金由基金经理主动投资,以期获得超越所跟踪指数涨跌幅的收益率。例如,财通中证100增强基金(基金代码:000042)的投资目标是:

> 在力求对中证财通中国可持续发展100(ECPI ESG)指数进行有效跟踪的基础上,通过基于数量化的多策略系统进行收益增强和风险控制,力争实现超越该指数的收益率水平。该基金投资于中证财通中国可持续发展100(ECPI ESG)指数成分股和备选成分股的资产不低于基金资产的80%。

——摘自该基金《招募说明书》

与被动管理型基金相比,半主动管理型基金追求高于所跟踪指数的收益率。被动管理型基金复制所跟踪指数的走势,但是由于交易成本的存在,被动管理型基金的收益率一般会低于所跟踪指数的收益率。半主动管理型基金则希望通过基金经理的主观努力来获取稍高的收益率。在评价这一类基金表现时,最简单和最常用的办法就是比较它与所跟踪指数在某段时间内的收益率,看它是否能够持续获得高于指数的收益率。有一些指数增强型基金,在某些时段收益率高于所跟踪指数,在另一些时段则刚好相反;还有一些基金大部分时间里收益率都低于所跟踪指数,它们都不是良好的投资标的。

与主动管理型基金相比,半主动管理型基金的基金经理的主动决策权要小得多,毕竟基金的大部分资产是用来复制某个指数的,他能够主动管理的资金比较有限。

通过这样的分类方法,我们将基金分为被动管理型基金、半主动管理型基金和主动管理型基金,投资者可以根据自己的投资偏好来选择。

简言之,被动管理型基金力图复制某个指数,获得与此指数相同的收益率,其特点是基金一般满仓运行,资产配置也比较透明;主动管理型基金的基金经理拥有较大的决策自主权,基金的业绩表现差异巨大,投资者选择基金的难度较大;半主动管理型基金力求取得超越基准指数的收益率,基金经理拥有一定的自主权,但是也存在主动管理失败的风险。

4. 分级基金中的主动管理型、被动管理型和半主动管理型基金

在125组分级基金中,主动管理型基金、被动管理型基金和半主动管理型基金的数量分别为61组、60组、4组,见表3.6。

表 3.6 主动管理型、被动管理型和半主动管理型的分级基金(仅列示母基金)

序号	基金代码	基金简称	基金类型	序号	基金代码	基金简称	基金类型
1	161207.OF	国投瑞银瑞和300	股票被动管理型	33	167601.OF	国金通用沪深300	股票被动管理型
2	162509.OF	国联安双禧中证100	股票被动管理型	34	161718.OF	招商沪深300高贝塔	股票被动管理型
3	161812.OF	银华深证100	股票被动管理型	35	165519.OF	信诚中证800医药	股票被动管理型
4	163109.OF	申万菱信深证成指分级	股票被动管理型	36	160219.OF	国泰国证医药卫生	股票被动管理型
5	165511.OF	信诚中证500分级	股票被动管理型	37	165520.OF	信诚中证800有色	股票被动管理型
6	161816.OF	银华中证等权重90	股票被动管理型	38	161022.OF	富国创业板指数分级	股票被动管理型
7	162216.OF	泰达宏利中证500	股票被动管理型	39	165521.OF	信诚中证800金融	股票被动管理型
8	160808.OF	长盛同瑞中证200	股票被动管理型	40	161811.OF	银华沪深300分级	股票被动管理型
9	161819.OF	银华中证内地资源主题	股票被动管理型	41	163113.OF	申万菱信申万证券行业分级	股票被动管理型
10	162010.OF	长城久兆中小板300	股票被动管理型	42	161024.OF	富国中证军工	股票被动管理型
11	164809.OF	工银瑞信中证500	股票被动管理型	43	160626.OF	鹏华中证信息技术	股票被动管理型
12	165515.OF	信诚沪深300分级	股票被动管理型	44	160625.OF	鹏华中证800非银行金融	股票被动管理型
13	162510.OF	国联安双力中小板	股票被动管理型	45	163114.OF	申万菱信中证环保产业	股票被动管理型
14	163209.OF	诺安中证创业成长	股票被动管理型	46	163115.OF	申万菱信中证军工	股票被动管理型
15	166802.OF	浙商沪深300	股票被动管理型	47	161025.OF	富国中证移动互联网	股票被动管理型
16	162714.OF	广发深证100分级	股票被动管理型	48	164304.OF	新华中证环保产业	股票被动管理型
17	163111.OF	申万菱信中小板	股票被动管理型	49	160628.OF	鹏华中证800地产	股票被动管理型
18	160806.OF	长盛同庆中证800	股票被动管理型	50	160222.OF	国泰国证食品饮料	股票被动管理型
19	162107.OF	金鹰中证500	股票被动管理型	51	161720.OF	招商中证证券公司	股票被动管理型
20	160417.OF	华夏沪深300	股票被动管理型	52	160630.OF	鹏华中证国防	股票被动管理型
21	161715.OF	招商中证大宗商品	股票被动管理型	53	161721.OF	招商沪深300地产	股票被动管理型
22	121099.OF	国投瑞银瑞福深证100	股票被动管理型	54	165522.OF	信诚中证TMT产业	股票被动管理型
23	161910.OF	万家中证创业成长	股票被动管理型	55	160629.OF	鹏华中证传媒	股票被动管理型
24	166301.OF	华商中证500分级	股票被动管理型	56	161026.OF	富国国企改革	股票被动管理型
25	162907.OF	泰信基本面400	股票被动管理型	57	164705.OF	汇添富恒生指数	股票被动管理型
26	165707.OF	诺德深证300分级	股票被动管理型	58	161831.OF	银华恒生H股	股票被动管理型
27	160809.OF	长盛同辉深证100等权	股票被动管理型	59	167701.OF	德邦企债分级	债券被动管理型
28	161118.OF	易方达中小板指数	股票被动管理型	60	165809.OF	东吴中证可转换债券	债券被动管理型
29	160620.OF	鹏华中证A股资源产业	股票被动管理型	61	161507.OF	银河沪深300成长	股票半主动管理型
30	164811.OF	工银瑞信证证100	股票被动管理型	62	161825.OF	银华中证800等权重	股票半主动管理型
31	160218.OF	国泰国证房地产	股票被动管理型	63	163406.OF	兴全合润分级	股票半主动管理型
32	165312.OF	建信央视财经50	股票被动管理型	64	161826.OF	银华中证转债	债券半主动管理型

续表

序号	基金代码	基金简称	基金类型	序号	基金代码	基金简称	基金类型
65	165310.OF	建信双利策略主题	股票主动管理型	96	167501.OF	安信宝利分级	债券主动管理型
66	161818.OF	银华消费主题分级	股票主动管理型	97	161014.OF	富国汇利回报分级	债券主动管理型
67	160127.OF	南方新兴消费增长	股票主动管理型	98	163909.OF	中海惠丰纯债分级	债券主动管理型
68	166011.OF	中欧盛世成长分级	股票主动管理型	99	164210.OF	天弘同利分级	债券主动管理型
69	000340.OF	嘉实新兴市场	债券主动管理型	100	163825.OF	中银互利分级	债券主动管理型
70	164206.OF	天弘添利分级	债券主动管理型	101	000291.OF	鹏华丰信分级	债券主动管理型
71	160718.OF	嘉实多利分级	债券主动管理型	102	164703.OF	汇添富互利分级	债券主动管理型
72	162215.OF	泰达宏利聚利分级	债券主动管理型	103	000428.OF	易方达聚盈分级	债券主动管理型
73	166010.OF	中欧鼎利分级	债券主动管理型	104	000387.OF	泰达利瑞利A	债券主动管理型
74	163003.OF	长信利鑫分级	债券主动管理型	105	000440.OF	大成景祥分级	债券主动管理型
75	164208.OF	天弘丰利分级	债券主动管理型	106	000316.OF	中海惠利纯债分级	债券主动管理型
76	160618.OF	鹏华丰泽分级	债券主动管理型	107	166021.OF	中欧纯债添利分级	债券主动管理型
77	166401.OF	浦银安盛增利分级	债券主动管理型	108	519055.OF	海富通双利分级	债券主动管理型
78	160217.OF	国泰信用互利分级	债券主动管理型	109	000382.OF	富国恒利分级	债券主动管理型
79	165705.OF	诺德双翼分级	债券主动管理型	110	161626.OF	融通добFu分级	债券主动管理型
80	162105.OF	金鹰持久回报分级	债券主动管理型	111	000497.OF	财通纯债分级	债券主动管理型
81	165517.OF	信诚双盈分级	债券主动管理型	112	000453.OF	国金通用鑫利分级	债券主动管理型
82	166012.OF	中欧信用增利分级	债券主动管理型	113	164302.OF	新华惠鑫分级	债券主动管理型
83	166105.OF	信达澳银稳定增利	债券主动管理型	114	164509.OF	国富恒利分级	债券主动管理型
84	162511.OF	国联安双佳信用	债券主动管理型	115	000500.OF	华富恒富分级	债券主动管理型
85	550017.OF	信诚添金分级	债券主动管理型	116	519059.OF	海富通双福分级	债券主动管理型
86	163907.OF	中海惠裕纯债分级	债券主动管理型	117	000622.OF	华富恒财分级	债券主动管理型
87	161823.OF	银华永兴纯债	债券主动管理型	118	161827.OF	银华永益分级	债券主动管理型
88	166016.OF	中欧纯债分级	债券主动管理型	119	000631.OF	中银聚利分级	债券主动管理型
89	163005.OF	长信利众分级	债券主动管理型	120	161719.OF	招商可转债	债券主动管理型
90	161716.OF	招商双债增强分级	债券主动管理型	121	000674.OF	中海惠祥分级	债券主动管理型
91	164812.OF	工银瑞信增利分级	债券主动管理型	122	000813.OF	鑫元合享分级	债券主动管理型
92	160622.OF	鹏华丰利分级	债券主动管理型	123	000768.OF	长城久盈纯债	债券主动管理型
93	165807.OF	东吴鼎利分级	债券主动管理型	124	000909.OF	鑫元合丰分级	债券主动管理型
94	162108.OF	金鹰元盛分级	债券主动管理型	125	000914.OF	中加纯债A	债券主动管理型
95	000091.OF	信诚新双盈	债券主动管理型				

资料来源:Wind 资讯。

三、股票型基金、混合型基金、债券型基金、货币市场型基金和保本型基金

不同的基金所配置的资产不同,而资产配置直接影响基金的业绩表现。根据投资资产的不同,我们可以把基金分为股票型基金、混合型基金、债券型基金和货币市场型基金等。在解释每种基金的特点之前,我们先来看看基金投资的几类资产。

1. 股票和债券

这是投资中我们最常见到的两类资产,在第二章中我们也通俗地解释了它们的含义和特征,不太清楚的读者可以翻回去温习。

2. 货币市场工具

货币市场工具的种类很多,我们并不打算一一列举,而是想通过对其中的两种来说明它们的共同特征,这样以后你在听到或看到它们的时候就能够知道它们的特征。

第一种是短期银行存款。你对此一定不会陌生,它是一种期限一般低于1年、风险极低的资产,投资银行存款可以获得利息收入。

第二种是短期国债,它由财政部发行,以政府信誉作为担保,一般折价发行(例如,面值100元的短期国债,期限3个月,发行价格可能是98.5元。即你以98.5元的价格购买这只国债,3个月后你得到100元,获得利息收入1.5元)。

我们归纳一下以上两种资产的共同特征:

(1)期限比较短,一般是在1年以内;

(2)风险比较低,发行主体的信用比较高(银行、财政部、主体评级比较高的企业等);

(3)我们投资的收益主要来自于利息收入。

货币市场型基金就是主要投资于货币市场工具的基金。我们以中银货币A基金(基金代码:163802)为例,它主要投资于:

(1)现金;

(2)1年以内(含1年)的银行定期存款、大额存单;

(3)剩余期限在397天以内(含397天)的债券;

(4)期限在1年以内(含1年)的债券回购;

(5)期限在1年以内(含1年)的中央银行票据;

(6)中国证监会、中国人民银行认可的其他具有良好流动性的货币市场工具。

这些工具基本都具备我们归纳的几个特征。货币市场工具的风险如此低，以至于在股票市场不景气的时候，也能获得正收益。以2008年为例：

2008年全年上证综指（指数代码：000001）、深证成指（指数代码：399001）、沪深300指数（指数代码：000300）分别下跌65.39%、63.36%和65.95%，普通股票型基金指数（指数代码：885000）下跌50.88%，而货币市场基金指数（指数代码：885009）上涨3.57%（资料来源：Wind资讯）。

可见，在股票市场低迷的时候，货币市场型工具是很好的投资替代品。但是，在股票市场景气的时候，货币市场型基金的收益率与之相比则显得微不足道，以2009年为例：

2009年全年上证综指（指数代码：000001）、深证成指（指数代码：399001）、沪深300指数（指数代码：000300）分别上涨79.98%、111.24%和96.71%，普通股票型基金指数（指数代码：885000）上涨70.99%，而货币市场基金指数（指数代码：885009）仅上涨1.43%（资料来源：Wind资讯）。

这也说明：不同类型的产品适应不同的市场状况，只有弄清楚各类产品的特点，才能够在不同的市场形势下正确选择产品种类，才能够增加投资成功的概率。

关于货币市场型基金的详细讨论参见本章第四节。

3. 股票型基金、混合型基金、债券型基金和货币市场型基金

清楚了股票、债券和货币市场工具之后，再来了解基金的种类就很简单了。

证监会对于这几类基金的定义分别是：

(1)股票型基金：60%以上的资产投资于股票的基金，即任何时候股票型基金的资产中至少60%是股票资产。

(2)债券型基金：80%以上的资产投资于债券等固定收益类资产（中期票据、短期融资券等资产与债券相似，它们统称为固定收益类资产），即任何时候债券型基金的资产中至少80%的是固定收益类资产。

(3)混合型基金：股票和固定收益类资产的比例与上述两种基金不同的基金。它的操作方式非常灵活，在一些时候它的股票仓位可能高达80%，在另外一些时候它的债券资产可能高达90%。

(4)货币市场型基金：主要投资于货币市场工具。

以上四类基金是以它们的投资资产的不同类型来划分的。一般来说,它们的风险和收益从高往低排序为:股票型基金、混合型基金、债券型基金、货币市场型基金,见图 3.9。

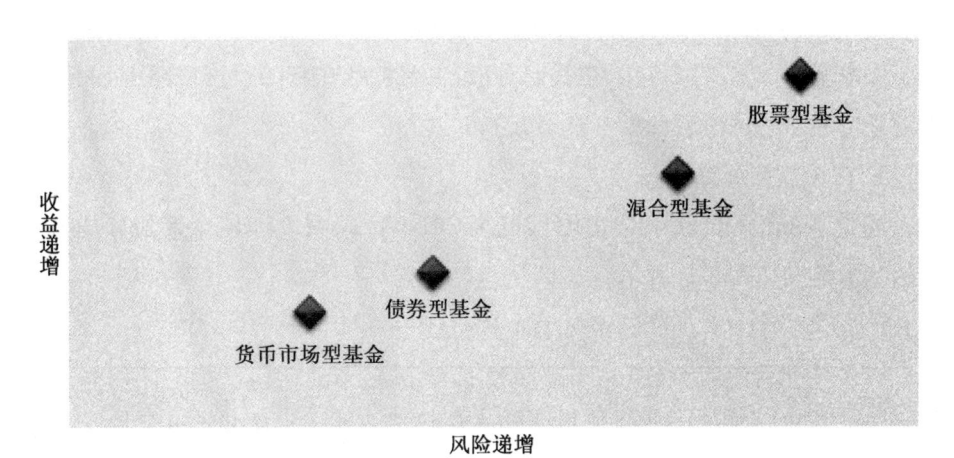

注:本图只是粗略地表示各种基金的风险—收益情况。

图 3.10　四类基金的风险收益排序

上面我们已经说过,不同类别的基金在不同的市场形势中的表现是不一样的。所以我们在投资之前,一定要对市场的形势做分析,然后选择适合市场形势的产品。懒人投资术往往忽视这一点,结果往往是:为什么别人选的基金一直在涨,而我选的基金却不温不火甚至还在下跌。

4. 保本型基金

基金分类从来就不是一件容易的工作。在上述四类基金之外,有些投资者还单独分出了保本型基金作为第五类基金。尽管保本型基金是一类比较特殊的基金,但是它的特殊之处,或者说它与股票型基金、混合型基金、债券型基金和货币市场型基金的区别不在于资产配置类别和比例,而在于使用的投资策略或投资方法上的区别。

例如,泰信保本基金(基金代码:290012)的投资组合比例为:

"股票、权证等收益资产占基金资产的 0～40%,其中,持有的全部权证的市值不超过基金资产净值的 3%;债券、货币市场工具等保本资产占基金资产的 60%～100%,基金持有现金以及到期日在 1 年以内的政府债券的比例不低于基金资产净值的 5%"。

——摘自该基金《招募说明书》

根据证监会的定义,我们应该将之归类为"混合型基金"。实际上,这只基金的全称是"泰信保本混合型证券投资基金",明确指明它是一只混合型基金。

保本型基金之所以特殊,在我们看来,主要特殊在它的投资策略上,关于保本型基金的详细讨论请参见本章第五节。

5. 市场数据统计

按照 Wind 资讯的分类和统计,截至 2014 年 12 月 31 日,全部公募基金市场的基本情况如表 3.7 所示。

表 3.7 公募基金市场统计

基金类型	数量合计（只）	占比（%）	份额合计（亿份）	占比（%）	资产净值合计（亿元）	占比（%）
股票型基金	698.00	36.91	10 798.79	25.69	12 170.44	27.33
混合型基金	394.00	20.84	5 901.45	14.04	6 448.56	14.48
债券型基金	468.00	24.75	2 990.41	7.12	3 469.10	7.79
货币市场型基金	231.00	12.22	21 671.07	51.56	21 917.05	49.22
其他基金	100.00	5.29	667.59	1.59	520.73	1.17
全部基金	1 891.00	100.00	42 029.31	100.00	44 525.87	100.00

资料来源:Wind 资讯。

需要说明的是:Wind 资讯在基金分类时,除了我们上面的四类(股票型、混合型、债券型和货币市场型)之外,还有一个"其他基金",它主要包括封闭式基金、保本型基金和 QDII 基金三种类型;而根据我们的分类,这三类基金也应该分别归属于股票型、混合型、债券型或混合型。不过,在此我们并没有做这项工作,读者在投资时应注意区分。

我们的四分类方法也好,Wind 资讯的五分类方法也好,都是很粗浅的方法,实际上在这些大类之下还可以分出更细的类别,例如债券型基金又可以分为(Wind 资讯的分类方法)短期纯债基金(大部分资产投资于短期债券,完全不主动投资于股票等权益类资产)、中长期纯债基金(大部分资产投资于中长期债券,完全不主动投资于股票等权益类资产)、一级债券型基金(可以主动通过新股申购等方式在股票一级市场上投资,但不可主动在二级市场上投资股票)、二级债券型基金(可以主动通过新股申购等方式在股票一级市场上投资,也可主动在二级市场上投资股票),更为详细的分类请参见本章第六节。

6. 分级基金中的股票型基金和债券型基金

根据资产配置来分类,125组分级基金中：

61组主动管理型基金中,股票型基金和债券型基金分别为4组和57组;60组被动管理型基金中,股票型基金和债券型基金分别为58组和2组;4组半主动管理型基金中,股票型基金和债券型基金分别为3组和1组(见表3.6)。

由此可见,在分级基金中,股票型基金以被动管理型为主,债券型基金以主动管理型为主。

四、封闭式基金和开放式基金、场内交易基金和场外交易基金

这四个概念我们在第二章中都做过说明,此处不打算重复。不过,在实践中,很多个人投资者有这样的错误认识:封闭式基金就是场内交易基金,开放式基金就是场外交易基金。

封闭式基金和开放式基金是就基金的运作方式而言的,场内交易和场外交易是就基金份额的交易场所而言的,两者之间并没有严格的对应关系。封闭式基金一般在交易所上市交易,但是也有一些封闭式基金是不上市的,例如嘉实新兴市场B基金(基金代码:000342)就不在交易所市场上市;开放式基金一般在场外市场交易,但是也有一些开放式基金是在交易所上市交易的,例如下面我们要介绍的LOF和ETF。

五、LOF 和 ETF

1. LOF

LOF是Listed Open-Ended Fund的首字母组合,意为上市型开放式基金。一般的开放式基金在场外市场进行交易,而LOF则可在证券交易所上市交易。也就是说,LOF既可以像普通的开放式基金一样在场外市场按照基金净值进行申购、赎回操作,也可以像股票一样在证券交易所以买卖双方的报价撮合成交——请读者翻回第二章我们讨论"净值"和"价格"的地方,你会发现,LOF其实与封闭式基金非常相像。所不同的是：上市交易的封闭式基金一般只能在交易所交易，基金份额一般不会发生变化；LOF 除了可以在交易所交易外，也可以在场外市场交易，基金份额可能发生变化。

LOF 的主要特点是：

(1)LOF 本质上仍是开放式基金，基金份额总额不固定，基金份额可以在基金合同约定的时间和场所申购、赎回。

(2)LOF 的发售结合了银行等代销机构与交易所交易网络的销售优势。LOF 获准上市交易后，投资者既可以选择在银行等代销机构按当日收市的基金份额净值申购、赎回基金份额，也可以选择在交易所的各会员证券营业部按撮合成交价买卖基金份额。

由于同时存在"净值"和"价格"，也存在场内市场和场外市场之间的通道，因此 LOF 存在套利机会。

2. ETF

ETF 是 Exchange Traded Funds 的首字母组合，意为交易所上市交易的基金，一般为开放式指数基金，因此也称为交易型开放式指数基金。

ETF 也是开放式基金的一种特殊类型，它综合了封闭式基金和开放式基金的优点，投资者既可以向基金管理公司申购或赎回基金份额，同时又可以像封闭式基金一样在证券市场上按市场价格买卖 ETF 份额。不过，申购、赎回 ETF 份额必须以一揽子股票换取基金份额或者以基金份额换回一揽子股票。由于同时存在证券市场交易和申购赎回机制，投资者可以在 ETF 市场价格与基金单位净值之间存在差价时进行套利交易。

ETF 与封闭式基金相比，相同点是都在交易所上市交易。不同点是：

(1)ETF 透明度更高。由于投资者可以连续申购/赎回，基金管理人公布净值和投资组合的频率必须相应加快。

(2)由于有连续申购/赎回机制存在，ETF 的净值与市价从理论上讲不会存在太大的折溢价。

ETF 与开放式基金相比，优点有两个：

(1)ETF 在交易所上市，一天中可以随时交易。一般开放式基金每天只能开放一次，投资者每天只有一次交易机会(即申购或赎回)。

(2)ETF赎回时是交付一揽子股票，无需保留现金，方便管理人操作，可以提高基金投资的管理效率。开放式基金往往需要保留一定的现金应付赎回，当开放式基金的投资者赎回基金份额时，常常迫使基金管理人不停地调整投资组合，由此产生的税收和一些投资机会的损失都由那些没有要求赎回的长期投资者承担。

3. LOF 与 ETF 比较

LOF 与 ETF 是两个比较容易混淆的概念，因为它们都具备开放式基金可申购、赎回和份额可在场内交易的特点。实际上两者存在本质区别：

(1)ETF 本质上是指数型基金，是被动管理型基金，而 LOF 则可能是指数型基金，也可能是主动管理型基金。

(2)在申购和赎回时，ETF 与投资者交换的是基金份额和一揽子股票，而 LOF 则是与投资者交换基金份额和现金。

(3)在一级市场上，即申购、赎回时，ETF 的投资者一般是较大型的投资者，如机构投资者和规模较大的个人投资者，而 LOF 则没有限定。

(4)在净值报价上，ETF 每 15 秒钟提供一次基金净值报价，而 LOF 则一天提供一次基金净值报价。

以上，我们通过五个不同维度对公募基金做了分类。读者必须知晓的是，这些分类方法所依据的标准不同，这些标准不是互相排斥的。

以银华锐进(基金代码：150019)为例，它是分级基金子基金的 B 类份额，母基金是银华深证 100 基金(基金代码：161812)，A 类份额是银华稳进(基金代码：150018)。银华锐进既是一只被动管理型基金，也是一只国内基金；既是一只股票型基金，也是一只封闭式基金，还是一只场内上市交易基金。

它被打上了多个标签，这样我们在寻找投资标的时，选定其中的几个关键标签就可以迅速地定位到它。例如，大盘开始上涨，且深圳市场涨幅高于上海市场，那么我们最优的投资标的是什么呢？它应该具备这样的特征：交易所交易的品种(因为场外交易的基金需要等到第二天才能确认，且申购净值是当天收盘后计算的，无法享受当天上涨的收益；交易所上市的品种以当时的交易价格成交，成交之后若价格继续上涨，则可以享受当天上涨的收益)、能够模拟深圳市场指数的走势，最好是带杠杆的。这样，通过这两个条件，我们可以迅速锁定银华锐进(基金代码:150019),因为它是分级基金的B类份额,具有杠杆,在交易所上市交易,可以立即买到,而且它跟踪的是深证100指数(这个指数的成分股,简单来说,就是深圳市场最大的100只股票,深圳市场指数的拉升有赖于这些股票的上涨)。

第三节　基金经理

一、基金经理的作用

每一只基金都由至少一名基金经理管理(有的基金由两名甚至三名基金经理共同管理,而有的基金经理则同时担任几只基金的基金经理),基金业绩的好坏如何,多少会受到基金经理能力的影响,有些基金经理因为业绩优良,成为市场公认的明星基金经理。

有过基金投资经验的投资者,应该都听说过原华夏基金的基金经理王亚伟,他2005年12月31日~2012年5月4日担任华夏大盘精选基金(基金代码:000011)的基金经理,在将近6年半的时间里共取得1198.91%的收益率,而同期上证综指(指数代码:000001)和沪深300指数(指数代码:000300)的涨幅分别为111.19%和194.10%,他的业绩表现超越这两个指数高达1000%。如果转换成年化收益率,这6年半平均每年的收益率为49.80%,为世界股神巴菲特的2倍左右。王亚伟本人也因此被称为中国的股神,他所投资的股票被贴上"王亚伟概念股"的标签而受到众人关注。如今,王亚伟从华夏基金离职,但是他在资本市场上的一举一动仍然受到密切关注。可见,基金经理对于基金业绩的表现有多么大的作用。

基金经理与其他投资者一样,也会面临众多的投资问题,有些人可能处理得比较好,有些人则处理得不那么好。至今,我们尚没有办法来准确预测或找到未来表现优异的基金经理,因为我们能够获取的数据都是历史数据,虽然可以做参考,但是并没有决定性的意义。更多地,需要我们与基金经理保持持续不断的沟通,从不同的方面来了解他,增加成功的概率。

二、基金业绩的决定性因素:基金公司还是基金经理

虽然每一只基金都是独立运作,但是在同一家基金公司内部可能存在管理体制和运作上的差异,导致不同基金之间的运作或多或少地相互影响,基金经理的资产配置决策可能受公司的影响。例如,基金公司的研究员在第一时间从上市公司那里得到了尚未公开的重大利好信息,基金公司的投资决策委员会(或具有类似职能的机构)决定所有具有投资该股票资格的基金都买入这只股票,这样基金经理在基金管理中的作用实际上就被弱化了,基金业绩的表现受到公司决策的影响比较大。

在第二章中,我们说过投资者"用钱投票"的问题,即投资者的资金投到哪家公司,实际上就是对这家公司的肯定,这只是问题的一个方面。管理资产规模最大的基金公司,固然在人员配备、风险控制、产品研发等方面具有优势,但是它旗下的每一只基金并不一定会是同类最优;而且资产规模的发展,除了受基金业绩优良而吸引更多投资者和资金的影响之外,还与公司的发展战略相关。2006~2007年是中国股市最为红火的时期,有一些基金公司并没有趁此机会发行产品、扩张规模,而是把重心放在提高投资业绩上,因此,它的规模变化并不十分巨大。但是,在之后年景不好的时候,那些靠营销来扩充规模的基金公司,规模急剧减少;而那些业绩优良的基金公司这时便显现出其出色的投资管理能力,反而能够吸引更多的投资者。

第四节 货币市场型基金专题

一、货币市场型基金简介

公募基金按照其投资品种和风险收益特征,可以分为股票型基金、混合型基金、债券型基金、货币市场型基金四大类。

货币市场型基金是上述四类基金中风险和收益都最低的。这类基金的资产主要投资于短期货币市场工具，如国债、央行票据、商业票据、银行定期存单、同业存款、信用等级较高的短期企业债券等短期有价证券。

一般而言，货币市场型基金的《招募说明书》中对其投资范围都有所限定。以中银基金管理有限公司旗下的中银货币（基金代码：163802）为例，该基金规定，投资的金融工具包括：

(1) 现金；

(2) 1 年以内（含 1 年）的银行定期存款、大额存单；

(3) 剩余期限在 397 天以内（含 397 天）的债券；

(4) 期限在 1 年以内（含 1 年）的债券回购；

(5) 期限在 1 年以内（含 1 年）的中央银行票据；

(6) 中国证监会、中国人民银行认可的其他具有良好流动性的货币市场工具。

同时，为进一步控制风险，该基金还规定，不得投资于以下金融工具：

(1) 股票；

(2) 可转换债券；

(3) 剩余期限超过 397 天的债券；

(4) 信用等级在 AAA 级以下的企业债券；

(5) 中国证监会、中国人民银行禁止投资的其他金融工具；

(6) 以定期存款利率为基准利率的浮动利率债券；

(7) 在有关法律法规允许交易所短期债券可以采用摊余成本法前，本基金暂不投资于交易所短期债券。

由此可见，货币市场型基金所投资的品种主要是短期的固定收益类金融工具，其收益主要来源于利息收入，因此其收益较低、风险较小。

二、货币市场型基金的优点和缺点

1. 货币市场型基金的优点

货币市场型基金通常被视为无风险或低风险投资工具，其主要优点如下：

(1) 风险较低

货币市场型基金主要投资于货币市场,在所有基金品种中,属于风险最低的类型。

(2)流动性好、资金安全性高

目前市场上交易的货币市场型基金均为开放式基金,大多数没有申购、赎回限制,流动性较好(不会像股票那样由于停盘或在涨停、跌停时无法交易;也不会像银行存款、理财产品等具有强制性的投资期限要求);且货币市场型基金主要投资于货币市场工具,资金安全性极高。

(3)交易成本低

一般而言,货币市场型基金不收取申购费和赎回费。

(4)复利计收益,分红免税收

货币市场型基金净值保持在 1 元不变,收益(红利)每日计算,红利每月的固定日期(每家基金公司有所不同)自动结转为基金份额,投资者享受的是复利;且分红免收所得税。

(5)转换灵活

一般货币市场型基金可以与该基金管理公司旗下的其他开放式基金进行转换,投资者可以及时把握股市、债市和货币市场的各种机会。股市好的时候可以转成股票型基金,债市好的时候可以转成债券型基金,当股市、债市都没有很好机会的时候,货币市场型基金则是资金良好的避风港。

2. 货币市场型基金的缺点

(1)到账较慢

由于货币市场型基金在场外交易,其申购的基金份额和赎回的款项到账约需要 1~2 个工作日,不能像上市交易的投资品种(如股票)那样实时到账。

(2)收益较低

相比其他投资品种(股票、债券、银行理财产品等),货币市场型基金的投资收益率较低。

三、货币市场型基金的业绩比较基准

不同类型的基金,有不同的业绩比较基准。货币市场型基金的业绩比较基准一般有:

(1) 银行活期存款利率；

(2) 半年期银行定期存款利率；

(3) 1 年期银行定期存款利率；

(4) 同期 7 天通知存款利率等。

图 3.12 显示了 2008 年年底以来这些利率的变化情况（截至 2012 年 12 月）。而同期货币市场型基金的平均收益率如图 3.13 所示。

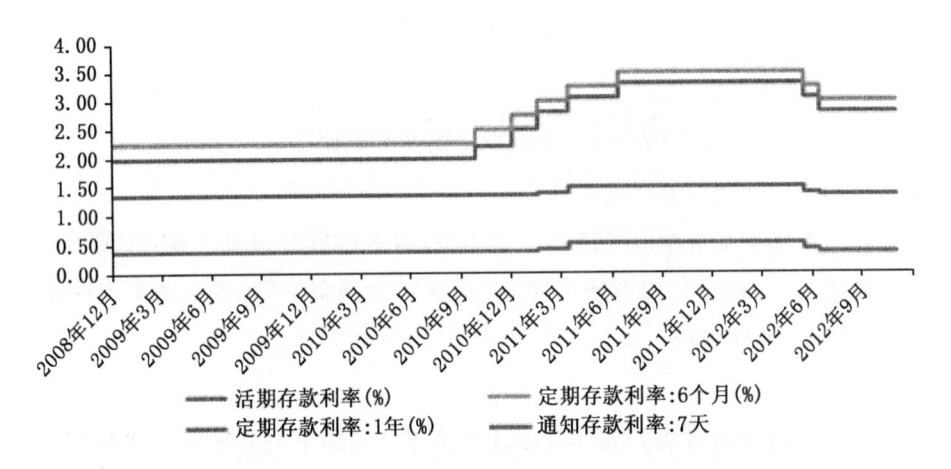

资料来源：Wind 资讯。

图 3.11　2008 年以来部分利率走势

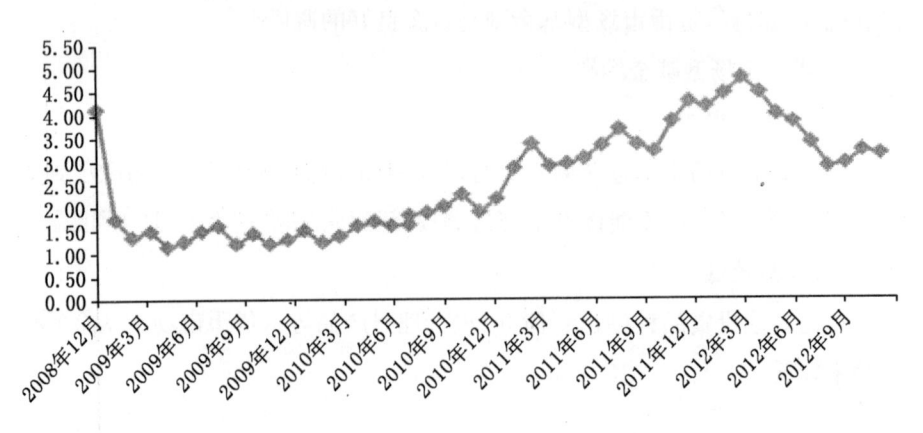

资料来源：Wind 资讯。

图 3.12　货币市场型基金平均收益率走势

由此可见，货币市场型基金的收益率接近于半年期银行定期存款利率，并在某些时段甚至高于1年期银行定期存款利率。但是,银行的定期存款流动性比较差,若要提前终止,投资者只能获得活期利率,收益率大大减少;货币市场型基金的申购、赎回基本没有限制,其流动性好于银行定期存款,因此可将货币市场型基金视为定期存款的良好替代品。

四、货币市场型基金组合的构建标准

在构建货币市场型基金组合时,我们主要依据以下标准:

1. 样本选取以普通投资者可投资对象为准

同一基金公司旗下可能有A、B两种货币市场型基金发行在外,其区别在于:A级基金主要针对个人投资者,B级基金主要针对机构投资者,其最低申购金额、销售服务费收取标准等都有所不同。

2. 以过往业绩作为重要参考指标

由于货币市场型基金风险较低,个体基金之间的风险差异并不大,因此在选择投资标的时,我们主要注重其业绩表现。虽然过往业绩并不是未来业绩的保证,但是它反映了该基金经理和基金公司的投资能力。

3. 注重业绩的持续性

基金业绩受到多种因素的影响,例如,基金经理的变动、基金公司思路的变化等,都会引起基金业绩和排名的变化,而且基金投资是一项长期理财手段,因此在选择基金时要注重基金业绩的持续性。过往业绩一向较好的基金,其在未来继续取得较好业绩的概率比较大;过往业绩一向较差的基金,其业绩在未来存在改善的可能,但是概率较小。我们一般选取最近3个月、半年、1年三个时段,来对货币市场型基金进行分析,选取良好业绩持续性较好的基金,作为组合的成分。

4. 基金公司产品链的完整

很大程度上,投资者投资货币市场型基金是为了寻求资金停泊的港湾。一旦发现投资机会,投资者可能会将投资于货币市场型基金的资金转向股票型基金、债券型基金等资产。因此,拥有完整产品链的基金公司也是我们选择货币市场型基金需要考虑的重要因素。

第五节 保本型基金专题

一、保本型基金简介

1. 基本概念

保本型基金(Guaranteed Fund)是指在一定期间内,基金管理人对投资者所投资的本金提供一定比例保证的证券投资基金。保本型基金一般利用孳息或是极小比例的资产从事高风险投资,而将大部分的资产从事固定收益投资,以达到保本的目的。

一般而言,保本型基金与股票型、混合型、债券型、货币市场型基金相比,风险和收益比股票型、混合型、债券型低,但是比货币市场型基金高。

股票型、混合型、债券型、货币市场型基金的主要区别在于资产配置的不同。根据中国证监会的定义:股票型基金的股票仓位必须在60%以上;债券型基金的固定收益证券仓位必须在80%以上;货币市场型基金主要投资于短期货币市场工具;混合型基金则具有较大的灵活度。

保本型基金虽然也将大部分资产配置于固定收益证券,但其区别上述基金的主要特征是:它依靠投资策略而不是资产配置来实现"保本"的目标,即其投资策略决定其资产配置,而上述基金则主要依靠其资产配置来实现目标。

2. 发展情况

保本型基金于20世纪80年代中期起源于美国,其核心是投资组合保险技术。由伯克利大学金融学教授 Hayne E. Leland 和 Mark Rubinstein 创始的这项技术自1983年被首次应用于保本基金 Wells Fargo Inverstment Advisors、Aetna Life、Casualty 三家金融机构的投资管理运作实践中,且在80年代中期得到蓬勃发展。

中国香港地区最早发行的一批保本基金是2000年3月推出的花旗科技保本基金(Citi Garant Tel & Tech)和汇丰科技保本基金,封闭期分别为2.5年和

2年,目前都已到期。2001年和2002年,香港地区保本基金快速发展,共推出100多只,远超传统股票型基金。

中国内地于2003年6月27日成立了第一只保本基金南方避险增值,截至2012年10月31日,已有42只保本基金成立(见附录7)。

二、保本型基金的几个重要概念

1. 保本比例

保本比例是保本型基金规定或承诺的金额与投资者初始投资金额之间的比例。例如,95%保本,是指若投资者投资金额为1 000元,则该基金的保本金额为950元。在市场不景气的情况下,即使保本的目标实现,投资者也可能是亏损的。

现实中,一般多为100%的比例保本(见附录7)。

2. "时刻保本"与"到期保本"

一般来说,保本基金并不是时刻保本,而一般会设定一个保本期限。从附录3.4中我们可以看到,中国内地已经成立的42只保本型基金中,大部分保本型基金的保本期限都是3年。

也就是说,投资者从基金成立日开始持有基金份额至保本到期日,应该可以保证100%本金的保本。但是,在存续期间,可能存在不保本的情况。例如,在某一交易日,保本型基金的净值为0.98元,则低于面值,那么这时对于一开始就持有该基金份额的投资者来说,实际上是发生了亏损,并不是100%保本的。即保本型基金实际上是到期保本,而非时刻保本。

举例如下:

若某投资者投资10 000元认购保本基金A(该认购申请被全额确认)并持有到保本周期到期,认购费率为1.0%。假定募集期间产生的利息为5元,持有期间基金累积分红0.06元/基金份额。则认购结果为:

净认购金额=10 000/(1+1.0%)=9 900.99(元)

认购费用=10 000−9 900.99=99.01(元)

认购份额=(10 000−99.01+5)/1.00=9 905.99(份)

(1)若保本周期到期日,该基金份额净值为0.92元。

投资金额＝10 000＋5＝10 005.00(元)

可赎回金额＝0.92×9 905.99＝9 113.51(元)

持有期间累计分红金额＝0.06×9 905.99＝594.36(元)

可赎回金额＋持有期间累计分红金额＝9 707.87(元)

即可赎回金额＋持有期间累计分红金额＜投资金额

若保本周期到期日该投资者赎回基金份额,则基金管理人应向该投资者支付 10 005.00－594.36＝9 410.64(元)。

(2)若保本周期到期日,该基金份额资产净值为 1.35 元。

投资金额＝10 000＋5＝10 005.00(元)

可赎回金额＝1.35×9 905.99＝13 373.09(元)

持有期间累计分红金额＝0.06×9 905.99＝594.36(元)

可赎回金额＋持有期间累计分红金额＝13 967.45(元)

即可赎回金额＋持有期间累计分红金额＞投资金额

若保本周期到期日该投资者赎回基金份额,则基金管理人将按照可赎回金额向该投资者支付 13 373.09 元。

一般来说,基金发行结束后,在保本型基金存续期间申购投资者不享受保本条款。但也有少数基金在保本期内申购基金份额并且持有到期的情况下,可以享受对应的保本条款,如南方恒元保本二期。该基金是由南方恒元保本第一个保本周期结束后进入第二个保本周期成立的保本基金,除了全程参与的情况下享受保本外,其在过渡期(基金保本期到期时由基金管理人设定的一段时间,不超过一个月)申购并持有到期的基金份额持有人的保本金额为:保本金额＝基金份额持有人过渡期申购并持有到期的基金份额在基金份额折算日(过渡期最后一个工作日)所代表的资产净值及过渡期申购费用之和;在保本期内申购的基金份额持有人的保本金额为:保本金额＝基金份额持有人保本期内申购并持有到期的基金份额的投资金额×min{1/申购时基金份额净值,1}×(1－自当期保本期开始日至申购日单位基金份额累计分红额)。

3. 保本基金的保本操作策略

目前国内保本型基金多采用 CPPI 策略,并在传统 CPPI 策略上略有改进,此外,还有少数几只基金采用 VPPI 策略和 TIPP 策略。

(1)CPPI 策略(固定比例投资组合保险策略)

CPPI 策略是通过把大部分资产投资于持有到期债券组合,把确定的债券利息收入按一定比例放大后投资于股票,谋求更高的收益。在适当的风险控制机制下,可以以很大的概率保证股票投资部分的可能损失不会超过利息收入,这样就保证了最初的本金不受损失。CPPI 包括本金保护部分和增值部分,本金保护通过投资低风险债券来实现,增值部分则通过投资股票来实现。

(2)VPPI 策略(可变组合保险策略)

VPPI 策略在 CPPI 策略基础上发展而来,VPPI 策略将资产分别分配在保本资产和风险资产上,根据数量分析、市场波动等调整、修正风险资产与保本资产在投资组合中的比重,在保证风险资产可能的损失额不超过扣除相关费用后的保本资产的潜在收益与基金前期收益的基础上,参与分享市场可能出现的风险收益,从而保证本金安全,并实现基金资产长期增值。该策略与 CPPI 的不同在于,其放大乘数是动态变化的。

(3)TIPP 策略(时间不变性投资组合保险策略)

TIPP 在操作上大致与 CPPI 相同,唯一不同的是保本底线的设定与调整。在 TIPP 策略中,保本底线并不固定,而是按照期初比例在当前组合价值确定的价值底线和原来的价值底线中选择较大的一个作为新的价值底线。即当投资组合的总价值上涨时,价值底线也会随之上涨,在风险资产获取一定收益后不断提高低风险资产的投资以锁定已有收益,实行"步步为营"落袋为安的策略;若组合总价值下跌,价值底线则维持原来的水平。因此,TIPP 策略是一种较 CPPI 更为稳健的策略。

以上三种投资组合策略的核心部分在于安全垫的设置,此处仅对 CPPI 的操作手法进行详细讲解。

CPPI 策略的原理可以用下面的模型加以说明:

$$E_t = M \times (A_t - F_t)$$

其中:

E_t 表示 t 时刻投资于风险资产的额度;

M 表示放大乘数(Multiplier);

A_t 表示 t 时刻投资组合的净资产;

F_t 表示 t 时刻的最低保险额度,称为底线(Floor);

(A_t-F_t) 称为安全垫(Cushion)。

该策略的具体实施方案如下:

(1)确定初始底线 F_0:通过预期的无风险收益水平计算期末目标价值的现值,使得这部分资产到期后本利之和等于期末目标价值,此现值即为初始的底线 F_0。

(2)确定放大乘数 M:放大乘数主要通过考察以下几方面因素进行选取,并进行定期的重新评估与调整:

①证券市场的运行情况;

②基金资产的风险情况;

③通过对历史行情的蒙特卡洛模拟得到的参考最优放大乘数。

(3)确定初始风险资产投资额度 E_0:底线与基金初始资产的差为初始安全垫,将初始安全垫放大一定的倍数后投资于风险资产,其余部分投资于安全资产。

(4)期间调整:根据本基金的投资情况计算新的安全垫,重新分配风险资产和安全资产比例。

举一个例子说明该策略:

假设基金利用 CPPI 策略,期初投资 100 万元于股票和债券,投资期限为 3 年,放大乘数为 3,债券收益率为 2.82%。

期初(第一年年初)底线为(保留 2 位小数):

$$F_0=100/(1+2.82\%)^3=92.00(万元)$$

期初安全垫为:

$$A_0-F_0=100-92.00=8.00(万元)$$

期初投资于股票的金额为:

$$E_0=3\times 8.00=24.00(万元)$$

因此,在期初,将 24.00 万元投资于股票,将 76.00 万元(100-24)投资于债券。

假设到第一年年底,股票资产上涨 5%,此时:

底线变为:

$$F_1=100/(1+2.82\%)^2=94.59(万元)$$

安全垫变为：

$A_1-F_1=24.00\times(1+5\%)+76\times(1+2.82\%)-94.59=8.75(万元)$

可投资于股票的金额为：

$E_1=3\times 8.75=26.25(万元)$

可投资于债券的金额为：

$24.00\times(1+5\%)+76\times(1+2.82\%)-26.25=77.09(万元)$

故在第一年年底,将26.25万元投资于股票,将77.09万元投资于债券。而第一年年底基金拥有的债券市值为78.14万元$[76\times(1+2.82\%)]$,故基金管理人卖出1.05万元债券,转换为股票。(实际上随着基金资产的变化,安全垫的大小也会随着变化,对基金资产配置的调整周期也会更短。这样,除非在极端情况下,基金的亏损不会超过安全垫大小。即使安全垫全部亏损,剩余的固定资产组合也可以保证基金在保本期到期时实现保本的目标。)

三、保本型基金的优点和缺点

1. 保本型基金的优点

保本型基金通常被视为低风险投资工具,其主要优点如下：

(1)风险较低

保本型基金能在风险可控的前提下稳健提升收益,为那些风险承受能力较低,又期望获取高于同期限银行定期存款利息回报的投资者提供了一种风险极低、同时又具有升值潜力的投资工具。

(2)流动性好

目前市场上交易的保本型基金均为开放式基金,大多数没有申购、赎回限制,流动性较好(不会像股票那样由于停盘或在涨停、跌停时无法交易；也不会像银行存款、理财产品等具有强制性的投资期限要求)。

2. 保本型基金的缺点

保本型基金的缺点主要体现在：

(1)非时刻保本

虽然认购并持有到期可以享受保本,但在基金运作的保本期内,保本型基金的单位净值可能低于其初始净值,以至于处于亏损的状态。

(2)收益较低

相比其他投资品种(股票),保本型基金的投资收益率较低。

四、保本基金的真实市场表现:以南方避险增值为例

2003年6月27日成立的我国首只保本型基金——南方避险增值,提供了最长时间的业绩纪录。在经历过牛市和熊市阶段后,南方避险增值的投资运作能够比较鲜明地体现出保本型基金的特点。

通过考察南方避险增值在不同市场特征阶段的业绩表现,我们发现:

在牛市特征的市场环境下,该基金作为低风险品种,业绩虽无法与大盘指数相比,但从绝对值来看,其仍可能为投资者带来一定增值收益。例如,在2005年6月7日~2007年10月16日期间,该基金期间累计单位净值增长率达到了213.49%。

在熊市特征的市场环境下,该基金业绩可能小幅增长,甚至也可能会出现一定程度的折损,例如,在2007年10月17日~2008年10月28日期间,南方避险增值一度亏损,但与大盘指数同期下跌70.92%相比,该基金仅下跌20.09%(见图3.13)。

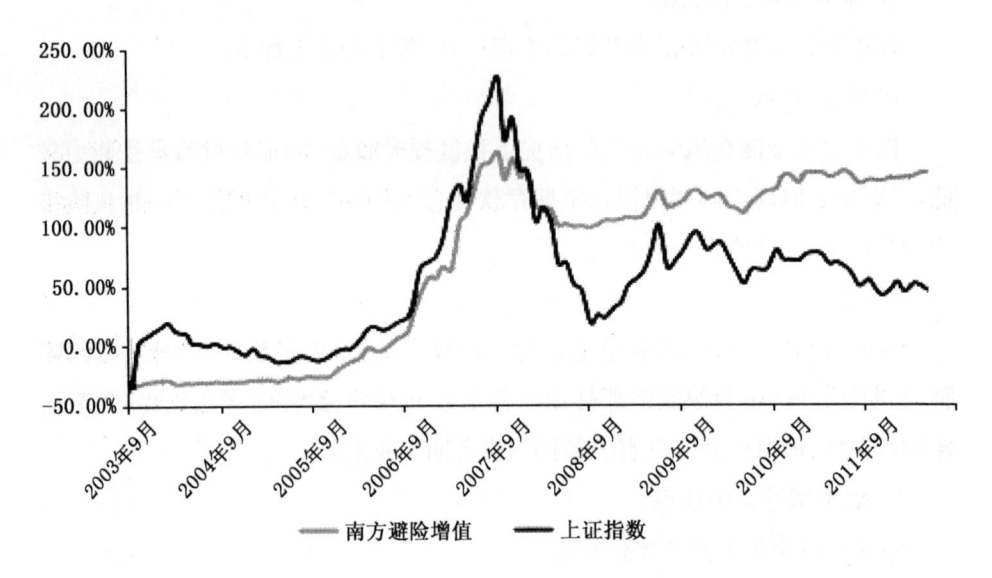

资料来源:Wind资讯。

图3.13 南方避险增值净值与上证综指走势对比

由此可见,南方避险增值是一只在熊市中能够有效规避风险,在牛市中可能获取高收益的一种"低风险+潜在收益"型基金产品。

第六节 Wind资讯的基金分类法

Wind资讯的基金分类如表3.8所示。

表3.8 Wind资讯的基金分类法

一级分类	二级分类
股票型基金	增强指数型基金
	被动指数型基金
	普通股票型基金
混合型基金	偏股混合型基金
	平衡混合型基金
	偏债混合型基金
债券型基金	中长期纯债型基金
	短期纯债型基金
	一级债券型基金
	二级债券型基金
货币市场型基金	货币市场型基金
其他基金	保本型基金
	封闭式基金
	QDII基金

资料来源:Wind资讯。

一、增强指数型基金

增强指数型基金(又称指数增强型基金)并非纯指数基金,是指基金在进行指数化投资的过程中,为试图获得超越指数的投资回报,在被动跟踪指数的基础上加入增强型的积极投资手段,对投资组合进行适当调整,力求在控制风险的同时获取积极的市场收益。衡量指数增强型基金运作的一个重要标准是其能否提供高于标的指数回报水平的投资业绩。

投资策略:一是选择股票投资进行增强。在按目标指数结构进行部分资产分配的基础上,将基金剩余资产投向有升值潜力的个股、行业、板块进行适当比例的增仓;或者对没有升值潜力的个股、行业、板块进行适当比例的减仓。另一种增强的方法是进行金融衍生产品的投资,如买入看多的股票指数期货等。

二、被动指数型基金

被动指数型是指通过购买一部分或全部的某指数所包含的股票,来构建指数基金的投资组合,目的就是使这个投资组合的变动趋势与该指数相一致,以取得与指数大致相同的收益率,即不主动寻求取得超越市场表现,而是试图复制指数的表现,以期望获得市场平均收益的基金。被动性基金一般选取特定的指数作为跟踪对象。

投资策略:按照基准指数的成分和权重进行配置,以最大限度地减小跟踪误差为目标。

三、普通股票型基金

普通股票型基金是以追求资本利得和长期资本增值为投资目标,一般将60%以上的基金资产投资于股票。从资产流动性来看,普通股票型基金具有流动性强、变现性高的特点。与投资者直接投资于普通股票市场相比,股票型基金风险分散,费用较低。

投资策略:投资于不同的股票组合。

四、偏股混合型基金

偏股混合型基金指的是那种相当大比重的投资在股票市场上的混合型基金(股票仓位灵活且一般占比较高,一般可高达60%~90%)。

投资策略:根据市场行情调整持股比例。如在股票牛市中,会将持股比例升到90%,而在股票熊市中,就会大幅降低其持股比例,提高固定收益类资产占比。

五、平衡混合型基金

平衡混合型基金是通过股票、债券的混合投资,在获取当期红利收益的同时实现长期的资本增值,其最大的特色在于可以动态调整其资产配置。

投资策略:平衡型基金一般是把资产总额的 25%～50%用于优先股和债券,其余的用于普通股投资,一般股票型基金的持股比例则被限制于 60%～95%之间,因此在面对市场行情变换的时候,平衡混合型基金的持股调节相对具有弹性。在股票牛市时,可以弹性调高其股票的投资比率,调降债券等保守型投资工具的持有比率;而在股票市场风险增高时,则可以降低股票的持有比率,提高债券等保守型投资工具的投资比重。

六、偏债混合型基金

偏债混合型基金主要是以债券投资为主(债券仓位一般可高达 60%～90%),其余资产参与新股申购和二级市场。

投资策略:根据市场行情来调整债券的持有比例。在股票牛市中,会减少债券的持有比例,增加持股比例,在股票熊市中,会增加债券的持有比例,减少持股比例。

七、中长期/短期纯债基金

纯债基金是专门投资债券的基金。

其中,中长期纯债型基金主要投资于中长期债券;短期纯债型基金主要投资于短期债券。

八、一级债券型基金

一级债券型基金的 80%以上资产主要投资于债券市场,另外不超过 20%的资金可参与一级市场的权益类投资(如新股认购、定向增发等),收益稳定性高时可参与股票二级市场的债券基金。

九、二级债券型基金

二级债券型基金的 80%以上资产主要投资于债券市场,另外不超过 20%的资金可参与二级市场的股票投资。

十、货币市场型基金

货币市场型基金主要投资于货币市场工具。

十一、保本型基金

保本型基金就是在一定期间内,对所投资的本金提供一定比例的保证保本基金,基金利用孳息或是极小比例的资产从事高风险投资,而将大部分的资产从事固定收益投资,从而达到"保本"作用。

投资策略:保本基金经常使用一种动态投资组合保险技术(CPPI)实现保本。

十二、封闭式基金

封闭式基金(Close-End Funds)是指基金的发起人在设立基金时,限定了基金单位的发行总额,筹足总额后,基金即宣告成立,并进行封闭,在一定时期内不再接受新的投资。基金单位的流通采取在证券交易所上市的办法,投资者日后买卖基金单位,都必须通过证券经纪商在二级市场上进行竞价交易。

十三、QDII 基金

QDII 基金是在一国境内设立,经该国有关部门批准从事境外证券市场的股票、债券等有价证券业务的证券投资基金。

分级基金的投资策略

工欲善其事，必先利其器。

第四章

公益基金的投资策划

在上一章中,我们已经知道,分级基金在庞大的基金家族中只是非常小的一部分,它们也具有其他基金成员的共性,因此本章中的投资策略在实际运用中也符合大多数基金的投资。

本章共分为四节。第一节我们将介绍分级基金三类份额各自的投资策略,即母基金、分级 A 基金、分级 B 基金分别应该如何投资;同时,我们对其他类型基金的投资策略也略做介绍。第二节我们将研究分级基金三类份额之间的组合投资策略,主要是分拆套利和合并套利。我们的讲述将会运用大量的实例,使投资者对与这些策略的适用有直观而深刻的认识。第三节我们将会介绍三种常见的基金投资方法:买入持有、基金定投和基金转换。第四节我们对基金定投进行了更深入的介绍。

第一节 分级基金三类份额的独立投资策略

我们已经知道,一组分级基金由三类份额组成。我们在实际投资中,可以分别对这三类份额分别进行投资。本节我们将依次探讨分级 B 基金、分级 A 基金及母基金三类份额的投资方法。

一、分级 B 基金的投资方法

从第二章中我们已经知道,分级 B 基金一般在交易所上市交易,我们的重点也会集中在它们身上。不过,在此之前,我们先要对那些不在交易所上市的分级 B 基金的投资策略做一个简单的说明。

在场外交易的分级 B 基金,一般是开放式基金,在开放日投资者可以向基金公司进行申购和赎回,基金的份额也会相应地发生变化。在申购和赎回的交易中,投资者依照基金的单位净值来进行。这与一般的开放式基金并无二致。它们与一般开放式基金的区别仅仅在于,它们使用了杠杆,有放大收益和损失的作用。举一个简单的例子,某只分级 B 基金跟踪沪深 300 指数,其杠杆率为 2 倍。那么该基金的(初始)净值波动幅度也是沪深 300 指数的 2 倍;而一般普通的跟踪沪深300指数的开放式基金,其净值波动幅度基本与沪深300指数相当。

下面我们来集中讨论交易所场内交易的分级B基金的投资策略。我们的目标是从可供投资的场内交易的分级B基金中挑选出合适的投资品种,构建一个基金池,对池中的每一只产品做细致的分析和研究,以便在合适的时候进行投资。因此,我们所要进行的工作包括筛选基金构建基金池、分析这些基金的风格、分析市场、根据市场的情况匹配产品等。

1. 分级B基金的筛选和基金池的构建

从附录2.1中,我们可以看到,在证券交易所上市交易的分级B基金数量达到104只之多。它们都是合适的投资标的吗?

通过长时间的观察和研究,这个问题的答案是:不是。

那么问题来了:哪些是合适的投资标的?哪些不是?根据什么标准来区分它们呢?

在长期的研究和实践中,我们发现:日均交易额是一个最为重要和有效的区分标准。对于股票投资者来说,这也许并不是一个需要考虑的问题。但是,分级B基金是一个小众的投资品种,它们的交易并不活跃,我们首先要考虑的问题就是:

如果我们想买进或者卖出这些基金份额,是不是很快就能以相对公允的价格成交?

我们以2014年10月24日星期五为例,当天在交易所上市交易、交易额在100万元以上的分级B基金的交易额如表4.1所示。

表4.1　　　　2014年10月24日场内交易分级B基金的交易额　　　　单位:万元

序号	基金代码	基金简称	交易额(万元)
1	150019.SZ	银华锐进	27 439.05
2	150172.SZ	申万菱信申万证券行业B	17 465.81
3	150182.SZ	富国中证军工B	10 065.07
4	150131.SZ	国泰国证医药卫生B	7 404.51
5	150001.SZ	国投瑞银瑞福进取	4 223.37
6	150013.SZ	国联安双禧B中证100	3 697.95
7	150097.SZ	招商中证大宗商品B	2 697.46
8	150158.SZ	信诚中证800金融B	2 647.37

续表

序号	基金代码	基金简称	交易额(万元)
9	150029.SZ	信诚中证 500B	2 482.30
10	150185.SZ	申万菱信中证环保产业 B	1 895.50
11	150191.SZ	新华中证环保产业 B	1 823.99
12	150187.SZ	申万菱信中证军工 B	1 786.78
13	150153.SZ	富国创业板 B	1 562.63
14	150118.SZ	国泰国证房地产 B	1 116.61
15	150046.SZ	天弘丰利分级 B	803.45
16	150035.SZ	泰达宏利聚利 B	714.81
17	150023.SZ	申万菱信深成进取	689.29
18	150161.SZ	新华惠鑫分级 B	684.61
19	150101.SZ	鹏华资源 B	573.15
20	150086.SZ	申万菱信中小板 B	540.77
21	150052.SZ	信诚沪深 300B	497.15
22	150151.SZ	信诚中证 800 有色 B	427.79
23	150031.SZ	银华鑫利	366.21
24	150132.SZ	金鹰元盛分级 B	289.79
25	150072.SZ	中欧盛世成长 B	273.02
26	150178.SZ	鹏华非银行 B	266.99
27	150063.SZ	浦银安盛增利 B	254.85
28	150113.SZ	工银瑞信深证 100B	254.29
29	150027.SZ	天弘添利分级 B	236.79
30	150021.SZ	富国汇利回报分级 B	221.03
31	150180.SZ	鹏华信息 B	214.53
32	150195.SZ	富国中证移动互联网 B	178.05
33	150170.SZ	汇添富恒生指数 B	170.76
34	150149.SZ	信诚中证 800 医药 B	128.12
35	150137.SZ	安信宝利分级 B	118.59
36	150124.SZ	建信央视财经 50B	105.72

资料来源：Wind 资讯。

从表 4.1 可知,各基金之间的交易额差异十分巨大。交易额最大的是银华锐进(基金代码:150019),全天共成交约 2.74 亿元;成交量不足 100 万元的多达 68 只。当天沪深两市的交易量是当时较大的一天,若以市场交易比较平和的交易日来看,则交易额落在 100 万元以下的基金数量会更多。由此可见,分级 B 基金,也即杠杆基金的交易并不活跃。

交易不活跃带来的问题包括:

(1)投资者不一定能够买入或卖出足够数额的基金份额,即流动性发生了问题。如果某投资者想投资 100 万元于分级 B 基金上,那么很多基金都不能够容纳这个交易额。

(2)交易价格的不连续。由于缺乏足够的交易者,基金的报价往往差距较大,进一步降低了成交的几率(见图 4.1)。

图 4.1 是招商沪深 300 高贝塔 B 基金在某天上午交易结束后的界面。整

招商沪深300高贝塔B 150146		
0.818		0.000 0.00%
卖五	0.848	120
卖四	0.846	20
卖三	0.820	120
卖二	0.818	4642
卖一	0.817	241
买一	0.801	23
买二	0.800	61
买三	0.771	132
买四	0.770	200
买五	0.766	52
外盘	112 内盘	417
现价	0.818 均价	0.801
涨跌	0.000 开盘	0.802
幅度	0.00% 最高	0.818
振幅	2.08% 最低	0.801
总手	529 量比	0.00
总额	4万 换手	0.00%
IOPV	0.0000 溢折率	0.00%
净值	0.7330 贴水率	11.60%
09:38:05	0.802	106 +
09:48:02	0.801	2 +
10:19:55	0.801	330 +
10:21:07	0.801	38 +
10:52:01	0.801	20 +
10:54:32	0.801	27 +
10:57:42	0.818	6 +

资料来源:Wind 资讯。

图 4.1 招商沪深 300 高贝塔 B 基金(基金代码:150146.SZ)交易界面

个上午，该基金一共只成交了 7 笔，成交量 529 手(上市交易的分级 A 基金和分级 B 基金，其交易方式与股票一样，以“手”为最小单位，“1 手”为“100 份”，以该基金为例，每份价格为 0.801 元，则 1 手的价格为 80.1 元。可见，分级基金的投资门槛非常低，普通个人投资者都可以参与)，成交金额 4 万余元，甚至在最后的半个小时之内没有一笔成交。买卖双方的报价中，买一为 0.801 元，卖一为 0.817 元，相差 0.016 元；买方报价的前五档分别为 0.801 元、0.800 元、0.771 元、0.770 元和 0.766 元，也并不连续；卖方报价同样如此。

若某投资者想买入 5 万元，那么整个上午都完不成交易，或者以很高的成本才能够勉强完成。因为他的报价需要与卖方报价相匹配。若他的报价低于卖方报价，则很难成交；他只有提高报价到卖方报价的水平才有可能成交，则他的成本就会上升。若他有 5 万元的基金要卖掉，要么缓慢地成交，要么降低报价，蒙受损失。

因此，这类交易量水平的基金严重缺乏流动性，并不是很好的投资标的。

我们再来看看交易量较大的分级 B 基金的情况，以银华锐进为例(见图 4.2)。

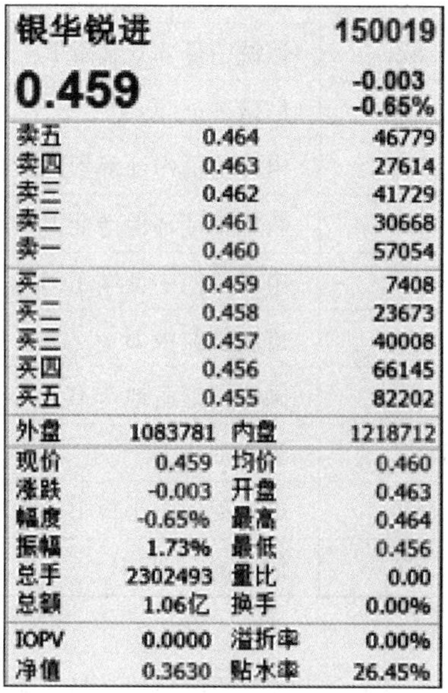

银华锐进			150019
0.459			-0.003 -0.65%
卖五	0.464		46779
卖四	0.463		27614
卖三	0.462		41729
卖二	0.461		30668
卖一	0.460		57054
买一	0.459		7408
买二	0.458		23673
买三	0.457		40008
买四	0.456		66145
买五	0.455		82202
外盘	1083781	内盘	1218712
现价	0.459	均价	0.460
涨跌	-0.003	开盘	0.463
幅度	-0.65%	最高	0.464
振幅	1.73%	最低	0.456
总手	2302493	量比	0.00
总额	1.06亿	换手	0.00%
IOPV	0.0000	溢折率	0.00%
净值	0.3630	贴水率	26.45%

资料来源：Wind 资讯。

图 4.2　银华锐进基金(基金代码：150019.SZ)交易界面

在与招商沪深300高贝塔B基金的同一时间段,银华锐进的成交量为2 302 493手,成交金额为1.06亿元。买卖双方的报价都很连续且各档报价对应的数量也很大。对于一般的个人投资者来说,这样的报价情况是比较理想的。

经过长期的观察,我们以投资者的投资金额为10万元为假设,在投资分级B基金时,以日交易额为1 000万元及以上的品种为宜。按照这个标准,我们对上述104只分级基金在最近一个月内的交易额进行跟踪后,发现满足这一条件的分级B基金只有17只(见表4.2)。

表4.2　　　　日均交易额在1 000万元以上的分级B基金

序号	基金代码	基金简称
1	150019.SZ	银华锐进
2	150172.SZ	申万菱信申万证券行业B
3	150182.SZ	富国中证军工B
4	150131.SZ	国泰国证医药卫生B
5	150001.SZ	国投瑞银瑞福进取
6	150013.SZ	国联安双禧B中证100
7	150097.SZ	招商中证大宗商品B
8	150158.SZ	信诚中证800金融B
9	150029.SZ	信诚中证500B
10	150185.SZ	申万菱信中证环保产业B
11	150191.SZ	新华中证环保产业B
12	150187.SZ	申万菱信中证军工B
13	150153.SZ	富国创业板B
14	150118.SZ	国泰国证房地产B
15	150101.SZ	鹏华资源B
16	150086.SZ	申万菱信中小板B
17	150052.SZ	信诚沪深300B

资料来源:Wind资讯。

注:表中的基金是我们观察某一正常时间段内的交易金额得来。在某些特殊的交易日或交易时段,表中的某些基金可能不符合条件,另外一些不在上表中的基金则会进入本表。一般来说,实际情况就如表中所示,不会有太大变化。

由此可见,即便市场上有多达 104 只上市交易的分级 B 基金,在考虑成交额之后,我们实际上比较适合投资的标的不过是表 4.2 中的 17 只而已,它们构成了我们可供投资的基金池。

分级 B 基金的交易之所以不活跃,与两个因素有关:一是它使用了杠杆,导致的结果是它们的收益率波动更大——这正是分级基金区分一般传统基金的地方。在震荡市和熊市中,这类基金并不是很好的投资标的。二是因为分级基金的募集规模一般都比较小。表 4.3 列举的是 2014 年 10 月份时基金份额超过 10 亿份的分级 B 基金。

表 4.3　　　　　　　分级基金存续份额(2014 年 10 月份)

序号	基金代码	基金简称	份额(亿份)
1	150019.SZ	银华锐进	190.69
2	150001.SZ	国投瑞银瑞福进取	68.73
3	150182.SZ	富国中证军工 B	39.48
4	150172.SZ	申万菱信申万证券行业 B	35.11
5	150023.SZ	申万菱信深成进取	27.73
6	150021.SZ	富国汇利回报分级 B	25.58
7	150013.SZ	国联安双禧 B 中证 100	20.87
8	000388.OF	泰达宏利瑞利 B	20.62
9	150035.SZ	泰达宏利聚利 B	20.41
10	150137.SZ	安信宝利分级 B	19.66
11	000633.OF	中银聚利 B	19.39
12	150097.SZ	招商中证大宗商品 B	19.16
13	150116.SZ	银华永兴纯债 B	17.25
14	150017.SZ	兴全合润分级 B	16.6
15	150031.SZ	银华鑫利	15.72
16	150156.SZ	中银互利 B	15.43
17	150027.SZ	天弘添利分级 B	15.38
18	150061.SZ	鹏华丰泽分级 B	14.67
19	000358.OF	大成景祥 B	14.26

续表

序号	基金代码	基金简称	份额（亿份）
20	150072.SZ	中欧盛世成长 B	13.47
21	000318.OF	中海惠利纯债 B	12
22	150153.SZ	富国创业板 B	11.93
23	150131.SZ	国泰国证医药卫生 B	11.72
24	150063.SZ	浦银安盛增利 B	11.29
25	150099.SZ	长盛同庆中证 800B	11.13
26	150161.SZ	新华惠鑫分级 B	10.87
27	000676.OF	中海惠祥分级 B	10.67
28	000342.OF	嘉实新兴市场 B	10.59
29	150132.SZ	金鹰元盛分级 B	10.41
30	150029.SZ	信诚中证 500B	10.37

资料来源：Wind 资讯。

由表 4.3 我们可以很容易地看出，分级基金的份额是非常小的。不过，有一个问题我们要特别注意，那就是在交易所上市的分级 A 基金或分级 B 基金在份额变化上与传统封闭式基金的区别。传统的封闭式基金，从成立之日起，直至到期日为止，如果没有发生份额折算、份额分红等事件，基金的份额一直会保持不变。但是对于在场内交易的分级 A 基金或分级 B 基金，它们的份额却是可以变化的，这是由分级基金的拆分和合并规则所决定的。例如：

> 浙商沪深 300 基金通过场外、场内两种方式公开发售，基金发售结束后，投资人在场外认购的全部基金份额将确认为浙商沪深 300 份额；场内认购的全部基金份额按照 1∶1 的比例自动分离为预期收益与风险不同的两种份额类别，即浙商稳健份额和浙商进取份额。根据浙商稳健份额和浙商进取份额的基金份额比例，浙商稳健份额在场内基金初始总份额中的份额占比为 50%，浙商进取份额在场内基金初始总份额中的份额占比为 50%，且两类基金份额的基金资产合并运作。
>
> ——摘自该基金《招募说明书》

上述说明对浙商沪深 300、浙商稳健和浙商进取的拆分合并做了规定，这种规则在该基金的募集期和存续期都是有效的。现在，我们假设当前三类基金的份额分别为 5 亿份、3 亿份和 3 亿份。如果有投资者看好沪深 300 的表现,想买入 4 亿份浙商进取。现在在市场上流通的浙商进取只有 3 亿份,且分散于各投资人,即使他们全部有意愿与该投资者交易,但还是不够 4 亿份。怎么办呢?因为浙商沪深 300 是开放式基金,该投资者可以向基金公司申购母基金份额 8 亿份,然后拆分为 4 亿份浙商稳健和 4 亿份浙商进取,再卖掉 4 亿份浙商稳健。这样,场内流通的分级 B 基金份额就由 3 亿份变成了 7 亿份。反过来,如果有投资者在场内买入 1 亿份分级 A 基金和 1 亿份分级 B 基金,然后合并为 2 亿份母基金,再向基金公司申请赎回,那么场内流通的分级 A 基金和分级 B 基金的份额就都变为了 2 亿份。

所以,虽然分级 B 基金在是场内上市交易的封闭式基金,但是由于配对转换规则的存在,使它的份额变化成为可能。

2. 基金风格分析

不同种类的基金风险收益特征各不相同,我们利用第三章中基金分类的知识,进一步对上述基金池的基金标的进行识别。

第一步,区分主动管理型、半主动管理型和被动管理型。我们发现,表 4.2 中的 17 只基金均为被动管理型的基金,跟踪不同的市场指数(见表 4.4)。

表 4.4　　　　　　　　17 只分级 B 基金的跟踪指数

序号	基金代码	基金简称	跟踪指数代码	跟踪指数简称
1	150019.SZ	银华锐进	399330.SZ	深证 100
2	150001.SZ	国投瑞银瑞福进取	399330.SZ	深证 100
3	150013.SZ	国联安双禧 B 中证 100	000903.SH	中证 100
4	150052.SZ	信诚沪深 300B	000300.SH	沪深 300
5	150029.SZ	信诚中证 500B	000905.SH	中证 500
6	150086.SZ	申万菱信中小板 B	399005.SZ	中小板指
7	150153.SZ	富国创业板 B	399006.SZ	创业板指
8	150172.SZ	申万菱信申万证券行业 B	801193.SI	证券Ⅱ(申万)
9	150158.SZ	信诚中证 800 金融 B	000974.SH	中证 800 金融
10	150182.SZ	富国中证军工 B	399967.SZ	中证军工
11	150187.SZ	申万菱信中证军工 B	399967.SZ	中证军工

续表

序号	基金代码	基金简称	跟踪指数代码	跟踪指数简称
12	150185.SZ	申万菱信中证环保产业B	000827.SH	中证环保
13	150191.SZ	新华中证环保产业B	000827.SH	中证环保
14	150131.SZ	国泰国证医药卫生B	399394.SZ	国证医药
15	150118.SZ	国泰国证房地产B	399393.SZ	国证地产
16	150101.SZ	鹏华资源B	000805.SH	A股资源
17	150097.SZ	招商中证大宗商品B	000979.SH	大宗商品

资料来源：基金招募说明书。

第二步，区分股票型、混合型、债券型、货币市场型。我们发现，上述17只基金均为股票型基金。

至此，我们得出的基本结论为：我们的投资标的均为股票指数型基金。因此，我们主要的关注焦点在股市，而不需要过多地关注债券市场。

第三步，对这些基金所跟踪的指数进行研究。在第三章中，我们已经知道，指数型基金的目标是构建与跟踪指数类似的持仓组合，以实现两者收益率一致的目标。对于分级B基金来说，其投资组合构建方法与普通的指数型基金并无二致。因此，对跟踪指数进行研究，有助于我们了解基金池中这些投资标的适用的市场环境。例如，在军工板块成为市场热点的时候，我们应该投资的是富国中证军工B（基金代码：150182）和申万菱信军工B（基金代码：150187），而不应该投资国泰国证房地产B（基金代码：150118）；在市场追捧创业板的时候，我们应该投资的是富国创业板B（基金代码：150153），而不是银华锐进（基金代码：150019）。

聪明的读者应该已经注意到，我将表4.4用不同的颜色分割为两个部分。上半部分中的分级B基金所跟踪的指数为不同的市场风格（称为宽基金），下半部分中的分级B基金所跟踪的指数为不同的行业（称为行业指数基金）。对它们进行更加细致的研究后，我们可以观察到：

首先，已经被分级基金覆盖的行业包括证券、金融、医药、军工、环保、房地产、资源和大宗商品。若股票市场的行情表现为不同行业的轮番表现，那么选择这些行业的分级B基金是合适的。

其次，若市场在上升的过程中，并不表现为各个行业之间的轮动，而是不同市场风格的板块整体上扬，那么选择上半部分的分级B基金将是更加明智的选择。目前，这些风格板块包括超级大盘的深证100指数和中证100指数、大盘的沪深300指数，以及中盘的中证500指数，以及中小板指数和创业板指数。

因此，我们为基金池中的每一只基金的适用场景建立起对应关系，如表4.5所示。

表4.5　　　　　　　　　　　分级B基金的适用场景

序号	基金代码	基金简称	适用场景
1	150019.SZ	银华锐进	超极大盘股行情
2	150001.SZ	国投瑞银瑞福进取	超极大盘股行情
3	150013.SZ	国联安双禧B中证100	大盘股行情
4	150052.SZ	信诚沪深300B	大盘股行情
5	150029.SZ	信诚中证500B	中盘股行情
6	150086.SZ	申万菱信中小板B	中小板股行情
7	150153.SZ	富国创业板B	创业板股行情
8	150172.SZ	申万菱信申万证券行业B	证券行业行情
9	150158.SZ	信诚中证800金融B	金融股行情
10	150182.SZ	富国中证军工B	军工股行情
11	150187.SZ	申万菱信中证军工B	军工股行情
12	150185.SZ	申万菱信中证环保产业B	环保股行情
13	150191.SZ	新华中证环保产业B	环保股行情
14	150131.SZ	国泰国证医药卫生B	医药股行情
15	150118.SZ	国泰国证房地产B	地产股行情
16	150101.SZ	鹏华资源B	资源股行情
17	150097.SZ	招商中证大宗商品B	大宗商品股行情

因此，基于对这些基金标的的基本面分析，我们寻找到了在市场上升时的良好投资标的。但是，我们也应该意识到：

(1)虽然从市场风格上来看，基金池中的基金品种基本涵盖了大、中、小盘和创业板，但是在行业的覆盖上是不全的，例如暂时没有食品饮料、汽车、新能源、家电等行业的分级基金出现。不过，随着分级基金的发展，这些空白会逐步被填补。

(2) 我们对于分级 B 基金的投资是基于对市场风格和行业机会的判断。这种判断要求我们对于宏观经济的发展趋势、货币政策和财政政策基调、股票市场的资金流向、各个行业的发展趋势和业绩表现进行研究和分析——这正是我们在第五章中将要讨论的话题。相比股票投资，我们不需要在进行了上述的研究之后，对具体个股进行分析和研判，从而拉长整个分析决策的过程。而且，分级 B 基金本质是一只基金，其投资组合中含有多只证券，对单只证券的非系统性风险已经进行了分散化的处理，不会像个股那样还面临着较大的非系统性风险。例如，若看好房地产行业，但是对于是投资万科地产还是保利地产却犹豫不定，这两家公司都是国内领先的地产商，经营业绩也很好，但是它们在二级市场的表现会不一样——因为有些投资者看不到的因素在发挥作用，例如负面的新闻等。但是对于房地产基金来说，由于两只股票都会投资，所以削弱了某些公司的独特风险。

(3) 目前我们只能够通过做多这些基金品种来盈利，即只有在市场上扬时我们才有机会盈利，而在市场下跌时，不但不能盈利，反而会放大亏损（因为杠杆的缘故）。分级基金中尚缺乏做空的工具。

第四步，对跟踪相同标的的分级基金做出选择。

从表 4.4 中我们可以发现，深证 100 指数、中证军工指数和中证环保指数均有两只分级基金在跟踪。那么我们需要从这两只中选择一只吗？如果需要，选择哪一只比较合适呢？

以跟踪深证 100 指数的两只基金银华锐进（基金代码：150019）和国投瑞银瑞福进取（基金代码：150001）为例。它们都是指数型基金，其持仓结构也比较接近，其唯一较大的差别可能在杠杆率上面。若它们的杠杆率不一样，那么在市场上扬的时候我们应该选择杠杆率较高的那一只；若它们的杠杆率一样，那么它们几乎没有差别——但是，一般投资者都会去投资交易更为活跃的那一只。

3. 分级 B 基金的杠杆率

分级 B 基金的杠杆率,是由分级 A 基金和分级 B 基金的募集份额所决定——请读者回顾第二章一开始我们所讨论的财务杠杆的计算方法。初始时,分级 A 基金和分级 B 基金的净值均为 1.000 元,若两者的份额比为 1∶1,则分级 B 基金的初始杠杆率为 2;若两者的份额比例为 4∶6,则分级 B 基金的初始杠杆率为 1.67。表 4.6 列出了基金池中 17 只分级 B 基金的初始杠杆率。

表 4.6　　　　　　　　　17 只分级 B 基金的初始杠杆率

序号	基金代码	基金简称	杠杆率
1	150019.SZ	银华锐进	2
2	150001.SZ	国投瑞银瑞福进取	2
3	150013.SZ	国联安双禧 B 中证 100	1.67
4	150052.SZ	信诚沪深 300B	2
5	150029.SZ	信诚中证 500B	1.67
6	150086.SZ	申万菱信中小板 B	2
7	150153.SZ	富国创业板 B	2
8	150172.SZ	申万菱信申万证券行业 B	2
9	150158.SZ	信诚中证 800 金融 B	2
10	150182.SZ	富国中证军工 B	2
11	150187.SZ	申万菱信中证军工 B	2
12	150185.SZ	申万菱信中证环保产业 B	2
13	150191.SZ	新华中证环保产业 B	2
14	150131.SZ	国泰国证医药卫生 B	2
15	150118.SZ	国泰国证房地产 B	2
16	150101.SZ	鹏华资源 B	2
17	150097.SZ	招商中证大宗商品 B	2

资料来源:基金招募说明书。

我们曾经就杠杆率这个问题做过比较深入的讨论和研究,下面就这一问题稍做展开。

表 4.6 中所计算的杠杆率只是分级 B 基金的初始杠杆率。为什么这么说呢?因为我们所计算的杠杆率实际上基于这样一个前提:母基金按照 1∶1 或

4∶6的比例拆分为分级A基金和分级B基金,且分级A基金和分级B基金的单位净值相等,均为1元。假设该母基金最后募集了2亿元,那么拆分之后,分级A基金和分级B基金的资产净值均为1亿元。根据前面的分析,我们已经知道,在实际运作中,分级B基金实际运作的资产净值为分级A基金和分级B基金的资产净值之和,即2亿元,而名义上分级B基金能够享受收益的部分只有1亿元。也就是说,分级B基金以1亿元撬动的是2亿元的资产,所以杠杆率为2倍。

再做这样的假设:一年之后,分级A基金的单位净值仍然是1元,分级B基金的单位净值变成了1.2元,它们的份额仍然保持1亿份不变,那么这个时候分级B基金的杠杆率是多少呢?此时,分级B基金的资产净值为1.2亿元(1.2元/份×1亿份),分级A基金的资产净值为1亿元(1元/份×1亿份)。分级B基金以1.2亿元可支配的资产为2.2亿元,这时候杠杆率就变成了2.2亿元/1.2亿元=1.83倍。

依照同样的逻辑,当分级B基金的净值下跌为0.8元时,若其他条件保持不变,分级B基金的杠杆率就会变成1.8亿元/0.8亿元=2.25倍。

因此,随着资产净值的变化,分级B基金的杠杆率实际上是随时变化的。我们考虑两种极端的情况:分级A基金的单位净值保持1元不变,在分级B基金的单位净值分别为2元和0.25元两种情况下,分级B基金的杠杆率分别为1.33倍和5倍。

在杠杆率仅为1.33倍的情况下,分级B基金使用杠杆的效率大幅降低了,对于投资者的吸引力就会降低;当杠杆率达到5倍时,分级B基金的风险也大幅增强了,投资者这时更为关注的恐怕是风险,而不是杠杆所带来的吸引力。

到此为止,对于杠杆率的计算,我们一直是从资产净值的角度来进行的,并没有考虑到这些基金的二级市场交易价格以及折溢价的问题。在子基金份额上市交易的情况下,实际情形又有所差别。

前面我们已经介绍过,在交易所上市的子基金,除了净值之外,还存在二级市场的交易价格,"净值"和"价格"往往不一致,从而造成折溢价的存在。例如,在2014年10月22日,富国军工B基金的单位净值为0.936元,而其二级市场交易收盘价为1.067元,则该基金是在市场上以溢价交易,溢价率为14.00%。

由于这只基金跟踪的指数是中证军工指数,初始杠杆率为2倍,所以理论上若中证军工指数上涨1%,该基金价格应该上涨2%。所以,有人提出另外一种杠杆率的计算方式,即对分级基金交易价格的涨跌幅与所跟踪的标的指数的涨跌幅做线性回归,计算的斜率即为该基金的杠杆率(这里使用了一些统计学上的名词,没有这方面基础的读者可以略过,不必纠结)。这种方式既回避了净值的变化对于杠杆率变化的影响,也不用去考虑折溢价的问题。但是,这种计算方法却有一些另外的缺点,而这些缺点与统计方法本身的局限性息息相关(例如,所选取的样本数据长度不一致,所计算的结果可能偏差很大;这两组数据之间存不存在序列相关的问题? 等等)。

总之,分级基金杠杆率的计算方式有多种,我们更倾向于用资产净值的计算方式,因为这才是反映了财务杠杆本质的计算方法。不过,由于杠杆率随时在变化,我们没有必要太过频繁地去精确计算它。

4. 分级基金的不定期折算

上面我们已经提到,随着基金净值的变化,分级基金的杠杆率会偏离初始杠杆率,变得过大或者过小。为了将这些过小和过大的杠杆率重新拉回到初始杠杆率,分级基金一般都有不定期折算的条款,我们举例如下:

"当(母基金)富国军工份额的基金份额净值高至1.500元或以上,本基金将分别对富国军工A份额、富国军工B份额和富国军工份额进行份额折算,份额折算后本基金将确保富国军工A份额和富国军工B份额的比例为1:1,份额折算后富国军工A份额的基金份额参考净值、富国军工B份额的基金份额参考净值和富国军工份额的基金份额净值均调整为1.000元。基金份额折算基准日折算前富国军工份额的基金份额净值及富国军工A份额、富国军工B份额的基金份额参考净值超出1.000元的部分均将折算为富国军工份额分别分配给富国军工份额、富国军工A份额和富国军工B份额的持有人。"

——摘自该基金《招募说明书》

由于富国军工的分级A基金和分级B基金的份额比例始终为1:1,当母基金份额净值达到1.500元时,分级B基金的杠杆率将降至1.5倍(2份母基金的净值为3元,拆分为1份分级A基金和1份分级B基金,分级A基金单位净值为 1 元,分级 B 基金的单位净值为 2 元,则分级 B 基金的杠杆率下降为 3/2＝1.5 倍)。此时,就会发生基金的不定期折算(向上折算)。

同时:

"当富国军工 B 份额的基金份额参考净值低至 0.250 元或以下,本基金将分别对富国军工 A 份额、富国军工 B 份额和富国军工份额进行份额折算,份额折算后本基金将确保富国军工 A 份额和富国军工 B 份额的比例为 1:1,份额折算后富国军工份额的基金份额净值、富国军工 A 份额和富国军工 B 份额的基金份额参考净值均调整为 1.000 元。富国军工份额、富国军工 A 份额和富国军工 B 份额的份额数将相应缩减。"

——摘自该基金《招募说明书》

当分级 B 基金的单位跌至 0.250 元时,其杠杆率上升至 1.25/0.25＝5 倍,风险急剧放大,因此需要将杠杆率减小(向下折算)。

在第二章中,我们对于分级基金的不定期折算做过简单的论述。综合这两处的说明,我们可以看到:

分级基金的不定期折算规则实际上是在保护分级 A 基金投资者利益的基础上("向下折算"),为分级 B 基金的投资者最大限度地发挥杠杆的作用("向上折算")。

实际上,市场上发生过向上折算和向下折算的真实案例。

例如,2013 年 12 月 27 日和 2014 年 10 月 9 日分别发生了鹏华中证 A 股资源产业分级基金和富国军工分级基金的不定期折算。一般来说,不定期折算遵循以下规则:

母基金、分级 A 基金和分级 B 基金的单位净值均回归 1.000 元(也有分级 A 基金单位净值保持不变、分级 B 基金的单位净值回归到分级 A 基金单位净值的案例),超出 1.000 元(或分级 A 基金的单位净值)的部分将折算成母基金份额。

在实际交易中,分级 A 基金一般折价交易,分级 B 基金一般溢价交易。这种特性使得分级 B 基金的投资者在发生不定期折算时会面临溢价风险。

例如,某组分级基金触发向上折算的条件时,分级 A 基金和分级 B 基金的单位净值分别为 1.0300 元和 2.0000 元,其二级市场交易价格分别为 0.910 元和 2.230 元。

投资者若以 2.230 元价格购买 1 手分级 B 基金,成本为 223.00 元。

向上折算后,该投资者的基金份额为:

1 手分级 B 基金,100 份,单位净回归至 1 元,二级市场价格为 1.000 元,价值 100.00 元;

分级 B 基金单位净值超过 1 元的部分,折算成母基金份额,价值 100.00 元(2.000 元－1.000 0 元,100 份)。

合计:折算后该投资者的基金份额总价值为 200.00 元。

则,该投资者买入 1 手分级 B 基金,经历向上折算后损失了 23.00 元(223.00 － 200.00),损失率为 10.31%(23.00/223.00)。

为什么会如此?

因为该投资者买入分级 B 基金时,分级 B 基金已经大幅溢价了(单位净值为 2.000 0 元,二级市场价格为 2.230 元,溢价率为 11.50%＝2.230/2.000 0－1)。因此,当分级基金触及向上折算的条款时,投资者应该特别注意分级基金的溢价率。

对于向下折算的风险,若分级 B 基金溢价,其风险与向上折算基本相同,请读者自行推算。

简言之:分级基金的不定期折算(向上折算和向下折算)都是以"净值"为基准进行的,一旦参与折算的份额以溢价交易,投资者就会面临折算风险,需要及时防范。

二、分级 A 基金的投资策略

在介绍了场内交易的分级 B 基金的投资策略后,我们将目光转向分级 A 基金的投资策略。

1. 分级 A 基金的净值计算

在第二章中,我们介绍了分级基金的结构,也了解了分级基金净值的计算方式,我们对于分级 A 基金的投资策略正是围绕这一点来进行的。

首先,我们来回顾一下分级 A 基金的净值计算方式。

一般来说，分级 A 基金采用的是约定收益率的方式。有的约定收益率是固定的，例如，中欧盛世成长 A 基金（基金代码：150071）的约定年化收益率为 6.5％，长盛同丰分级 A 基金（基金代码：160811）的约定年化收益率为 4.5％；大部分分级 A 基金的约定收益率是浮动的，例如银华稳进（基金代码：150118）的约定年化收益率为"1 年期银行定期存款利率＋3％"，富国天盈分级 A 基金（基金代码：161016.OF）的约定年化收益率为"1 年期银行定期存款利率×1.4"。附录 2.1 列示了截至 2014 年 12 月底存续的所有分级 A 基金的约定收益率，读者可以查阅。

分级 A 基金的净值计算因此而来。

例如，中欧盛世成长 A 基金（基金代码：150071.SZ）的约定年化收益率为 6.5％，意味着：期初该基金的净值为 1 元，1 年之后净值均匀地增长为 1.065 元。"均匀地增长"意味着基金净值的变化仅仅与时间相关，当时间过去半年时，基金的净值为（1＋0.065/2）元；当时间过去一个季度时，基金的净值为（1＋0.065/4）元；当时间过去三个季度时，基金的净值为（1＋0.065×3/4）元。每天，基金的净值都在发生变化，每天都增加相同的数额，我们可以精确计算这只基金每一天的净值（见图 4.3）。

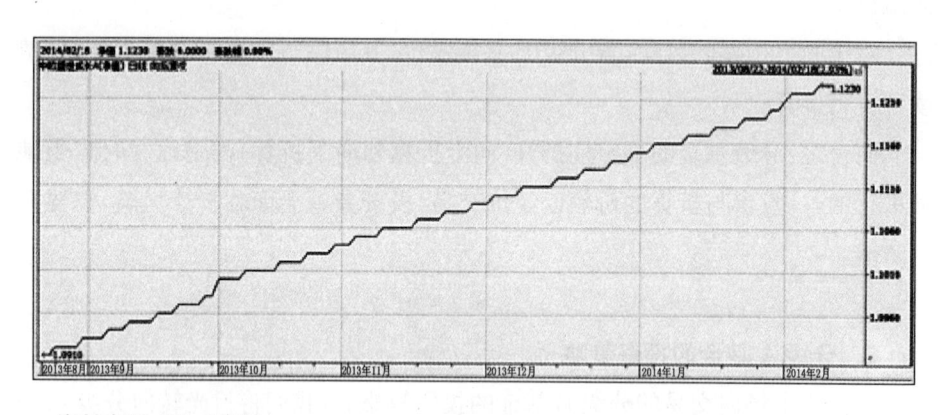

资料来源：Wind 资讯。

图 4.3　中欧盛世成长 A 基金（基金代码：150071.SZ）净值变化

理论上，中欧盛世成长 A 基金的净值应该是呈一条直线，而不是如图 4.3 中的阶梯。这个原因我们在第二章已经做出了解释：由于四舍五入的关系，基金净值在某些交易日与其前后交易日是一样的，这就导致了其净值变化图是阶梯形状而不是一条直线。

2. 分级 A 基金与银行定期存款比较

很多投资者喜欢将分级 A 基金与银行定期存款相比较。的确,分级 A 基金与银行定期存款有很多相似的地方,例如,都是约定收益率,风险都较低等。但是,我们并不能将它们等同。

它们的区别主要体现在:

(1)风险等级不一样。尽管分级 A 基金的风险比较低,但是它仍然是有风险的。在极端的情况下,分级基金的运作失败,遭受巨大损失,分级 B 基金的本金损失殆尽,分级 A 基金仍然会面临收益无法兑付甚至本金无法全额收回的风险。而银行定期存款是无风险的,它以国家信用作为担保。

(2)交易方式和流动性不一样。银行定期存款在商业银行的柜台办理,或者通过电子计算机、智能手机等网络设备办理。办理成功之后,投资者一般情况下不可以提前赎回。若要提前赎回,除了履行必要的相关手续以外,投资者无法享受约定的定期存款利率,一般只能获取活期利率的收益。分级 A 基金的交易方式分为两种:一种是成立之后在交易所上市交易,投资者在交易所开户后上场竞价交易;另一种方式是场外交易,投资者通过基金公司的直销或代销渠道,与基金公司之间进行申购和赎回。一般而言,在交易所交易的分级 A 基金,投资者在交易时段内可以进行买入和卖出;而通过场外交易的分级 A 基金,一般每半年或一年定期开放一次,在非开放日,投资者不可以进行份额的申购和赎回。所以,由于交易方式的不同,银行定期存款和分级 A 基金的流动性也不相同。在交易所交易的分级 A 基金具有的流动性最高(在交易时段内可随时交易),其次是银行定期存款(可以有条件提前赎回),最后是在场外交易的分级 A 基金(一般不可以提前赎回)。

(3)交易成本不一样。一般来说,银行定期存款没有交易成本,而分级 A 基金则有交易成本。在交易所上市交易的分级 A 基金,投资者需要支付印花税、佣金等成本;在场外申购或赎回分级基金份额则需要支付申购赎回费、管理费、托管费等成本。因此,我们看到分级 A 基金的约定收益率一般会比银行定期存款的利率高,但是在扣除相应的成本之后,分级 A 基金的收益率也会打折扣。例如,长盛同丰分级 A 基金(基金代码:160811)的约定年化收益率为 4.5%,其申购费为0，赎回费为0～0.1%（根据持有时间长短不一样），管理费率为0.7%，托管费率为0.2%。即该基金一年的交易成本约为0.9%～1%，约定收益率为4.5%，投资者的实际收益率为3.5%～3.6%。

3. 分级A基金的投资策略

在第二章中我们已经知道，分级A基金既可以上市交易，也可以不上市而在场外进行申购和赎回，我们将它们分开讨论。

(1)交易所上市交易的分级A基金投资策略

分级A基金的投资收益主要来自三个方面：

①约定收益率

分级A基金的约定收益率在分级基金发行之初就已经确定，一般而言，分级A基金每年都会进行定期折算，将约定收益率折算成母基金份额作为红利分配给投资者。若投资者想获得现金红利，只需要将所获得的母基金份额赎回即可。例如：

> 华安沪深300A份额每个期末的约定应得收益，即华安沪深300A份额每个会计年度最后一日份额参考净值超出1.000元部分，将被折算为场内华安沪深300份额分配给华安沪深300A份额持有人。
>
> ——摘自该基金《招募说明书》

这是分级A基金收益的主要来源。

②波段操作损益

由于分级A基金在交易所上市交易，因此其二级市场价格也会随之波动。通过对市场及分级A的跟踪，可以实现分级A基金的高抛低吸，通过波段操作来增强收益。

虽然我们可以精确地计算分级A基金每天的净值，但是由于它们在交易所上市交易，投资者只能够在场内按照买卖双方确定的价格来交易。交易价格往往与净值相偏离。表4.7列示的是银华稳进（基金代码：150018）在2014年1月份的交易情况。

表 4.7　　　　　　　　　　银华稳进交易情况

交易日期	收盘价(元)	单位净值(元)	折价率(%)
2014/1/30	0.868	1.0050	−13.63
2014/1/29	0.868	1.0050	−13.63
2014/1/28	0.868	1.0040	−13.55
2014/1/27	0.865	1.0040	−13.84
2014/1/24	0.869	1.0040	−13.45
2014/1/23	0.866	1.0040	−13.75
2014/1/22	0.860	1.0040	−14.34
2014/1/21	0.859	1.0030	−14.36
2014/1/20	0.859	1.0030	−14.36
2014/1/17	0.859	1.0030	−14.36
2014/1/16	0.867	1.0030	−13.56
2014/1/15	0.868	1.0020	−13.37
2014/1/14	0.869	1.0020	−13.27
2014/1/13	0.868	1.0020	−13.37
2014/1/10	0.871	1.0020	−13.07
2014/1/9	0.878	1.0010	−12.29
2014/1/8	0.885	1.0010	−11.59
2014/1/7	0.886	1.0010	−11.49
2014/1/6	0.900	1.0010	−10.09
2014/1/3	0.949	1.0000	−5.10
2014/1/2	0.949	1.0000	−5.10
2013/12/31	0.951	1.0600	−10.28
2013/12/30	0.946	1.0600	−10.75

资料来源:Wind 资讯。

以 2014 年 1 月 30 日的交易为例。这一天,银华稳进的单位净值达到了 1.0050元,而它的收盘价仅为0.8680元。投资者在交易所内交易该基金时,使用的是盘中的交易价格,而在盘中的时候,当天的交易价格是随时变化的。

投资者可以在价格的变化中寻找波段操作的机会,以获取额外的收益。

③合并套利

由于母基金与分级 A 基金和分级 B 基金之间配对转换机制的存在,使得分级 A 在一定情况下体现出配对价值。例如,投资者持有一定数量的分级 A 基金,当与其对应的分级 B 基金价格大幅下跌时,可以考虑买入分级 B 基金,合并转换成母基金,然后进行赎回。

(2)场外交易的分级 A 基金投资策略

场外交易的分级 A 基金是按照基金的"净值"来交易的,"价格"的概念不适用于此。

投资者在基金的开放日进行申购,在下一个或之后的开放日赎回,获取约定收益率扣除交易成本后的收益。截至 2014 年 12 月,共有 51 只在场外交易的分级 A 基金(见表 4.8)。

表 4.8　　　　场外交易的分级 A 基金(截至 2014 年 12 月)

序号	基金代码	基金简称	约定收益率
1	160619.OF	鹏华丰泽分级 A	一年期银行定期存款利率×1.35
2	160623.OF	鹏华丰利 A	一年期银行定期存款利率+1.4%
3	161627.OF	融通通福 A	人民币一年期银行定期存款利率(税后)+利差(0.5%至 2%)
4	161717.OF	招商双债增强 A	max[4%,金融机构一年期存款基准利率+1.3%]
5	161824.OF	银华永兴纯债 A	人民币一年期银行定期存款利率×1.4
6	161828.OF	银华永益 A	人民币一年期银行定期存款利率(税后)+利差(0 至 2%)
7	162106.OF	金鹰持久回报 A	一年期银行定期存款利率(税后)+1.1%
8	162109.OF	金鹰元盛分级 A	max(一年期银行定期存款利率(税后)+1.5%,2.5%)
9	162512.OF	国联安双佳信用 A	一年期银行定期存款年利率×1.4
10	163004.OF	长信利鑫分级 A	一年期银行定期存款利率×1.1+0.8%
11	163006.OF	长信利众 A	一年期银行定期存款利率×1.2+1.0%
12	163826.OF	中银互利 A	一年期定期存款利率×1.1+利差
13	163908.OF	中海惠裕纯债分级 A	一年期银行定期存款基准利率+1.4%
14	163910.OF	中海惠丰纯债 A	一年期银行定期存款基准利率+1.5%

续表

序号	基金代码	基金简称	约定收益率
15	164207.OF	天弘添利分级A	一年期银行定期存款利率×1.3
16	164209.OF	天弘丰利分级A	一年期银行定期存款利率×1.35
17	164211.OF	天弘同利分级A	一年期银行定期存款利率×1.6
18	164303.OF	新华惠鑫分级A	一年期银行定期存款利率(税后)×1.4+利差(0~1%)
19	164510.OF	国富恒利分级A	人民币一年期银行定期存款利率×1.4
20	164704.OF	汇添富互利分级A	一年期银行定期存款利率(税后)×1.1+利差
21	164813.OF	工银瑞信增利A	一年银行定期存款利率+1.4%
22	165518.OF	信诚双盈分级A	一年期银行定期存款利率(税后)+1.5%
23	165706.OF	诺德双翼A	一年期银行定期存款利率×1.3
24	165808.OF	东吴鼎利A	一年期银行定期存款利率×0.7+6个月SHIBOR×0.5
25	166013.OF	中欧信用增利A	一年期银行定期存款利率+1.25%
26	166017.OF	中欧纯债A	一年期银行定期存款利率+1.25%
27	166022.OF	中欧纯债添利A	一年期银行定期存款利率(税后)+利差(0~2.5%)
28	166106.OF	信达澳银稳定增利A	一年期银行定期存款利率×1.3
29	167502.OF	安信宝利分级A	一年期银行定期存款基准利率×1.2+利差(0~3%)
30	121007.OF	国投瑞银瑞福优先	一年期银行定期存款利率(税后)+3%
31	000092.OF	信诚新双盈A	一年期银行定期存款利率+利差(0~2%)
32	000292.OF	鹏华丰信分级A	一年期银行定期存款利率+利差(0~2%)
33	000317.OF	中海惠利纯债A	一年期银行定期存款基准利率(税前)+利差(0~2%)
34	000341.OF	嘉实新兴市场A	同期美元利率参照银行公布的一年期美元定期存款利率的平均值+利差(1%~2%)
35	000357.OF	大成景祥A	一年期银行定期存款利率(税后)+利差(0~2.3%)

续表

序号	基金代码	基金简称	约定收益率
36	000383.OF	富国恒利分级 A	一年期银行定期存款利率（税后）+利差（0～2％）
37	000387.OF	泰达宏利瑞利 A	一年期银行定期存款利率（税后）+利差（0.5～3％）
38	000429.OF	易方达聚盈 A	一年银行定期存款利率（税后）+利差（0～3％）
39	000454.OF	国金通用鑫利 A	一年期银行定期存款利率（税后）+利差（0～3％）
40	000498.OF	财通纯债分级 A	一年期银行定期存款利率+2.5％
41	000501.OF	华富恒富 A	一年期银行定期存款利率（税后）×1.4+利差（0～1％）
42	000623.OF	华富恒财分级 A	一年期银行定期存款利率（税后）×1.4+利差（0％～3％）
43	000632.OF	中银聚利 A	一年期定期存款利率（税后）×1.1+利差（0.5％～3.0％）
44	000675.OF	中海惠祥分级 A	一年期银行定期存款基准利率（税前）+利差（0～3％）
45	519052.OF	海富通双利分级 A	一年期银行定期存款利率（税后）×1.2+利差（0～2％）
46	519057.OF	海富通双福 A	一年期银行定期存款利率（税后）×1.2+利差（0～2％）
47	550015.OF	信诚季季添金	一年期银行定期存款利率（税后）+利差（0～2％）
48	000814.OF	鑫元合享分级 A	一年期银行定期存款利率（税后）×1.4+利差（0～3％）
49	000769.OF	长城久盈纯债 A	一年期银行定期存款利率（税后）+利差（0～3％）
50	000910.OF	鑫元合丰分级 A	一年期银行定期存款利率（税后）×1.1+利差
51	000914.OF	中加纯债 A	一年期银行定期存款利率（税后）×1.1+利差

资料来源：以上各基金的《招募说明书》。

总体来看，这些场外交易的分级 A 基金，其约定收益率多围绕一年期银行定期存款利率乘以一定的倍数或者加点来确定。

4. 分级 A 基金的投资风险

分级 A 基金投资也面临着风险,主要有:

(1)大幅降息

分级 A 基金的约定收益率一般都与一年期定存利率挂钩,一旦央行大幅降息,会对分级 A 价格和收益产生负面影响。

(2)债券利率大幅上升

当债券利率大幅上升时,分级 A 的隐含收益率也会上升,价格就会下跌。

(3)流动性

分级 A 基金的流动性波动很大,有可能会出现买入容易卖出难的问题。

5. 分级 A 基金的主要投资者

目前,保险公司、商业银行是分级 A 基金的主要投资者,它们将分级 A 基金视为银行存款和债券等资产的良好补充。

三、母基金及其他开放式基金的投资策略

在第一章中我们已经看到,在公募基金的庞大家族之中,开放式基金的份额和净值占比都在 90% 以上,占据了绝对的主力地位,因此一般投资者在讨论基金的投资方法时,重点都在它们身上。本部分的目的,在于为读者提供这方面的指导。

任何投资都只是在产品和市场相适应的时候才能够获利,也就是说,投资者不仅要选择合适的产品,更要选择与市场形势相符的产品。所以实际上任何投资至少要研究两个方面:一方面是市场走势,另一方面是具体投资品种。

1. 基金分类:基金投资的第一步

很多投资者在投资基金之前,对于自己所投资的基金并没有真正地有所了解。他们也许听说过股票型基金、债券型基金、混合型基金、货币市场型基金等这些概念,也许也清楚自己所投资的基金是哪种类型,但是最关键的问题是:他所持有的基金与其他类型的基金有什么区别?这只基金在什么样的市场情况下会上涨?

这些重要的问题,都是关系到投资成败的关键问题。很多投资者看到别人买的基金赚钱了,自己的基金却发生了亏损,就会纳闷:

为什么会这样呢?

就像所有的投资项目一样,投资者在投资基金之前应该先了解不同种类的基金,以及它们的适用市场情形。在实物投资项目中,这样的行为看起来十分必要和理所当然。例如,投资房地产的投资者会分析:是应该投资住宅型公寓楼,还是投资商铺?近期的房地产政策如何?等等。投资基金也是一样。

公募基金数量繁多,需要对它们进行更加细致的分析。就像水果铺子一样,有苹果、梨子、香蕉、西瓜,在不同的季节,它们受欢迎的程度不一样,基金市场同样如此。如果我们处在2008年的时点上,最佳的投资品种是之前一直默默无闻的货币市场型基金,而此前大受欢迎的股票型基金和混合型基金则表现凄惨(见图4.4)。

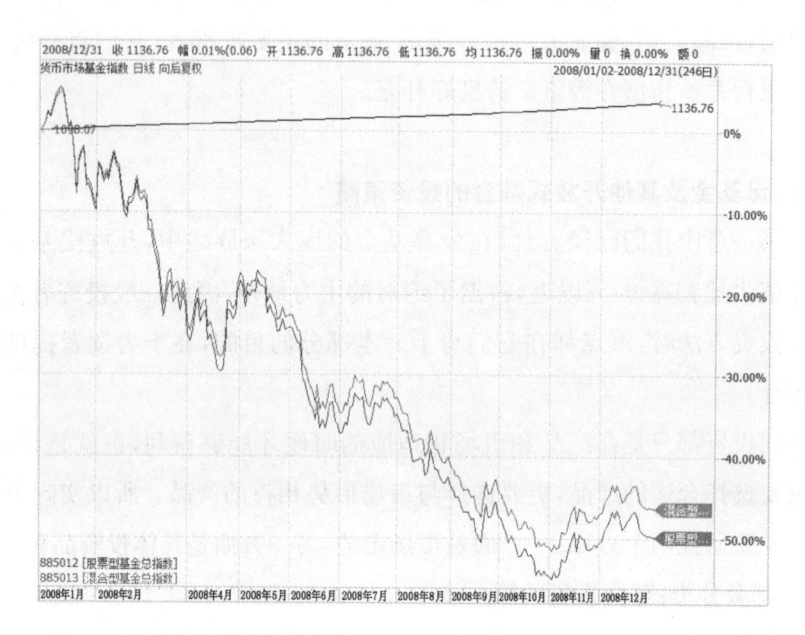

资料来源:Wind资讯。

图 4.4 基金指数 2008 年表现对比

到了下一年即 2009 年,市场发生了逆转,股票型基金和混合型基金重新受宠,货币市场型基金又沦为附庸(见图 4.5)。

因此,基金投资的第一步就是要对基金进行比较准确的分类,这一工作正是我们在第三章中所完成的。

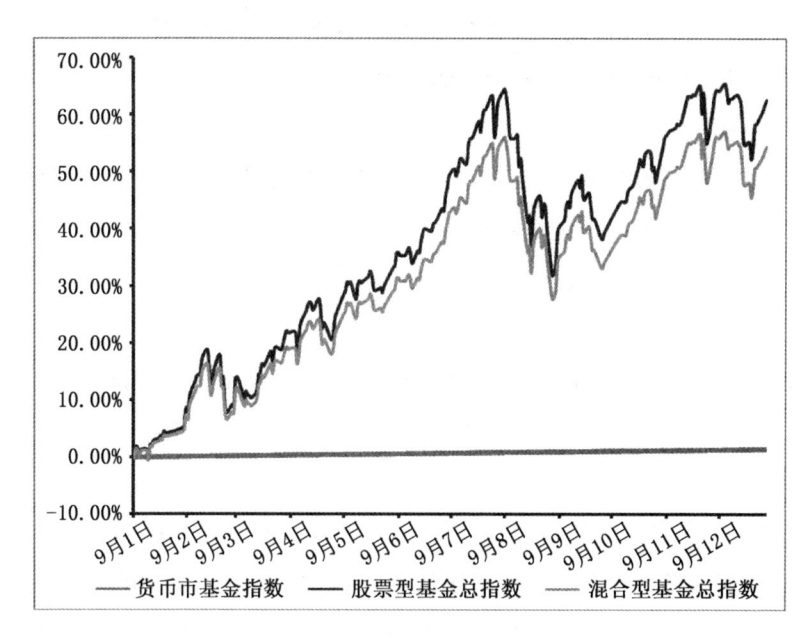

资料来源:Wind 资讯。

图 4.5　基金指数 2009 年表现对比

2. 根据每一类基金的特点来设计投资策略

不同种类的基金有不同的特点,它们的净值表现对于不同的经济变量反应既有共性,也有差异。例如,降息对于股票市场和债券市场的影响是一致的,对它们的净值有促进作用;但对于货币市场型基金来说,会降低其收益率。这里,我们对一些不同种类的基金特点进行简要说明。

(1)货币市场型基金

货币市场型基金的最大特点在于风险低,收益也低。一般来说,货币市场型基金比较适合风险偏好较低的客户,或者在市场行情不景气的时候可以将其作为避风港。

(2)保本型基金

在第三章第五节中我们对保本型基金做了比较详细的说明,但是我们对于保本型基金的投资策略并没有涉及。

回顾一下保本型基金的基本特征:一般设定保本期,"保本"只是期末保本,而不是"随时保本",即若在起初以 1 元的净值买入保本型基金,其间基金净值可能会跌至1元以下,若此时投资者赎回,则只能按照净值赎回,发生亏损。到了保本期结束,才能享受保本条款中的权利。

保本型基金的投资策略一般有两种:一种是波段操作,一种是持有到期。

在波段操作的策略中,投资者需要对买卖时机做出判断。由于保本型基金的大部分资产都是投资于风险较低的固定收益类资产,因此风险偏好较低的投资者可以将它视为一个良好的投资标的。

我们的重点集中于持有到期策略。

我们以国联安保本型基金(基金代码:000058.OF)为例。该基金在2014年1月15日收盘时的净值为0.9630元,它的到期日是2016年4月22日。其保本条款如下:

> "在保本周期到期日,如基金份额持有人认购并持有到期的基金份额与保本周期到期日基金份额净值之乘积(即基金份额持有人认购并持有到期的基金份额的可赎回金额)与相应基金份额在当期保本周期内的累计分红金额之和低于认购保本金额,则基金管理人应补足该差额(即保本赔付差额),并在保本周期到期日后20个工作日内(含第20个工作日)将该差额支付给基金份额持有人。"
>
> ——摘自该基金《招募说明书》

根据这个规则,到期后若该基金的净值低于1元,则基金管理人会补足差额至1元;若基金管理人不能进行补足,则由担保人来补足。若基金净值在1元以上,那么投资者可以按净值赎回。

也就是说,在到期日,对于投资者来说,可以1元或以上的净值来赎回所持有的国联安保本基金份额。我们取最低值1元来计算持有到期的年化收益率:

$(1/0.9630)2.27-1=1.68\%$

其中:

"2.27"是剩余时间,即2014年1月15日至2016年4月22日的时间差。

若到期时,基金净值高于1元,则投资者的到期收益率会高于1.68%。

在极端的情况下,在保本期之前,基金净值会大幅下跌(例如2008年),这时买入保本型基金并持有到期就是很好的投资机会。

这个策略的一个问题是,对于那些基金净值在1元以上的基金,此策略并不适用。例如,若国联安保本基金现在的净值为1.02元,而到期的保本净值仍然只为1元,根据上述计算方法算出来的到期收益率可能为负值。

(3)债券型基金

在第二章中我们由社区便利店的例子引入了"债券"概念,并探讨了影响债券价格的主要经济变量:利率。由于债券型基金资产的80%以上必须投资于债券等固定收益类资产,因此债券型基金对于利率的变化十分敏感。在深入进行讲解之前,投资者需要了解几点知识:

①利率变化与债券价格一般是反向关系,也就是说,利率上升的时候,债券价格会下降,导致债券型基金的净值也会下降;利率下降时,债券价格会上升,债券型基金的净值会上升。所以,债券型基金投资需要时刻关注市场利率的变化,并对可能发生的变化做出预测。

②如果我们预测利率会下降,我们应该选择怎么样的债券型基金呢?我们有一个专门的指标来衡量债券价格对利率变化的敏感度,这个指标是久期,久期越大,价格波动越大。例如,两只债券A和B的久期分别为3和2,那么当利率下降1%时,债券A和债券B的价格分别上涨3%和2%;当利率上升1%时,债券A和债券B的价格分别下跌3%和2%。久期的计算是一个比较复杂的过程,不过我们可以用债券的剩余期限来近似地代替久期,即剩余期限越长,久期越大。债券型基金分为三个大类:纯债基金、一级债基和二级债基,我们此处重点关注纯债基金。纯债基金又分为中长期纯债基金和短期纯债基金两种,它们的投资标的都是债券,区别在于投资的标的债券的期限长短。一般来说,中长期纯债基金的久期要长于短期纯债基金,若投资者预期利率会下降,就应该尽可能地多配置中长期纯债基金,减少短期纯债基金的比重;若投资者预期利率会上升,就应该反向操作。

③利率为什么会上升和下降?上面我们分析了利率变化对于纯债基金的影响,但是我们并没有对利率的变化因素进行探究,因此也不能很好地预测利率的变化。利率在本质上是资金的价格,它的变化受到资金供给双方的影响。我们关注的最为常见的一个利率是银行1年期定期存款利率,这是基准利率,不过这个利率的变化频率并不频繁,中央银行将之作为货币政策的重要手段,所以它并不是我们观察的理想目标。我们常用的观察指标包括:

A. SHIBOR。它是仿照伦敦银行间拆借利率(LIBOR)形成的利率,由多家银行对不同期限的资金进行报价,它反映的是银行之间资金拆借的价格。

B. 债券质押式回购利率。它是金融机构短期融资利率,起伏非常巨大,在月末、季末和年末的时候会高达10%甚至以上。

C. 央行的票据发行利率、公开市场操作利率等。央行向市场投放货币,是增加货币供给,利率一般会下降;央行从市场回笼资金,是减少货币供给,利率一般会上升。

D. 法定存款准备金率。所有商业银行必须按照存款的一定比例将资金存放在中央银行,这个比例就叫作法定存款准备金率。例如,若一家商业银行的存款额为1 000亿元,法定存款准备金率为20%,那么它必须将200亿元存放在中央银行。法定存款准备金率上调,意味着银行需要将更多的资金存放在中央银行,用来开展业务的资金就会减少,资金价格(即利率)就会上升;反过来,法定存款准备金率下调,则利率会下降。

通过观察这些经济变量,我们可以估计利率的变化方向,再来决定我们在中长期债券基金和短期债券基金上的配置比例。

④一级债基和二级债基的投资策略。这两类基金从本质上来说还是债券型基金,投资债券等固定收益类资产的比重仍然不得低于80%,从这一点来讲,它们仍然是风险较低的投资品种。纯债基金、一级债基、二级债基的区别在于,除去80%的那部分资产之外,另外那20%的资产投向何处。毫无疑问,对于纯债基金而言,其余20%的资产同样投资于债券;对于一级债基而言,其余的20%可以投资股票,但是它不能够直接在二级市场买卖股票,而只能通过申购新股、参与定向增发等手段进行股票投资(这样的股票交易被称为股票的一级市场交易);对于二级债基而言,它既可以参与一级市场的股票交易,也可以参与二级市场的股票交易。一级债基和二级债基的投资目标,是希望在获取固定收益的同时,通过主动参与股票市场,购买部分风险更高的资产,以期获得更高的收益。因此,我们可以根据股票一级市场和二级市场的行情来决定是投资纯债基金,还是投资一级债基或二级债基。

(4)偏股型基金

偏股型基金包括股票型基金和混合型基金,如果按照管理方法来分,又可以分为被动管理型和主动管理型。

在第三章中,我们对于这两类基金做过简要的介绍。一般来说,被动管理型基金比较透明,它跟踪什么指数、仓位情况如何等,都十分明确,投资者所要做的就是对市场大势或行业板块做出评判,然后选择相应的基金产品即可。例如,是选择沪深 300 指数基金还是选择中小板或创业板指数基金?是选择医药行业基金还是地产行业基金?等等。这些基金的走势与对应的指数非常接近,投资这些基金最能反映投资者对于市场的看法。但是,被动管理型基金对投资者自身的要求比较高,因为投资者需要自己来做市场研判和风险控制。

对于主动管理型基金,基金经理所发挥的作用非常大,他会做好资产配置和风险控制。投资者投资这类基金最应该看重的应该是基金经理的投资能力。我们在第三章中对此进行了简要说明。

总体来说,股票型基金的走势与整个股票市场的走势紧密相连,也与基金经理的个人能力息息相关。选择被动型的基金,投资者需要自己对市场做出判断;选择主动管理型基金,更重要的是选择基金经理。

第二节　分级基金的组合投资策略

一、重温"价格"与"净值"的概念

在第二章中,我们对价格与净值的概念进行了说明,不同类型的基金份额在不同的市场上交易,在不同市场上交易的基金份额又适用不同的概念,我们据此将分级基金分成了三个组别(见表 4.9)。

表 4.9　　　　　　　　　　分级基金的三个组别

组别		母基金	分级 A 基金	分级 B 基金
I	基金类型	开放式	封闭式	封闭式
	上市地点	场外市场	证券交易所	证券交易所
	适用概念	净值	净值、价格	净值、价格

续表

组别		母基金	分级A基金	分级B基金
II	基金类型	开放式	开放式	封闭式
	上市地点	场外市场	场外市场	证券交易所
	适用概念	净值	净值	净值、价格
III	基金类型	开放式	开放式	开放式
	上市地点	场外市场	场外市场	场外市场
	适用概念	净值	净值	净值

在第二章中,我们也对分级基金各部分的计算进行了详细介绍。一般来说,它们之间存在如下的关系:

(M+N)份母基金净值=M份分级A基金净值+N份分级B基金净值

若分级基金中的一个或多个部分在交易所市场上市之后,就会出现"价格"的概念。这个"价格"是场内投资者报价所形成的交易价格,可能是偏离净值的,因此是可以加以利用的。

二、分级基金的分拆和合并

在第二章中,我们对分级基金的分拆和合并做过说明,此处我们简要地回顾一下即可。

一般来说,(M+N)份母基金份额可以分拆为M份分级A基金份额和N份分级B基金份额;反过来,M份分级A基金和N份分级B基金可以合并为(M+N)份母基金份额。

三、分级基金的合并套利和分拆套利

1."一价定律"与套利

在第二章社区便利店的例子中,我们知道:债券的交易价格可能会偏离它的票面价值。对于某些分级基金的一些组成部分而言,也存在这样的问题。而历史发展的经验表明:如果同一件物品存在多个"价格",那么就会诱发套利行为。

中国在改革开放之初,有些物品存在两种价格:一种是官方价格,一种是市场价格。例如,猪肉的官方价格是每千克1元,市场价格是1.3元,于是就有精明的商人冒着危险从官方渠道购买猪肉然后拿到市场售卖,即可获利不菲。实际上,在任何存在价格"双轨"或"多轨"的地方,只要利润足够高和不同市场能够打通,就不会缺乏套利者。

金融学中有一个重要的法则叫作"一价定律",即一种物品应该只有一个价格,如果有多个价格就会引发套利。例如,在旅游景点的门口,矿泉水的价格是2元一瓶,同样的矿泉水在景区内可能卖到5元一瓶,3元就是利润——这种现象广泛存在。那么,是不是说"一价定律"就不成立了呢?不是,因为套利需要成本。景区内外的矿泉水差价为3元,景区内的售卖者为了获得在景区内经营的权利可能需要缴纳2元钱给景区,将水运上山需要0.5元,最后他自己的超额利润可能只有0.5元——利润远没有我们所看见的那么高。

我举上面的这个例子,只是为了说明:一种物品如果有两种"价格",就有可能会有套利的空间,但是这种套利空间需要高超的技巧和成本。对于分级基金而言,同样如此。

2. 分级基金的套利

分级基金的套利交易就是利用了在交易所上市交易的基金同时存在"净值"和"价格",并且它们往往会发生偏离。还是举例来说。

假设某分级基金成立半年后,母基金的单位净值为1.10元,A类份额和B类份额的单位净值分别为1.03元和1.17元。同时,A类份额和B类份额在场内市场上的交易价格分别为1.00元和1.10元,我们看看可以怎样盈利。

第一步,我们可以按照交易价格买入100份A类份额和100份B类份额,分别花费100元(100×1.00)和110元(100×1.10),总共210元(100+110);

第二步,我们将100份A基金和100份B基金合并成200份母基金份额;

第三步,我们赎回200份母基金,可以得到220元(200×1.10)。

这样,我们从这笔交易中就获得了10元的利润(220-210)——这就是合并套利。

如果我们再假设A类份额和B类份额的场内市场价格分别是1.05元和1.20元,我们又可以怎么做呢?

第一步,我们可以在按净值申购200份母基金,花费210元(200×1.05);

第二步,我们将200份母基金拆分成100份A类份额和100份B类份额;

第三步，我们按照价格卖掉 100 份 A 类份额和 100 份 B 类份额，可以获得 105 元（100×1.05）和 120 元（100×120），总共 225 元（105＋120）。

通过这项交易，我们可以套利 15 元（225－210）——这就是分拆套利。

聪明的投资者可能已经发现：只要下面这个等式不成立，我们就有套利机会：

M×A 类份额的价格＋N×B 类份额的价格＝(M＋N)×母基金的单位净值

我们再来看一个实例。

2012 年 7 月 26 日，投资者按净值申购母基金银华深证 100 基金 200 份，当日该基金净值为 1.039 元，200 份即 207.8 元。

申请分拆，得到 100 份银华稳进和 100 份银华锐进。

投资者 7 月 29 日在二级市场卖掉银华稳进和银华锐进份额。当天，银华锐进的交易均价为 1.253 元，银华稳进的交易均价为 1.03 元，卖出所得合计为 228.3 元。

忽略交易成本，投资者的收益率高达 9.87%（228.3/207.8－1）。

上面我们通过简单的例子介绍了分级基金的合并和拆分套利。正是这种套利机制的存在，使得分级 A 基金的折价率或溢价率与分级 B 基金的折价率或溢价率之间产生了相互制约的作用。一般情况下，分级 A 基金与分级 B 基金的折价率或溢价率是方向相反的，如果不是这样则会出现明显的套利空间，试想：

如果分级 A 基金和分级 B 基金都是溢价的，即分级 A 基金和分级 B 基金的价格都要高于它们各自的净值，那么投资者可以按照净值申购母基金，然后拆分为子基金，再将子基金份额卖出，即可以获得利润。

如果分级 A 基金和分级 B 基金都是折价的，即分级 A 基金和分级 B 基金的价格都要低于它们各自的净值，那么投资者可以以场内交易价格买入一定比例的分级 A 基金和分级 B 基金，然后合并为母基金，在按照净值赎回母基金，即可以获得利润。

套利的存在趋势投资者蜂拥而至，这样，在激烈的竞争之中，套利空间迅速缩小甚至消失，重新达到一种平衡。在这种新的平衡之中，分级 A 基金和分级 B 基金一般会呈现一个折价、另一个溢价的情形（见表 4.10）。

表 4.10　　分级 A 基金与分级 B 基金的折/溢价率(2014 年 10 月 31 日)

分级 A 基金			分级 B 基金		
基金代码	基金简称	折/溢价率(%)	基金代码	基金简称	折/溢价率(%)
150008.SZ	国投瑞银瑞和小康	－4.26	150009.SZ	国投瑞银瑞和远见	5.65
150012.SZ	国联安双禧 A 中证 100	－6.91	150013.SZ	国联安双禧 B 中证 100	6.76
150016.SZ	兴全合润分级 A	－1.29	150017.SZ	兴全合润分级 B	－0.23
150018.SZ	银华稳进	－9.24	150019.SZ	银华锐进	20.00
150022.SZ	申万菱信深成收益	－26.58	150023.SZ	申万菱信深成进取	278.60
164207.OF	天弘添利分级 A	0.00	150027.SZ	天弘添利分级 B	－3.45
150028.SZ	信诚中证 500A	－2.58	150029.SZ	信诚中证 500B	0.45
150030.SZ	银华金利	1.42	150031.SZ	银华鑫利	1.68
150032.SZ	嘉实多利优先	－10.01	150033.SZ	嘉实多利进取	42.91
150036.SZ	建信稳健	－0.76	150037.SZ	建信进取	－2.26
150034.SZ	泰达宏利聚利 A	－3.19	150035.SZ	泰达宏利聚利 B	－3.64
150039.SZ	中欧鼎利分级 A	2.17	150040.SZ	中欧鼎利分级 B	－6.52
163004.OF	长信利鑫分级 A	0.00	150042.SZ	长信利鑫分级 B	－5.18
150047.SZ	银华瑞吉	3.97	150048.SZ	银华瑞祥	－1.53
164209.OF	天弘丰利分级 A	0.00	150046.SZ	天弘丰利分级 B	－0.97
150053.SZ	泰达稳健	－0.18	150054.SZ	泰达进取	－0.48
150064.SZ	长盛同瑞 A	0.76	150065.SZ	长盛同瑞 B	－2.53
150059.SZ	银华金瑞	－3.13	150060.SZ	银华鑫瑞	1.11
160619.OF	鹏华丰泽分级 A	0.00	150061.SZ	鹏华丰泽分级 B	－0.80
150062.SZ	浦银安盛增利 A	－0.52	150063.SZ	浦银安盛增利 B	－0.55
150066.SZ	国泰互利 A	－14.37	150067.SZ	国泰互利 B	9.51
150057.SZ	长城久兆稳健	15.52	150058.SZ	长城久兆积极	－5.35
150055.SZ	工银瑞信中证 500A	2.29	150056.SZ	工银瑞信中证 500B	－2.12
150051.SZ	信诚沪深 300A	－9.40	150052.SZ	信诚沪深 300B	11.82
165706.OF	诺德双翼 A	0.00	150068.SZ	诺德双翼 B	－1.04
162106.OF	金鹰持久回报 A	0.00	150078.SZ	金鹰持久回报 B	－1.77
150049.SZ	南方新兴消费收益	－6.54	150050.SZ	南方新兴消费进取	5.78
150069.SZ	国联安双力中小板 A	1.92	150070.SZ	国联安双力中小板 B	－2.70
150071.SZ	中欧盛世成长 A	－0.60	150072.SZ	中欧盛世成长 B	0.45
150073.SZ	诺安稳健	－1.80	150075.SZ	诺安进取	1.82

续表

分级A基金			分级B基金		
165518.OF	信诚双盈分级A	0.00	150081.SZ	信诚双盈分级B	−1.55
166013.OF	中欧信用增利A	0.00	150087.SZ	中欧信用增利B	−5.19
150076.SZ	浙商稳健	−11.05	150077.SZ	浙商进取	13.23
166106.OF	信达澳银稳定增利A	0.00	150082.SZ	信达澳银稳定增利B	−2.51
150083.SZ	广发深证100A	−1.34	150084.SZ	广发深证100B	0.71
150085.SZ	申万菱信中小板A	0.24	150086.SZ	申万菱信中小板B	−1.27
150098.SZ	长盛同庆中证800A	0.87	150099.SZ	长盛同庆中证800B	−1.11
162512.OF	国联安双佳信用A	0.00	150080.SZ	国联安双佳信用B	−3.30
150088.SZ	金鹰中证500A	−0.86	150089.SZ	金鹰中证500B	2.16
150104.SZ	华安沪深300A	−1.04	150105.SZ	华安沪深300B	−0.76
150096.SZ	招商中证大宗商品A	−0.19	150097.SZ	招商中证大宗商品B	0.00
121007.OF	国投瑞银瑞福优先	0.00	150001.SZ	国投瑞银瑞福进取	−13.65
150090.SZ	万家中证创业成长A	−4.28	150091.SZ	万家中证创业成长B	4.95
150110.SZ	华商中证500A	1.32	150111.SZ	华商中证500B	−1.24
150094.SZ	泰信基本面400A	−1.90	150095.SZ	泰信基本面400B	0.31
150092.SZ	诺德深证300A	−9.33	150093.SZ	诺德深证300B	6.81
150108.SZ	长盛同辉深证100等权A	30.33	150109.SZ	长盛同辉深证100等权B	−11.15
150106.SZ	易方达中小板指数A	12.82	150107.SZ	易方达中小板指数B	−10.33
150100.SZ	鹏华资源A	−10.29	150101.SZ	鹏华资源B	9.43
150112.SZ	工银瑞信深证100A	5.64	150113.SZ	工银瑞信深证100B	−6.18
550015.OF	信诚季季添金	0.00	550016.OF	信诚岁岁添金	0.00
163908.OF	中海惠裕纯债分级A	0.00	150114.SZ	中海惠裕纯债分级B	−3.27
161824.OF	银华永兴纯债A	0.00	150116.SZ	银华永兴纯债B	0.00
166017.OF	中欧纯债A	0.00	150119.SZ	中欧纯债B	0.00
163006.OF	长信利众A	0.00	150102.SZ	长信利众B	−5.43
150117.SZ	国泰国证房地产A	2.56	150118.SZ	国泰国证房地产B	2.94
161717.OF	招商双债增强A	0.00	150127.SZ	招商双债增强B	−3.10
164813.OF	工银瑞信增利A	0.00	150128.SZ	工银瑞信增利B	−4.02
150123.SZ	建信央视财经50A	10.96	150124.SZ	建信央视财经50B	−12.27
150121.SZ	银河沪深300成长A	−4.46	150122.SZ	银河沪深300成长B	3.98
160623.OF	鹏华丰利A	0.00	150129.SZ	鹏华丰利B	−4.62
165808.OF	东吴鼎利A	0.00	150120.SZ	东吴鼎利B	−5.90

续表

	分级 A 基金			分级 B 基金	
150133.SZ	德邦企债分级 A	−2.16	150134.SZ	德邦企债分级 B	1.78
162109.OF	金鹰元盛分级 A	0.00	150132.SZ	金鹰元盛分级 B	−1.69
000092.OF	信诚新双盈 A	0.00	000093.OF	信诚新双盈 B	0.00
167502.OF	安信宝利分级 A	0.00	150137.SZ	安信宝利分级 B	−3.06
150140.SZ	国金通用沪深 300A	−1.33	150141.SZ	国金通用沪深 300B	−0.76
150145.SZ	招商沪深 300 高贝塔 A	−3.24	150146.SZ	招商沪深 300 高贝塔 B	1.41
150143.SZ	银华中证转债 A	−5.88	150144.SZ	银华中证转债 B	9.62
150148.SZ	信诚中证 800 医药 A	−6.16	150149.SZ	信诚中证 800 医药 B	7.78
150130.SZ	国泰国证医药卫生 A	1.81	150131.SZ	国泰国证医药卫生 B	−0.65
150150.SZ	信诚中证 800 有色 A	−8.44	150151.SZ	信诚中证 800 有色 B	9.55
150020.SZ	富国汇利回报分级 A	−1.33	150021.SZ	富国汇利回报分级 B	0.90
163910.OF	中海惠丰纯债 A	0.00	150154.SZ	中海惠丰纯债 B	−3.25
150152.SZ	富国创业板 A	−0.19	150153.SZ	富国创业板 B	1.37
164211.OF	天弘同利分级 A	0.00	150147.SZ	天弘同利分级 B	−4.33
163826.OF	中银互利 A	0.00	150156.SZ	中银互利 B	−4.05
000292.OF	鹏华丰信分级 A	0.00	000293.OF	鹏华丰信分级 B	0.00
150138.SZ	银华中证 800A	5.00	150139.SZ	银华中证 800B	−3.37
164704.OF	汇添富利分级 A	0.00	150142.SZ	汇添富利分级 B	2.96
000429.OF	易方达聚盈 A	0.00	000430.OF	易方达聚盈 B	0.00
000387.OF	泰达宏利瑞利 A	0.00	000388.OF	泰达宏利瑞利 B	0.00
000357.OF	大成景祥 A	0.00	000358.OF	大成景祥 B	0.00
000317.OF	中海惠利纯债 A	0.00	000318.OF	中海惠利纯债 B	0.00
000341.OF	嘉实新兴市场 A	0.00	000342.OF	嘉实新兴市场 B	0.00
166022.OF	中欧纯债添利 A	0.00	150159.SZ	中欧纯债添利 B	0.00
519052.OF	海富通双利分级 A	0.00	519053.OF	海富通双利分级 B	0.00
000383.OF	富国恒利分级 A	0.00	000384.OF	富国恒利分级 B	0.00
161627.OF	融通通福 A	0.00	150160.SZ	融通通福 B	−1.09
150157.SZ	信诚中证 800 金融 A	−9.01	150158.SZ	信诚中证 800 金融 B	8.70
150167.SZ	银华沪深 300A	−3.04	150168.SZ	银华沪深 300B	2.59
000498.OF	财通纯债分级 A	0.00	000499.OF	财通纯债分级 B	0.00
000454.OF	国金通用鑫利 A	0.00	000455.OF	国金通用鑫利 B	0.00
164303.OF	新华惠鑫分级 A	0.00	150161.SZ	新华惠鑫分级 B	4.01

续表

分级 A 基金			分级 B 基金		
150169.SZ	汇添富恒生指数 A	−11.55	150170.SZ	汇添富恒生指数 B	8.25
164510.OF	国富恒利分级 A	0.00	150166.SZ	国富恒利分级 B	0.00
150171.SZ	申万菱信申万证券行业 A	−11.39	150172.SZ	申万菱信申万证券行业 B	8.70
000501.OF	华富恒富 A	0.00	000502.OF	华富恒富 B	0.00
150181.SZ	富国中证军工 A	−12.05	150182.SZ	富国中证军工 B	13.51
150175.SZ	银华恒生 H 股 A	−4.94	150176.SZ	银华恒生 H 股 B	4.78
150179.SZ	鹏华信息 A	−11.46	150180.SZ	鹏华信息 B	6.86
150177.SZ	鹏华非银行 A	−11.75	150178.SZ	鹏华非银行 B	9.38
519057.OF	海富通双福 A	0.00	519058.OF	海富通双福 B	0.00
000623.OF	华富恒财分级 A	0.00	000624.OF	华富恒财分级 B	0.00
150164.SZ	东吴中证可转换债券 A	−3.60	150165.SZ	东吴中证可转换债券 B	3.58
161828.OF	银华永益 A	0.00	150162.SZ	银华永益 B	0.00
150184.SZ	申万菱信中证环保产业 A	−11.75	150185.SZ	申万菱信中证环保产业 B	8.13
000632.OF	中银聚利 A	0.00	000633.OF	中银聚利 B	0.00
150186.SZ	申万菱信中证军工 A	−11.45	150187.SZ	申万菱信中证军工 B	7.07
150188.SZ	招商可转债 A	−1.68	150189.SZ	招商可转债 B	1.09
000675.OF	中海惠祥分级 A	0.00	000676.OF	中海惠祥分级 B	0.00
150194.SZ	富国中证移动互联网 A	−11.98	150195.SZ	富国中证移动互联网 B	11.24
150190.SZ	新华中证环保产业 A	2.08	150191.SZ	新华中证环保产业 B	−2.95
150192.SZ	鹏华中证 800 地产 A	−10.91	150193.SZ	鹏华中证 800 地产 B	8.90

资料来源：Wind 资讯。

因此，对于第Ⅰ组别的一组分级基金（母基金为开放式基金，不上市交易；分级 A 基金和分级 B 基金为封闭式基金，上市交易），在不考虑交易成本和时间成本的情况下，只要下列等式不成立，我们即可以通过合并或分拆套利来盈利：

M 份 A 基金价格＋N 份 B 基金价格＝(M＋N)份母基金净值

上述公式进行变形，得到：

M 份 A 基金价格＋N 份 B 基金价格－(M＋N)份母基金净值＝0

根据这个等式，我们建立一个监控模型，以随时监控套利机会，模型见表 4.11。

表 4.11 分级基金套利机会监控模型

序号	母基金 基金代码	母基金 基金简称	单位净值（元）	分级A基金 基金代码	分级A基金 基金简称	收盘价（元）	分级B基金 基金代码	分级B基金 基金简称	收盘价（元）	M×A+N×B−(M+N)×母基金
1	162509.OF	国联安双禧中证100	0.8719	150012.SZ	国联安双禧A中证100	1.024	150013.SZ	国联安双禧B中证100	0.947	0.106
2	161812.OF	银华深证100	0.8556	150018.SZ	银华锐进	0.953	150019.SZ	银华锐进	0.54	−0.109
3	163109.OF	申万菱信深证成指分级	0.6276	150022.SZ	申万菱信深证成收益	0.749	150023.SZ	申万菱信深证成进取	0.368	−0.107
4	165511.OF	信诚中证500分级	1.0593	150028.SZ	信诚中证500A	1.018	150029.SZ	信诚中证500B	0.901	−0.1
5	165515.OF	信诚沪深300分级	0.9774	150051.SZ	信诚沪深300A	0.954	150052.SZ	信诚沪深300B	0.88	−0.06
6	163111.OF	申万菱信中小板	1.1664	150085.SZ	申万菱信中小板A	1.034	150086.SZ	申万菱信中小板B	1.126	−0.086
7	161715.OF	招商中证大宗商品	0.8888	150096.SZ	招商中证大宗商品A	1.052	150097.SZ	招商中证大宗商品B	0.58	−0.053
8	121099.OF	国投瑞银瑞福深证100	1.0108	121007.OF	国投瑞银瑞福优先	0	150001.SZ	国投瑞银瑞福进取	0.772	−0.625
9	160620.OF	鹏华中证A股资源产业	0.7155	150100.SZ	鹏华资源A	0.942	150101.SZ	鹏华资源B	1.23	0.37
10	160218.OF	国泰国证房地产	1.1265	150117.SZ	国泰国证房地产A	1.085	150118.SZ	国泰国证房地产B	1.152	−0.008
11	160219.OF	国泰国证医药卫生	1.1193	150130.SZ	国泰国证医药卫生A	1.077	150131.SZ	国泰国证医药卫生B	1.147	−0.007
12	161022.OF	富国创业板指数分级	1.0856	150152.SZ	富国创业板A	1.052	150153.SZ	富国创业板B	1.111	−0.004
13	163113.OF	申万菱信申万证券行业分级	1.2344	150171.SZ	申万菱信申万证券行业A	0.92	150172.SZ	申万菱信申万证券行业B	1.555	0.003
14	161024.OF	富国中证军工	1.492	150181.SZ	富国中证军工A	0.883	150182.SZ	富国中证军工B	1.101	−0.5
15	161114.OF	申万菱信中证环保产业	1.1985	150184.SZ	申万菱信中证环保产业A	0.905	150185.SZ	申万菱信中证环保产业B	1.483	−0.004
16	163115.OF	申万菱信中证军工	1.2199	150186.SZ	申万菱信中证军工A	0.9	150187.SZ	申万菱信中证军工B	1.524	−0.008
17	164304.OF	新华中证环保产业	1.013	150190.SZ	新华中证环保产业A	1.03	150191.SZ	新华中证环保产业B	0.987	−0.004

资料来源：Wind 资讯（根据 2014 年 10 月 31 日数据计算）。

我们监控套利机会的目的，除了进行套利活动之外，还是为了监控分级B基金的投资风险。

我们知道，分级B基金一般是溢价交易，即市场交易价格大于基金单位净值。这种溢价长期存在，所以我们在交易时不需要太过于惊讶和介怀。问题是：

如果套利机会出现，会对分级B基金的交易价格有什么影响？

答案是：

如果出现套利机会，对于分级B基金的投资者来说，会存在被套利者袭击的情况，因此建立的套利机会监控模型十分必要，也是我们进行分级基金投资的第一条风险控制措施。

3. 分拆套利和合并套利中的成本和风险

分级基金的套利不仅有成本，也会有风险。

成本主要体现在交易成本上。买入或者卖出场内基金份额、申购或赎回母基金份额，都会引起交易成本。交易成本会侵蚀套利空间——所以在某些情况下，理论上是存在套利空间的，但是如果把套利的成本也计算进来，套利空间就会消失。

另外，由于分拆或合并，以及申购或赎回均需要花费时间。如果在这段时间内市场形势发生了变化，套利机会可能就消失了，甚至会引起亏损。例如：

假设某分级基金成立半年后，母基金的单位净值为1.00元，A类份额和B类份额的单位净值分别为1.03元和1.17元。同时，A类份额和B类份额在场内市场上的交易价格分别为1.00元和1.10元。

理论上，我们的套利策略是：申购2份母基金（成本2元），然后拆分成1份A基金和1份B基金，按照市场价格卖掉，可以获得2.10元，套利利润为0.1元。

但是，如果交易成本为0.08元，实际的套利利润只有0.02元；如果交易成本高于0.1元，上述操作是要亏损的。

另外，如果刚刚完成拆分的时候，分级A基金的价格下跌到了0.95元，分级B基金的价格下跌到了1.03元，则上述操作也是亏损的（0.95＋1.03－2.00＝－0.02）。

在有效的市场中,套利的机会转瞬即逝,或者只存在理论上的套利空间,而一旦进行实际操作,则由于交易成本的存在和市场形势的变化,套利空间可能消失。

四、通过分拆或合并来获得特定的基金份额

1. 通过分拆获取分级 A 基金或分级 B 基金,以及通过合并获取母基金

在前面我们讨论分级 B 基金的投资方法时,曾经介绍过如何通过分拆来获得分级 B 基金的份额,以扩大分级 B 基金的总份额,在此我们做一个简单的重述。

假设目前母基金、分级 A 基金和分级 B 基金的份额分别是 5 亿份、4 亿份和 4 亿份,母基金是开放式基金,不上市交易,可以进行申购和赎回,分级 A 基金和分级 B 基金是封闭式基金,在交易所上市交易。那么,为了获得分级 B 基金的份额,我们有两种方式:

一种是在交易所内直接买入。但是由于受到基金总份额的限制以及交易活跃度的制约,我们可能买不够我们想要的份额数量;另一种是直接向基金公司申购母基金份额,然后拆分为分级 A 基金和分级 B 基金,再在交易所内卖出分级 A 基金份额就可以了。

利用同样的方法(申购—分拆—卖出),我们可以获得分级 A 基金的份额。

反过来,我们可以通过两种方式来获得母基金的份额:一是直接向基金公司申购;二是在交易所内按照一定比例分别买入分级 A 基金和分级 B 基金,然后将它们进行合并,即可得到母基金份额。

2. ETF 的交易

分级基金的交易方式同样适用于 ETF。

ETF 是在交易所上市交易的开放式基金,它的交易特点是:投资者既可以在交易所按照交易价格直接买入或卖出 ETF 份额,也可以在交易所之外向基金公司申购或赎回基金份额。在申购 ETF 份额时,投资者所支付的不是现金,而是一系列事先规定好的股票组合;在赎回 ETF 份额时,投资者得到的也不是现金,而是一揽子股票。

这样,我们可以衍生出三种交易方式。

（1）套利交易。如果ETF的净值高于二级市场交易价格，那么我们可以在交易所买入ETF份额，然后向基金公司申请赎回，再将赎回得到的一揽子股票卖掉，从而获利。反过来亦复如是。不过，套利行为仍然受到交易成本和市场形势变化的制约。

（2）获得因重大利好事故停牌的股票份额，一般预期这类股票在复牌之后会大幅上涨。操作的策略是：在交易所内买入ETF份额，然后向基金公司申请赎回，得到一揽子股票，留下自己想要的那只，将其余的股票卖出即可。

（3）处理掉因重大利空事故停牌的股票份额，一般预期这类股票在复牌之后会大幅下跌。操作的策略是：买入ETF所规定的其他成分股票，然后用这一揽子股票向基金公司申请ETF份额，再在交易所将基金份额卖掉即可。

第三节 常见的基金投资方式

前两节我们对分级基金以及一般开放式基金的投资策略进行了介绍。本节我们简要介绍基金投资中最常见的三种投资方式，它们分别是买入持有、基金定投以及基金转换。

一、买入持有

买入持有方式是基于投资者对于市场有这样的认识：在投资期内，市场是向上运行的，因此买入并持有基金份额将会获得回报。

这种方式是最为简单的一种，但是实际上它包含了投资者对于市场的预期。如果市场的走势与投资者的预期不一致，即市场没有向上运行，而是在一个区间之内反复盘整，或者出现了下跌，那么这种方式就会为投资者带来损失。

二、基金定投

基金定投是基金长期投资的一种常见策略，它也包含了投资者对市场的预期，即市场也是向上运行的，但是在运行过程中会反复出现调整。一般投资者没有办法准确地抓住市场波动的最高点和最低点,因此最为保守的办法就是定期(每季度、每月、每周等)买入某基金份额,这样到投资期结束的时候,投资者手中的基金份额就是在投资期内分批次买入的,这些份额有时候是在市场的高点买入的,也有时候是在市场的低点时买入的,这样,就熨平了市场的波动,投资者手中的基金份额成本不是最高的,也不是最低的,而是处于两者之间的某一个值。

鉴于基金定投的方式非常流行,我们在本章第四节中作详细介绍。

三、基金转换

基金转换是指投资者向基金公司提出申请,将持有的该基金公司的某一种基金份额,转换成另外一种基金份额的策略,它实际上是投资者卖出持有的基金份额、再买入同一家基金公司另外一个基金品种份额的快速解决方法。

基金转换的要点主要包括以下几个方面:

(1)基金转换必须是同一家的基金份额。例如,投资者持有的是南方基金的某基金A,那么他不能够申请将其转换成嘉实基金(或者任何南方基金之外的任何其他基金公司)旗下的基金产品,而只能转换成南方基金旗下的其他产品类型。

(2)基金转换是基于投资者对市场的走势发生了变化的判断,即他预期将要转入的基金表现会好于将要转出的基金的表现。例如,某投资者将其手中的货币市场型基金转换成股票型基金,正是基于他对市场做出的如下判断:股票市场的机会来临了,因此投资者股票型基金能够获得更多的收益。反过来,如果某投资者将手中持有的股票型基金转换成货币市场型基金,则表明他对于股票市场的判断是即将进行盘整或下跌,不会为他带来更多的收益,这个时候投资风险较低的货币市场型基金是安全而明智的。

(3)基金转换实际上是合并了这样的动作:投资者先赎回持有的某类基金份额,然后再申购同一家基金公司旗下的基金产品份额。基金转换将这个"赎回—申购"的动作合并在一步之内完成。

基金转换的优点主要有以下两点:

(1)大大节省了投资者的时间成本,因为它合并了投资者的赎回、申购的动作,将两步合并为一步。在赎回再申购的过程中,赎回再申购均需要由基金公司来确认交易,并进行清算,从而增加时间成本。例如,在投资者申请赎回后,基金公司需要计算投资者的赎回金额,然后将现金划给投资者,这个时间一般是1~3天;投资者获得现金后才能进行新基金的份额申购。而在基金转换的策略中,基金公司不需要向投资者进行资金划付,只需要计算转出的基金份额能够申购多少转入基金的份额即可,然后再将新基金份额划付给投资者,一般都依照投资者提出基金转换的当天两只基金的净值来进行,当天就可以完成交易,时间上大为缩短。

(2)节省了交易费用。在赎回再申购的策略中,投资者需要支付老基金的赎回费以及新基金的申购费,而基金转换只需要支付转换费,转换费一般低于"赎回再申购"方式中的赎回费和申购费之和。

然而,基金转换只能适用于那些产品线齐全的基金公司产品。在产品线不齐全的基金公司里,投资者可能会赎回基金份额,然后申购其他基金公司旗下的产品;而在产品线齐全的基金公司中,基金转换能够顺利和快速地进行,对于投资者来说,是莫大的便利。

但是,基金转换只适用于开放式基金,不适用于封闭式基金。封闭式基金一般在交易所上市交易,基金份额在不同的投资者之间进行,投资者A无法判定投资者B手中有自己想要的投资标的,因而也就不能拿手中的基金份额去向投资者B换取自己想要的投资标的。

第四节　基金定投操作指南

一、基金定投的含义

基金的投资方法除了单笔申购外,还可以定期定额投资,即在一定周期内在固定的日期(如每月8日)以固定的金额(如300元)申购同一只开放式基金。定投的频率一般为每月一次,有的基金公司也可以按每两个月一次或一月多次。对多数投资者来说,一般按每月一次定投较好。定投的起点,各基金公司有所不同,最低100元,以200元居多,并以100元的整数倍累加,不设上限。定投可以在基金公司网站、证券公司证券营业部柜台和银行柜台及网银上办理。在约定的申购日期,系统会自动从投资者的银行卡上扣除约定的申购金额,按当期的净值计算申购所得的份额。

以每月定投金额300元为例:若定投基金在三个划款日的净值分别为1元、0.98元和1.03元,则这三个月的申购份额(不考虑申购费用等)分别为300份、306.12份和291.26份。综合来看,投资者3个月共申购900元,份额为897.38份,平均成本为1.0029元,如表4.12所示:

表4.12　　　　　　　　　　　基金定投举例

序　号	金额(元)	成本(元)	份额(份)
1	300	1.0000	300.00
2	300	0.9800	306.12
3	300	1.0300	291.26
合　计	900	1.0029	897.38

二、基金定投的优点和缺点

1. 基金定投的主要优点

(1)长期投资,省时省心

证券投资盈利与否主要取决于择时(选择买卖时机)与择券(选择个券)。基金定投中,投资者无须频繁地交易和选择投资品种,一旦投资者签订基金定投合约,则在每个月的固定日期支付约定的固定金额购买相同品种的基金,省去了投资者择时择券的麻烦。

不过,需要注意的是,基金定投的投资期限比较长,一般在三年左右,也有更短的一年、两年或更长的五年等。相比其他投资,基金定投是一项长期投资,不适合短线投资者。

(2)平均成本,分散风险

由上一小节中的例子可以看到,基金定投每月的支付金额一样,但是由于基金净值的变化,每月实际申购的基金份额各不相同。这样,在基金净值高的时候,申购的基金份额就少,反之亦然。这种操作方式,有效熨平了市场的波动,平均了基金份额的申购成本。

同时,由于基金定投的周期一般比较长,一般能跨越股市运行的周期,因而能够在一定程度上分散风险。

(3)强制理财,积少成多

基金定投类似于银行的零存整取,具有"强制理财"的作用。小额投资,长年累月,聚沙成丘,若干年后可在不知不觉中积累一笔为数可观的资产。举例来说,若定投期限为3年,按照不同的收益率预测和不同的定投金额,则到期之后的收益如表4.13所示。

表 4.13　　　　　　　　不同收益率下的定投收益

定投金额(元)	6.00%	8.00%	10.00%	12.00%
300	11 800.83	12 160.67	12 534.55	12 923.06
500	19 668.05	20 267.78	20 890.91	21 538.44

若每月定投金额为300元,在8%的年收益率假设下,到期之后的总金额为12 160.67元,而初始成本为10 800元,收益率为12.60%。

(4)自动扣款,手续简单

大多数个人投资者都没有足够的时间和精力投资理财,基金定投只需投资者办理一次性的手续,此后每期的扣款申购均由系统按照约定自动进行。相比而言,如果单笔购买基金,就需要投资者每次都亲自到代销机构或在网上办理手续。因此定期定额投资基金也被称为"懒人理财术",充分体现了其简捷便利的优点。

2. 基金定投的主要缺点

(1)收益兑现慢,难以快速止损

基金定投是一种长期投资的理财方式,一般在约定期内投资者无法兑现收益或止损。一般基金定投的期限在三年左右,其间即使有盈利,投资者也不能赎回基金份额、兑现收益。若市场一直处于跌势,则投资者的基金资产也会一直缩水,投资者仍需不断投入资金,无法快速止损。

不过,现在有些银行和基金公司也为投资者设计了不同的止损方式,投资者在开始投资之前可向这些机构询问。

(2)基金定投要求较强的纪律性

基金定投是一项纪律性较强的投资行为,对于投资者来说,在到期之前,每月的定额支出是一项必不可少的支出,可能造成投资者的预算压力。若投资者临时需要支付较大数额的资金,可能出现捉襟见肘的状况。

三、定投应遵循的原则

1. 量力而行,合理确定每月投入金额

定投是一种日积月累、长期投资理财的方式,不在于每月投入很多,关键是要坚持长期投资才能发挥定投的优势。因此,投资者应针对自身的收入和支出情况,计算出每月可以省下的闲置资金,决定合理的投入金额。如果每月投入过多而不能在较长时间内坚持,致使定投几个月就需要赎回甚至停止定投,则不能发挥定投的财富积累效应。

2. 正确选择基金品种

定投的主要优势在于排除申购时机难以掌握的困扰,摊平成本,分散风险,由于货币型基金基本上不存在买进时机问题,随时可以买进,不必定投。债券型基金受股市涨跌的影响小,也不宜单独选作定投基金。股票型和混合型基金净值随股市涨跌波动大,更能发挥定投摊平成本和分散风险的作用,比较适合于定投。

3. 定投同样需要掌握恰当的时机

基金定投虽然固定扣款日期,但是也不能僵化理解为完全不需要选择入市的时间点。理想的开始时间应该是股市处于下降通道,但后市明显看好,不久就会"空翻多"之时。股票行情反复上升但又大幅波动,最适合定投。如果股市处于熊市,一般不宜开始定投,应该耐心观察。

基本面分析

模糊的正确好过精确的错误。

第五章

基本兩公社

证券投资分析中常用的分析方法主要有基本面分析和技术分析,本章我们探讨基本面分析,下一章我们探讨技术分析。

在进入本章的主题之前,有必要对基本面分析和技术分析做一个简单对比,使读者对这两种常用的分析方法有一个直观的了解。

基本面分析方法注重对证券发行者的经营状况、所处行业的发展状况及整体经济的景气度进行分析,最后形成对证券价值的评估。基本面分析方法常用的分析框架是至上而下,即依次是宏观经济面的分析、行业基本面的分析和个股基本面的分析。宏观经济基本面的分析,注重对整体经济的发展状况进行研究,关注的是宏观经济的运行状况,常见的指标包括GDP增速、消费增速、投资增速、进出口增速、通货膨胀率(CPI)、生产者购买指数(PPI)、基准利率、法定存款准备金率、货币政策、财政政策等,旨在描述和勾画总体经济的运行状况。一般而言,宏观经济数据较好的时候,会对资本市场形成较强的支撑;宏观经济数据较弱的时候,对资本市场而言是利空。在对宏观经济有了基本了解的前提下,再进行行业分析。行业分析注重不同行业的差异以及相同行业的共性。在宏观经济的框架之下,不同行业的行业政策、经营状况都不一样。例如,为了实现经济的转型,政府会选定一些新兴行业作为扶持的对象,在税收优惠、生产补贴等方面给予相关的政策;为了淘汰落后的产能和高污染行业,政府可能实施征收环境治理费、关停产能达不到规模的中小企业等措施。在确定了行业的基调之后,再对行业内的公司逐个进行生产经营层面的研究,预测企业未来的发展前景和盈利状况,在此基础上进行证券价格的评估。我们现在看到的各种研究报告,一般也是根据这种体系来进行分类的,即宏观经济报告、行业报告和个股报告。另外,还有策略报告,它介于宏观经济报告和行业报告之间,是基于对宏观经济和行业研究上所确定的应该投资哪些行业、应该规避哪些行业的报告。

技术分析则主要是通过观察证券价格在市场上的历史表现来预测它的未来走势。常用的观察指标包括K线图、成交量、移动平均线、KDJ线等。技术分析者认为,这些图形本身真实地记录了投资者的交易行为,这些交易行为又反映了投资者对于该证券价值的评估。股票的持续攀升,表明投资者认为股票被低估了,因此有上涨的空间。相反,股票的持续下跌,则表明投资者认为股票被高估，没有继续持有的理由了。在横盘期间的股票，没有明显的涨跌，表明投资者对于该股票的未来价值尚不明确，多空双方均没有动力发起进攻。技术分析的核心在于：技术图形将各种信息（包括宏观信息、行业信息、企业信息）都包含在其中了，即基本面的信息通过图形表现了。

　　基本面分析注重中长期的价值，而技术分析注重短期的价值。基本面分析从大的经济环境出发，分析各行业在具体经济周期发展阶段中的不同表现，进而具体落实到行业内的个股上，分析过程漫长，使用的数据也着眼于中长期（如季度、年度数据），对股票价值的判断也是着眼于中长期，而忽略短期的股价波动。技术分析则相反，注重短期的技术指标。例如，蜡烛图技术关注一根、两根或三根蜡烛线，均线技术关注蜡烛线与五日均线之间的关系等。

　　关于基本面分析和技术分析还有一个广泛的误解，即认为基本面分析是定性分析方法，而技术分析是定量分析方法。实际上，基本面分析和技术分析同时注重定性和定量分析。例如，基本面分析中的股票的估值方法，一般采用绝对估值方法和相对估值方法。绝对估值方法的理论基础是：股票的内在价值是将未来的股息折算成今天的价值来决定的。例如，假设某股票下一年的股息为1元，并预计以后每年都以10%的速度递增，投资者对于该企业的回报率要求为15%，则该股票的理论价格应为20元。如果现在该股票的二级市场价格低于20元，说明它被低估了；若现在该股票的二级市场价格高于20元，说明它被高估了。基本面分析的最终落脚点是在股票价值的估计上，在此过程中，行业数据、公司经营数据等都是重要的参考资料，公司的经营决策也需要进行量化，最终才能计算股票的内在价值，因此，基本面分析实际上使用了大量的定量分析。再来看技术分析，以蜡烛图为例。一个典型的反转形态是穿刺形态，它所描述的是这样一种情形：在经历了一波显著的下跌之后，股票出现一根大大的阴线，在阴线之后紧接着出现一根大大的阳线，并且阳线深深地刺入阴线之内。技术分析者对此的解读是：多头已经积聚起足够的反击力量，未来股票下跌的趋势可能停止。但是，很明显，这只是一种主观的猜测，有可能在接下来的一天，股票价格没有上涨而是继续下跌。那么这是不是意味着技术分析失效了呢？不是。技术分析也好，基本面分析也好，都基于一定的假设条件。一旦假设条件中的某项不正确或者不合理，就有可能对结果造成影响。基本面分析和技术分析只能提高投资成功的概率,而不能确保成功。投资本身就是一项有风险的行为,存在着亏损的可能性。关于技术分析,我们留待下一章讨论,下面我们将集中精力对基本面分析进行介绍。

本章共分为两节。第一节我们向读者介绍基本面分析的一般框架,以及基本面分析中常用的指标;第二节我们介绍在进行分级B基金投资时所用的基本面分析方法。

第一节　基本面分析的基本框架

本书并不打算对基本面分析进行全面而详细的讲解,这不是本书的任务。对此感兴趣的读者可以参考以下书籍:

A. John D. Stowe, Thomas R. Robinson, Jerald E. Pinto, Dennis W. Mcleavey: *Analysis of Equity Investments:Valuation*;

B. 中国证券业协会:证券投资分析。

这两本书中,第一本是高校大学生经常使用的教材,也是世界公认的比较成熟的投资学经典;第二本是中国内地证券从业资格证考试的指定教材之一。有兴趣的读者可以自行学习。

我们在比较基本面分析和技术分析时,对基本面分析的框架做过简单的说明。一般而言,基本面分析遵循从上至下的体系,依次对宏观经济、行业、策略和个股进行研究。中国内地的证券公司研究所所发布的研究报告,也基本上是按照这样的框架来进行。本节我们从上述的四个方面来解读基本面分析,着重关注每一个层级所关注的重点信息,以及一些关键指标之间的关系及对股市所造成的影响。

一、宏观经济基本面分析

首先我们来看看几篇宏观经济报告的标题:

(1)联讯证券:2014年四季度宏观经济展望:平陡之变,2014年9月30日;

(2)招商证券:2014年9月份宏观经济数据预测:经济运行企稳,通胀转向通缩,2014年9月30日;

(3)华泰证券:2014年第三季度宏观季报:短周期见底,长周期继续调整,2014年9月30日。

从上面这些研究报告的标题,我们即可以大概地知道:宏观经济研究关注的是整体经济的运行状况。股市被称为经济的晴雨表,即股市的表现是对经济运行的一种反映,所以研究宏观经济运行,一方面可以解释过去股市的运行,另一方面可以对下一阶段股市的走势进行预测。构成股市的个股,多多少少都会受到整体市场的影响,因此对宏观经济研究是研究股票的基石。

宏观经济的运行又是通过一些关键的经济指标来反映的,本节的余下部分我们将对这些经济指标进行解读——在此方面受过专业训练的读者可以略过这个部分。这些指标主要包括:GDP增长率、CPI、PPI、PMI、社会消费、固定资产投资、进出口、工业增加值、M2、新增贷款、存款准备金率、人民币汇率等。

1. GDP增长率、社会消费、固定资产投资和进出口

GDP是Gross Demostic Products的首字母组合,意思是国内生产总值,即在一定时期内(通常是1年)一国或地区的经济中所生产出的全部最终产品和劳务的价值,常常被认为是衡量一国或地区经济状况的最佳的和最重要的指标。它既包括境内本国居民所创造的价值,也包括境内外国居民所创造的价值,但是不包括境外本国居民所创造的价值。一般使用GDP的增长率来衡量一个国家或地区的经济活力。图5.1是中国内地从1995年第三季度至2014年第二季度共19年的GDP增长率情况。

在这19年中,中国的GDP增速保持了一个较高的水准,平均达到9.71%。不过近年来,特别是2012年以来经济增速明显放缓,GDP增长率均在8%以下(见表5.1)。

资料来源：Wind 资讯。

图 5.1　1994 年第 3 季度～2014 年第 2 季度中国 GDP 增速示意

表 5.1　　　　　　　　　　2012 年以来 GDP 增速

日　　期	季度同比（%）
2012 年第一季度	7.9
2012 年第二季度	7.4
2012 年第三季度	7.3
2012 年第四季度	7.9
2013 年第一季度	7.7
2013 年第二季度	7.5
2013 年第三季度	7.8
2013 年第四季度	7.7
2014 年第一季度	7.4
2014 年第二季度	7.5

资料来源：Wind 资讯。

经济放缓的结果是，市场预期企业的盈利状况会变差，反映到股市上，则是股市的低迷。实际上，2012～2014 年上半年都在较低的水平上徘徊（见图 5.2）。

资料来源：Wind 资讯。

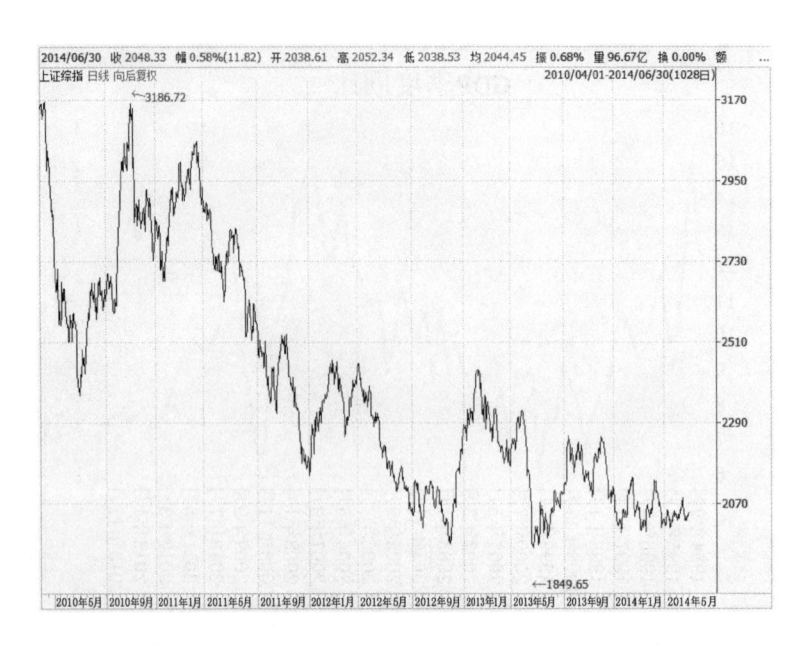

图 5.2　近年来上证综合指数(证券代码：000001)走势

可以看出，GDP 的增速趋势（注意，是增速趋势，而不是增速。若以增速来看，即使是 7% 的水平，在世界上也是首屈一指的）与股市的走势呈现正相关的关系。经历过 2006～2008 年牛熊大转换的投资者一定对这几年的股市走势记忆犹新。2006 年，股市从 1 000 点左右启动，最高涨到了 2007 年 9 月份的 6 000 点，这段时期也是 GDP 增速到达顶峰的时期；随后，2007 年 10 月～2008 年，上证综合指数从 6 000 多点下跌至 1 600 多点，这段时期 GDP 增速也由顶峰降至 7% 以下的低点。

前面我们已经说过，GDP 是一个国家或地区经济中所生产的全部最终产品和劳务的价值，这些产品和劳务最终用于三个方面：消费、投资和净出口（等于出口减去进口），所以一般认为 GDP 就是由这三个部分构成（有些经济学家也将政府支出单列出来）。因此，不仅需要从整体上来看待 GDP，也要从其构成来看待。实际上，在 GDP 增速保持小范围波动的时候，GDP 的构成可能会发生变化，这种变化反映在市场上，则是不同板块的不同表现。例如，在 2009 年，上述三个构成部分对于 GDP 增长的贡献明显不同于接下来的几年。2009 年是一个极为特殊的年份,这一年世界范围内的经济危机方兴未艾,各国都采取措施试图提振本国经济。在这一年,投资对于经济的贡献度占比极高,而净出口对于经济的贡献是负值(见图5.3)。

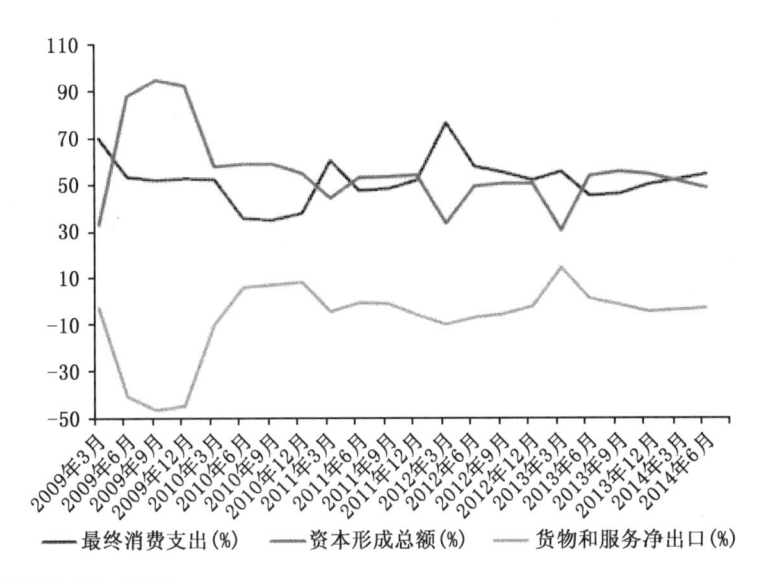

资料来源:Wind资讯。

图5.3 GDP三大构成部分对GDP增速的贡献度

造成上述结果的逻辑简而言之是:为了提振经济,各国都采取或明或暗的贸易保护主义,尽量扩大出口和减少进口。中国是一个出口型国家,对世界市场的依赖较强,结果在这种形势下,出口大减,长期以来的贸易顺差(出口大于进口)发生逆转,变为贸易逆差(进口大于出口),净出口对于经济的贡献度呈现负值。反映到经济中,是大量的出口型企业经营困难,甚至出现老板关门跑路的情况;反映到股市上,就是出口外向型企业的股票表现低迷。另一方面,由政府主导的投资急速发展,2008年政府推出了4万亿元的经济刺激方案。由于投资,特别是政府投资的见效快,所以立马取得立竿见影的效果。现在中国遍布全国的高铁网络就是在这个时期兴建的。反映到经济中,就是房地产、铁路、基础建设的大发展;反映到股市中,就是这些板块的上涨。

因此,分析GDP及其构成部分的变化(这些数据每个季度发布一次),对于发掘市场投资机会非常重要。

2. PMI、工业增加值

PMI 是 Purchasing Managers' Index 的首字母组合，意思是采购经理人指数，是指对采购经理的调查汇总得出来的指数，反映的是经济的发展状况。一般认为，PMI 大于 50 说明经济在发展期；PMI 小于 50 说明经济在衰退期。PMI 又分为制造业 PMI 和服务业（非制造业）PMI，两者合成综合 PMI。目前世界上已经有 20 多个国家和地区建立了 PMI 指数体系，用以监控一国或地区的生产景气度。

PMI 指数一般每月公布，图 5.4 显示的是 2008~2013 年中国制造业 PMI 指数和非制造业 PMI 指数的走势。

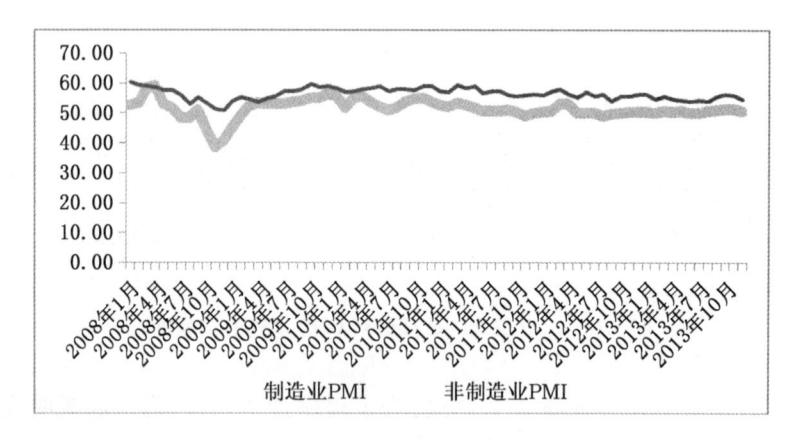

资料来源：东方财富网。

图 5.4　2008~2013 年中国制造业 PMI 和非制造业 PMI 指数走势

由图 5.4 可知：在 2012 年之前，制造业和非制造业的 PMI 指数的波动幅度都较大，在此之后两个指数的走势都相对平稳。值得注意的是，2012 年以后，制造业的 PMI 指数一直在 50 的枯荣线附近徘徊，表明制造业的发展令人担忧。

通常而言，PMI 指数的走势与 GDP 增速对股市的影响一样，呈现正相关的关系，即 PMI 指数上升时会提振股市，反之则会对股市形成利空。

与 PMI 指数相类似的另外一个指标是工业增加值。工业增加值是指工业企业在一定时期内以货币形式表现的工业生产活动的最终成果，它与 GDP 一样，都是反映经济产出量的重要经济指标。

工业增加值一般每月公布。图5.5显示的是2000年以来的中国工业增加值的月度同比增长率。

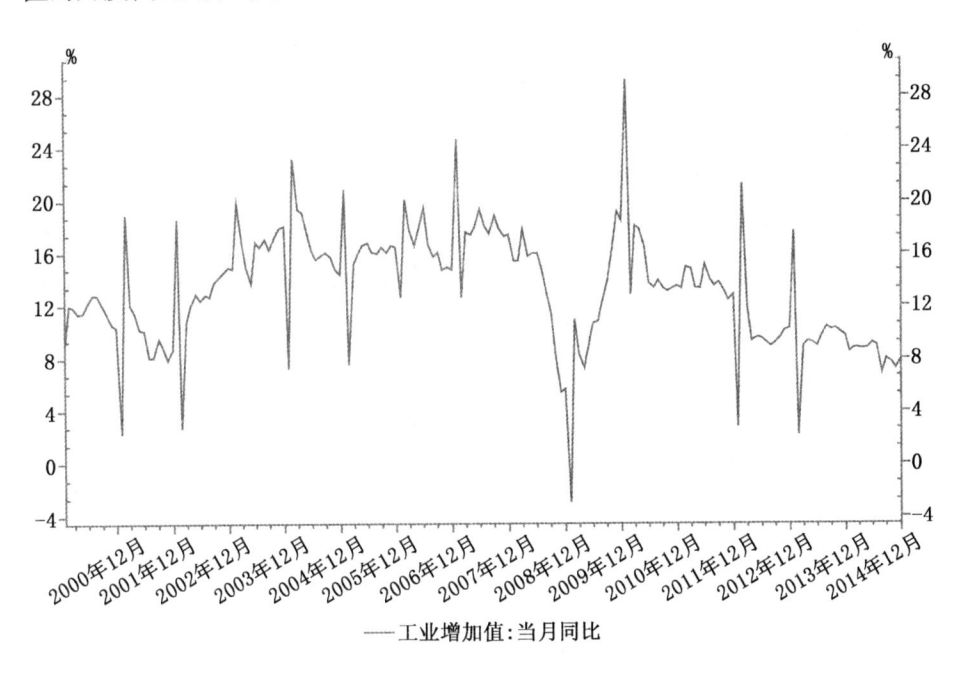

资料来源：Wind资讯。
图5.5　2000年以来的中国工业增加值的月度同比增长率

从图5.5可以看出，中国工业增加值的变化幅度非常大，高的时候同比增长达到20%以上，低的时候低于3%。2012年以来，中国工业增长值的增速有所放缓。

与GDP增速、PMI指数变化一样，工业增加值增速对于股市的影响一样，也呈现正相关的关系。

我们上述讨论的三个主要经济指标：GDP增速、PMI指数和工业增加值增速，是宏观经济状况最为重要的经济指标，它们都是反映一个国家或地区经济景气程度的最重要指标，它们对于股市的影响也具有系统性的影响，也就是说，这些指标的变化会对大部分股票甚至整个市场的走势产生影响。

3. PPI、CPI

PPI和CPI是两个反映物价水平的指标。

PPI是Producer Price Index的首字母组合，意思是生产者物价指数；CPI

是 Consumer Price Index 的首字母组合，意思是消费者物价指数。PPI 衡量的是产品原材料的价格变化，CPI 衡量的是终端产品的价格变化，它们分别处于产品的前端和后端，其中，PPI 对于 CPI 有传导作用。

一般而言，PPI 上升表明生产产品的原材料价格上涨，如果上涨幅度过大，生产者必然会将成本的上升转嫁给产品的消费者，方式是对产品涨价；因此在消费端，价格也会上涨。举个简单的例子：化肥是稻米生长的原材料，化肥价格的上涨属于 PPI 的上涨，其结果是稻米的生产成本增加，稻米的售价也有可能因此上升——这就是 CPI 的上升。注意：我们所使用的是"可能上升"，而不是"一定会上升"，因为其中还有消费者的需求弹性问题在里面。需求弹性是经济学的基础概念之一，有兴趣的读者可以从经济学的入门教材中读到。

PPI 和 CPI 数据也是每月公布，图 5.6 显示的是自 2006 年年中以来 CPI 和 PPI 的同比和环比走势图。

资料来源：Wind 资讯。

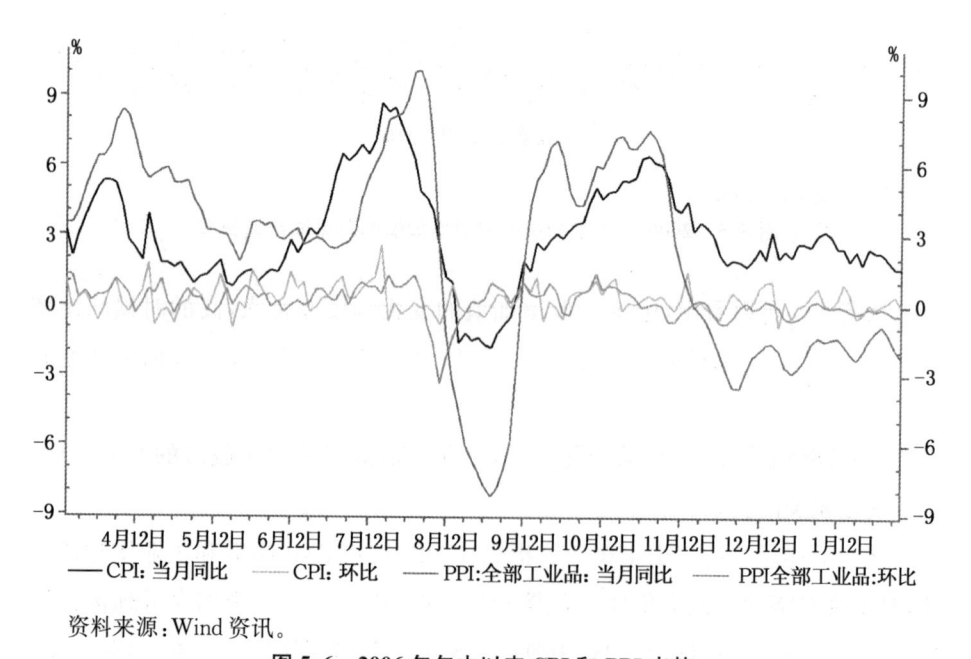

图 5.6　2006 年年中以来 CPI 和 PPI 走势

PPI 和 CPI 对股市的影响，有直接影响和间接影响。

PPI 和 CPI 对于股市的直接影响主要体现在：处于从生产到消费这条链条上的不同产业会受益或受害于价格的变化。我们以三个行业为例：铁矿石、钢铁和汽车。这三个产业中,铁矿石是钢铁的原材料,钢铁是汽车的原材料。若铁矿石涨价,那么对于铁矿石挖掘和采选的公司来说,其产品的售价上升,盈利状况变好,会对其股价有提振作用;对于钢铁和汽车行业来说,原材料的成本上升了,如果它们不能成功地将成本的上升转嫁给产品的消费者,那么盈利状况会变差,其股价会受到抑制。所以,价格水平的变化对于不同的行业的影响是不一样的。一般而言,受CPI和PPI影响较大的行业是制造业,服务业所受影响相对较小。

PPI和CPI对股市的间接影响主要是通过政策的传导作用来实现的。国家的宏观经济目标有三个:一是经济增长(用GDP增速等指标衡量),二是物价水平稳定(用CPI同比变化等指标衡量),三是币值稳定(用汇率等指标来衡量)。国家的宏观经济政策是为这三个经济目标服务的,一旦CPI走势较为异常(大幅走高,称为"通货膨胀";或大幅走低,称为"通货紧缩"),都会对实体经济和居民生活造成影响。例如,2008年冬天的雪灾造成农作物歉收和物流不畅,中国大部分地区的农产品价格大幅上升,粮食、食用油等生活必需品的价格也出现较大幅度的上涨,使居民普遍地感受到物价上涨所带来的压力。为了缓解这种局势,就需要政府政策来进行对冲。在实际运用中,最为引人关注的就是货币政策对于通货膨胀率的对冲作用。为了了解这种政策的影响,我们有必要将其中的作用机制做一个简单的说明。

商品价格的形成和变化,是一个比较复杂的问题。为了使问题简化,我们假设这样一种情形:突然之间每个人手中的货币增加一倍,商品价格会有什么变化?理论上,所有商品的价格都会翻倍。也就是说,商品的价格虽然受到诸多因素的影响,但是其中最重要的一个还是货币的供应量。货币越多,用货币标示的价格就越高。那么反过来,为了将高价格降低,所采取的措施应该就是减少货币。减少货币的方法就是提高利率。为什么呢?简单地说,利率实际上是资金的成本(利率上升,银行存款的利息会上升,也就是资金的成本上升了。对于存款客户来说,则是利息收入增加了),利率上升会吸引资金进入存款,那么流通中的货币量就会减少;同时,利率上升会增加借款企业的负担,银行的贷款就会减少,社会中的投资活动就会减少,经济产出就会受到抑制。通过这种作用,流通中的货币数量减少,而商品数量保持不变,因此用货币标示的商品价格就降低了。股市也一样,由于货币量的减少,股票价格会受到压制。这个过程的机制是：

CPI 上升，导致货币政策收紧的预期，导致股市受压。

货币政策收紧的手段包括：提高基准利率、提高法定存款准备金率、在银行间市场发行中央银行票据、减少信贷投放等。

所以，总体来说，CPI 上升以及由此产生的一系列政策对于股市而言基本上都是利空的。反过来，若 CPI 在一个比较温和的水平内，宏观经济政策可能会出现投放货币以刺激经济的政策，对于股市形成利好。所以，很多时候，经济增长与物价水平稳定是坐在跷跷板两边的敌手，宏观经济政策的任务就是在它们之间维持微妙的平衡。

4. M2、新增贷款、存款准备金率

这三个都是与货币量相关的指标。关于货币量与股市之间的关系，我们已经在前面论述 CPI 与股市之间的关系时做了简要的介绍。

M2 是广义货币。为了不给读者，特别是非经济金融类专业的读者增加负担，我们不去深究什么是广义货币、狭义货币等这些概念。M2 增速是我们用来观测货币量的一个指标。因为经济在发展之中，经济产品在增加，货币量也必须相应增加，才能维持物价水平的相对稳定。通过观察和对比 M2 增速和经济增速，我们可以推断出实际货币量增加还是减少了。例如，若经济增长的速度为 5%，而 M2 的增长速度为 10%，那么就是说货币供应量超过了经济增长速度，一般会引起物价上涨；反过来，若经济增长速度为 5%，而 M2 增速为 3%，那么就是货币供应不足，物价水平会下降。

图 5.7 显示的是 2006 年年中以来的 M2 供应量以及同比增速。

M2 指标的重点在于增速，而不是绝对量。在 M2 增速过高的时候，可以看作是对股市的利好，反之则是利空。

新增贷款是指银行等金融机构发放的贷款，是金融体系向经济体系中注入货币的指标。新增贷款增加是货币量增加的信号，反之则是货币量减少的指标。图 5.8 显示的是 2009 年三季度以来金融机构新增的人民币存贷款当月值。

存款准备金率是指银行在吸收存款之后，为了应付客户的取款以及银行自身的日常运营，需要将一定比例的资金存入中央银行。若存款准备金率为

资料来源:Wind 资讯。

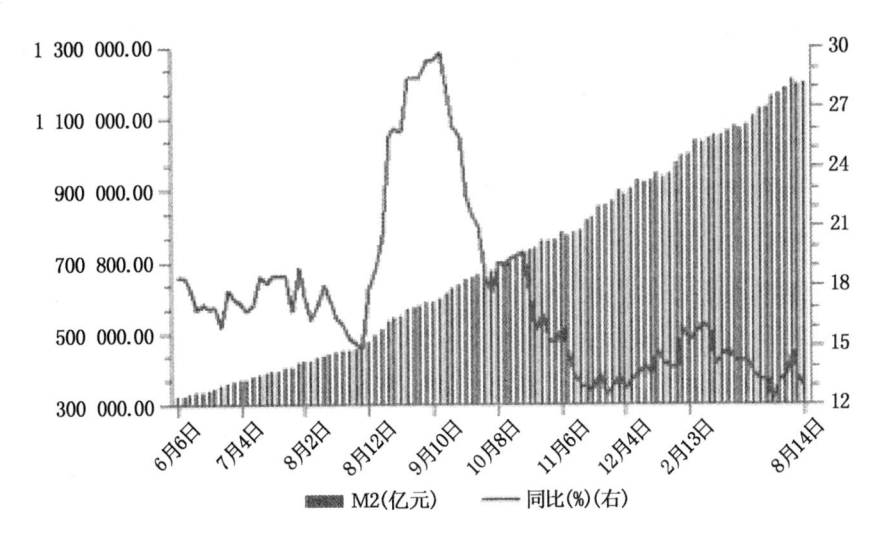

图 5.7　2006 年年中以来的 M2 供应量以及同比增速

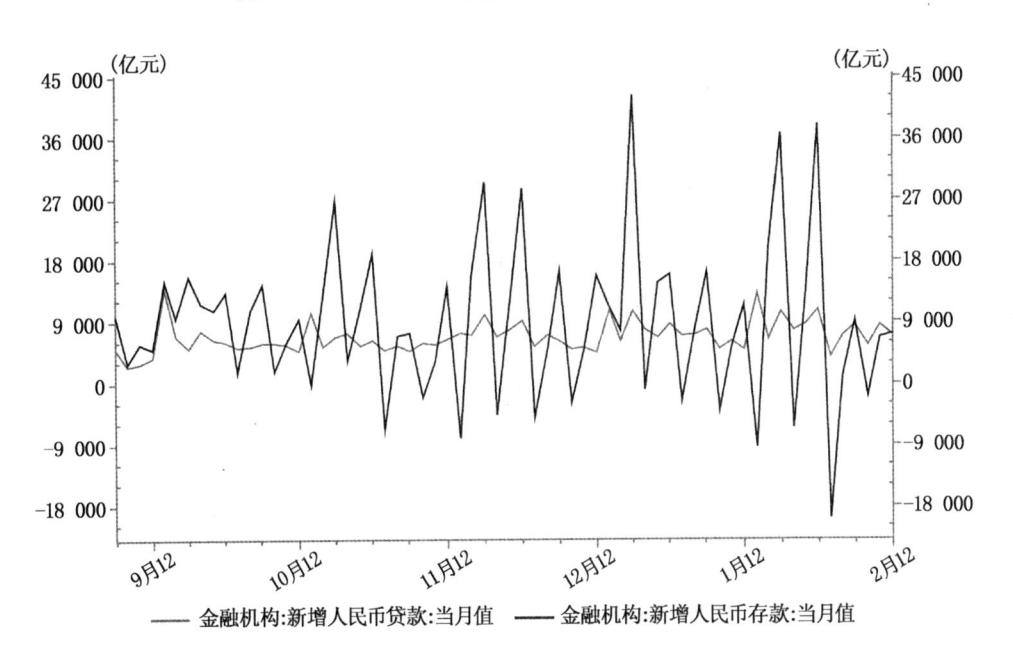

资料来源:Wind 资讯。

图 5.8　2009 年三季度以来金融机构新增的人民币存贷款当月值

20%,则表示银行需要将存款的 20% 存入中央银行,剩余的 80% 才可以用于发放贷款、投资等用途。因此,法定存款准备金的下调增加了经济中的货币量,对股市形成利好；反之则是利空。表5.9显示的是2007年以来中国存款准备金率的变化趋势。

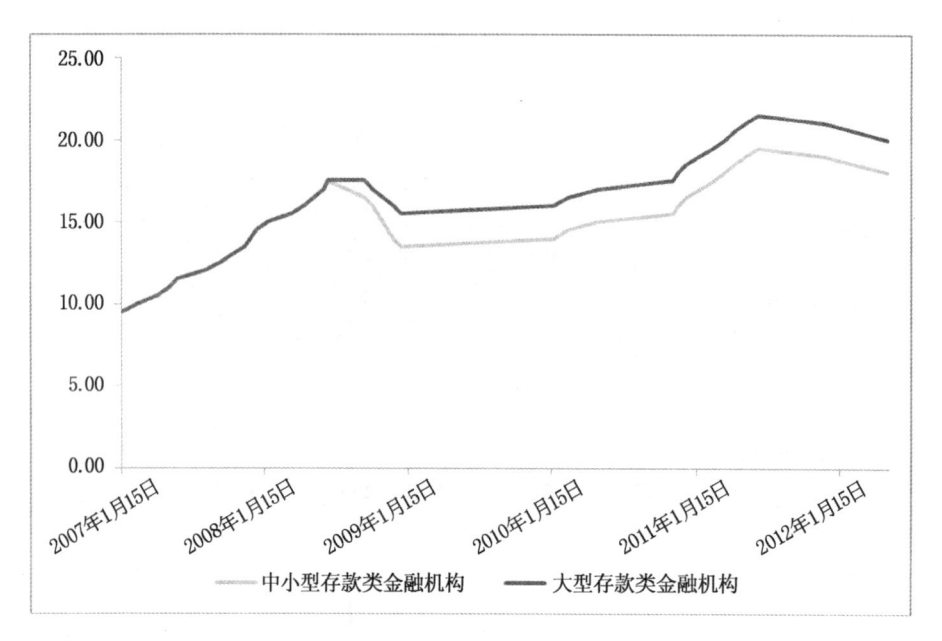

资料来源：东方财富网。

图5.9 2007年以来中国金融机构存款准备金率走势

注意，中央银行对于大型金融机构和中小型金融机构的存款准备金率要求可以是不同的，通过这种差别化的政策，央行可以更加精准地把握资金的投放量。

5. 人民币汇率

汇率是货币之间的比价。总体来说，人民币汇率对于中国股市的影响比较模糊，不存在明确的正向或反向关系。但是，汇率的变化对于不同的行业影响不同。在说明这些影响之前，我们先来简要说明货币的升值与贬值。

假设人民币兑美元的汇率是1美元兑换6元人民币；一个月之后，若1美元能够兑换7元人民币，我们来看看这意味着什么。首先，是人民币的贬值和美元的升值，因为1美元能够兑换更多的人民币（反过来，一定金额的人民币能够兑换的美元金额减少了）；其次，对于中国的出口企业来讲，假设其商品出口到美国，并以美元标价在美国市场上销售。它的商品在美国市场上卖1美元，原来可以兑换成6元人民币，现在却可以兑换成7元人民币。因此，对于出口商来说，本币贬值是利好消息。对于进口商来说，则是利空。假设它进口的商品标价为 1 美元，原先只需要支付 6 元人民币就可以了，但是现在需要支付 7 元，所以本币贬值是对进口商不利的。这是微观的案例，如果从宏观层面上来看，那么结论就变成了：本币贬值有利于本国的出口，而不利于本国的进口。因此，在国际贸易中，货币贬值成为各国改变贸易逆差的一种常见手段。图 5.10 显示的是 2005 年以来美元兑人民币的汇率中间价。

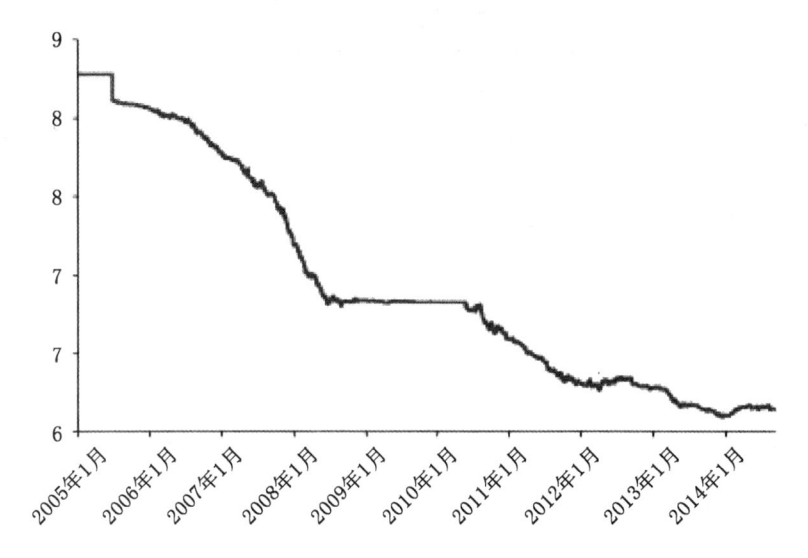

资料来源：Wind 资讯。

图 5.10　2005 年以来美元人民币汇率走势

　　汇率的变动对于外贸型公司（不论是出口还是进口）都有比较显著的影响。同时，它对资产负债表中资产与负债不是同一种货币的公司影响也很大，比如航空公司。中国国内的航空公司（如国航、南航、东航等）所使用的飞机大部分是由美国的波音公司和欧洲的空中客车公司制造，它们在购买飞机时往往会使用美元或欧元贷款。人民币升值则意味着兑换一定数量的美元或欧元所需的人民币更少，因此以美元或欧元标示的负债会减少，对于航空公司来说是利好；反之，人民币贬值对于航空公司来说是利空。

　　但是，对于汇率的预测是十分困难的。一般认为，汇率不仅仅是经济变量，也与国际政治局势紧密联系。

　　上面我们对于常用的宏观经济指标进行了简要的介绍，以及它们的变化对于股市的影响。股市是信息战的战场,对于信息的反应将会越来越迅速、越来越灵敏。在理想的情况下,如果股市对于所有的信息(包括公开信息和非公开信息)能够及时和正确地反应,那么这种市场就是有效市场。这时,任何的基本面分析都是无用的(因为股价已经反映了基本面的信息),只需要观察股市的走势就可以了。在进入下一个讨论之前,我们对上面的宏观经济指标做一个简单的归纳(见表5.2)。

表5.2　　　　　　　　　　主要宏观经济指标

指标	201510F*	201510	201509	201508	201507	201506
GDP:累计(%)			6.90			7.00
GDP:当季(%)			6.90			7.00
CPI(%)	1.40	1.30	1.60	2.00	1.60	1.40
PPI(%)	−5.90	−5.90	−5.90	−5.90	−5.40	−4.80
社会消费品零售(%)	10.80	11.00	10.90	10.80	10.50	10.60
工业增加值(%)	5.70	5.60	5.70	6.10	6.00	6.80
出口(%)	−3.80	−6.90	−3.70	−5.50	−8.30	2.80
进口(%)	−15.60	−18.80	−20.40	−13.80	−8.10	−6.10
贸易顺差(亿美元)	638.30	616.40	603.40	602.40	430.30	465.40
固定资产投资:累计(%)	10.10	10.20	10.30	10.90	11.20	11.40
M2(%)	13.20	13.50	13.10	13.30	13.30	11.80
人民币贷款(%)	15.50	15.40	15.40	15.40	15.50	13.40
人民币贷款:新增(亿元)	7 631.30	5 136.00	10 504.00	8 096.00	14 800.00	12 806.00
美元/人民币	6.40	6.35	6.36	6.39	6.12	6.11
1年期存款利率(%)	1.75	1.50	1.75	1.75	2.00	2.00
1年期贷款利率(%)		4.35	4.35	4.60	4.85	4.85

注:* 201510F表示2015年10月份的预测值。

资料来源:Wind资讯。

实际上,在上述这些指标公布的当日,市场都会有所反应。在极端的时候,数据公布之前,市场处于观望的状况,交投并不活跃;数据公布之后,市场可能立即会做出反应,成交量也随之放大。所以,一般认为,这些关键指标的公布日是股市比较敏感的时候,保守的投资者可以暂时空仓,等到数据发布之后再来重新配置;激进的投资者往往会对数据进行预测,并根据预测结果提前调整好仓位。

关于宏观经济的基本面分析我们就到此结束。上面的介绍虽然简单,但是却是基本面分析中最为基础和核心的内容。对此感兴趣的读者可以此为中心点,逐步加深对上述经济指标的理解,以及它们之间的相互关联和对市场的影响。

二、行业基本面分析

我们还是先来看看一些行业研究报告的标题:

(1)民生证券:计算机行业周报:三季报预告重点公司多数符合预期,2014年10月20日

(2)申银万国:交通运输:重回"转型"和"改革",2014年10月20日

(3)中信证券:环保:环保大检查+新法组合拳深化工业治污,2014年10月20日

一般来说,行业的基本面分析主要关注的是:

第一,行业在整体国民经济中的地位及变化。现代社会的发展基于细致的社会分工,从最初的原材料到最终的产成品,中间环节可能非常多,流程非常长,在这个链条上有许许多多不同的行业和上市公司。图 5.11 显示的是 Wind 资讯根据不同行业之间的地位梳理出来的上中下游以及服务与支撑行业的关系图。

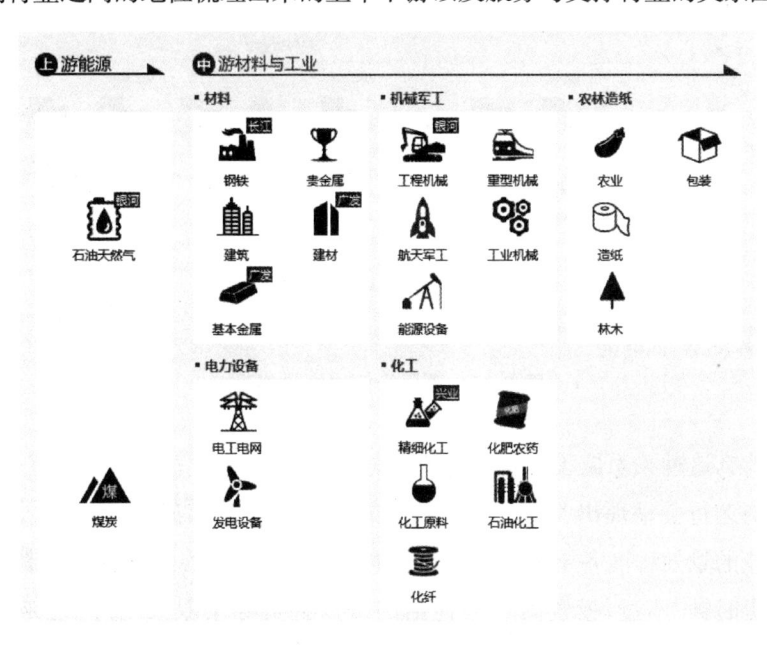

资料来源：Wind 资讯。

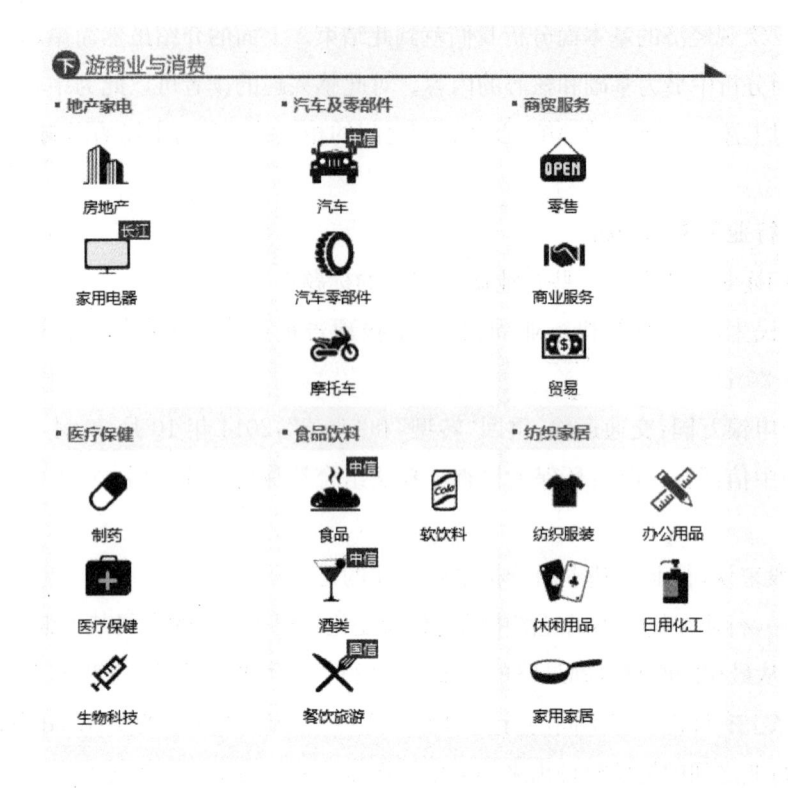

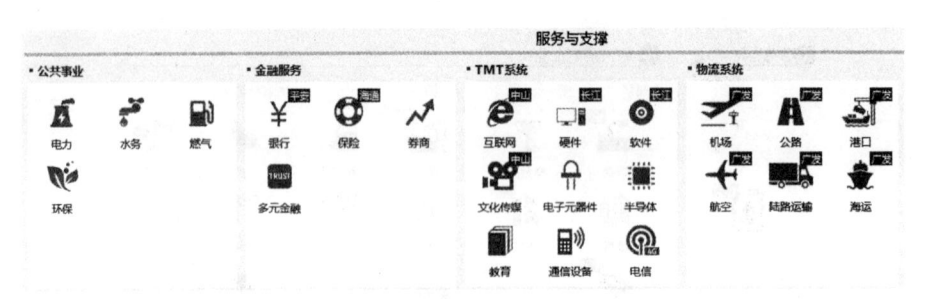

图 5.11　不同行业的位置关系

为什么这种关系位置图至关重要？

经济运行会呈现出"繁荣—衰退—萧条—复苏"这样的周期，在不同阶段，不同行业的景气程度各不相同。根据这样的思路，美国的美林证券编制出了著名的投资时钟[不过，投资时钟中包括的资产种类除了股票之外，还纳入了商品、货币市场工具等投资工具（见图 5.12）]。

资料来源：Wind 资讯。

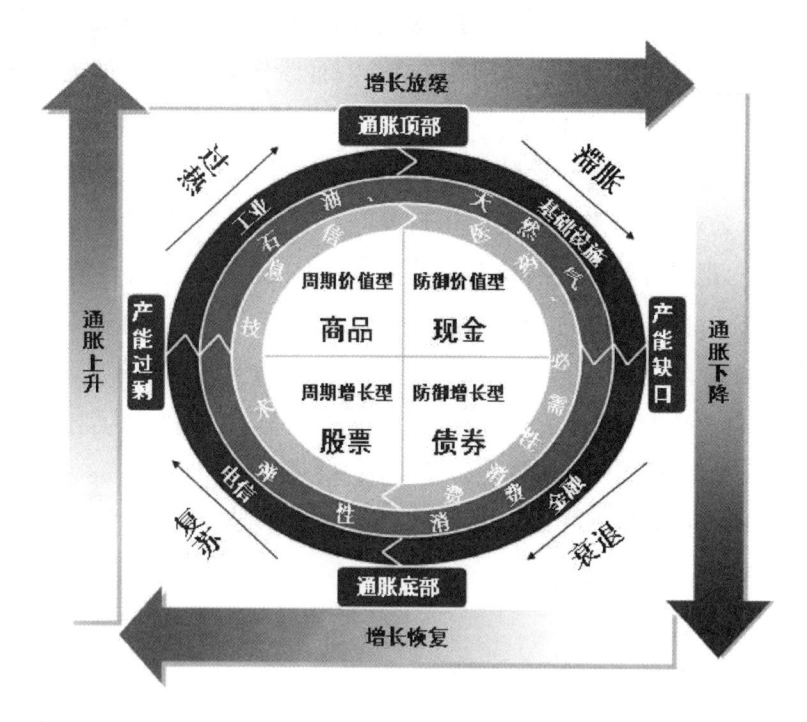

图 5.12　美林证券的投资时钟

美林证券的投资时钟是从一个更为宏观的角度将宏观经济的表现与投资品种联系起来，我们所做的将行业进行上中下游支撑和服务的工作，也是基于同样的想法。

例如，在经济不景气的时候，经济产出总体来说是下降的，消费者的消费也受到压制，为了刺激经济的发展，政府往往会加大基础设施的投资。以 2008 年的中国为例，由于受到国际金融危机的冲击，中国的经济发展也陷入了困境，通货膨胀水平也在高位运行，为了实现经济的软着陆，中央政府推出了 4 万亿元的经济刺激计划。反映在行业上，虽然下游行业以及部分中游行业受到压制，但是像铁路建设、城市轨道交通、公共基础设施等上中游的建设却大规模开展（那几年最受欢迎的股票包括中国南车、中国北车等高铁相关股票）。

从宏观的角度将宏观经济与行业分析相结合的做法，被称为策略分析。这是行业分析的第一个关键点。

第二，行业的整体盈利状况。实际上这是某一行业在整体经济中发展景气度的最直接反映。同一个行业中的多家公司在经营方式和经营成果上各有差别,但是它们也呈现出一定的共同性。在全行业景气的情况下,的确会有一些公司的经营状况比不上其他公司,但是由于整个行业的景气度较高,这些公司多少也会受到关注;在全行业都不景气的情况下,也有一些公司经营状况比大部分同行业公司好,但是也不免会受到投资者的回避。在阅读行业研究报告时,从总体上把握行业的盈利状况至关重要。即便这些股票并没有太大的涨幅,但是由于有良好业绩的支撑,其大幅下跌的风险也较小。对于一些行业亏损的股票,则要防止其突然大幅下跌。

第三,行业政策。政策是引导行业发展的领航员,对于扶持的行业,往往伴随着税收优惠等措施;对于遏制的行业,往往伴随着税收的加重。例如,国家对于钢铁等产能过剩、污染严重的企业采取的措施就是限制;而对于环保、高科技等新兴产业则采取扶持措施。

三、个股分析

个股分析是股票投资的最后落脚点,个股也是构成基金的成分,但是本文并不打算对个股的基本面分析深入展开。我们所投资的分级基金主要是股票指数型基金,它们都紧盯一些特定的指数(市场风格指数或行业指数),而这些指数的成分股的变动并不频繁,因此在一定时期内指数的成分构成是相对固定的。而且,指数投资本身就是一种消极的投资策略,不管市场的表现如何,指数基金的成分也不会出现太大的变化。由于基金是分散化的投资组合,单个证券的非系统性风险已经被充分分散,只需要关注宏观信息和行业信息就已经足够。

第二节　基金投资中的基本面分析方法

以上我们对股票市场投资的基本面分析框架做了简要的介绍,对个券的分析做了忽略的处理,尽可能地只讲解最必要和最有用的知识,作为我们投资基金的依据。

基金是一揽子证券的组合。在前面的章节中,我们构建了我们的基金池,入围的基金主要是股票型指数基金,所以我们分析的重点也主要集中于股票市场,但是下面所要介绍的方法也可以广泛运用于其他市场。实际上,下面要介绍的这个方法是我们从外汇投资者那里学来的。

个人投资者不可能像机构投资者一样,对经济、金融及行业形势做深入的研究和分析,但是得益于信息技术的发达,他们依旧可以利用专业机构的研究成果,作为投资决策的参考,当然,前提是这些投资者必须具备一定的理论基础和知识框架(这正是我们在本章第一节中所进行的工作)。基金投资的一个好处,就是只需要关注宏观经济及行业层级的信息就可以,而不必过分关注个券信息,所追求的是股市及行业的整体性机会。一般而言,股指上涨的时候,大部分股票都会上涨;某一个行业处于景气度高的阶段,行业内的股票也会有不错的表现。因此,通过对宏观经济变量及行业信息的收集和评估,我们可以判断出股市的大体走势。

我们所使用的基本面分析方法称为跷跷板分析法。

一个跷跷板中间有一个支点,两边是比赛的对手。我们借用这个形象的工具来整理我们所有可以获得的信息。

市场上每天都会流传出大量经济、金融、产业、公司信息,投资者需要将这些信息加以收集和处理。一般来说,这些信息对于股票市场的影响有三种:利好、中性和利空。我们把所有利好的消息罗列在跷跷板的左边,把所有利空的消息罗列在跷跷板的右边,所有中性的消息忽略(见图 5.13)。当然,对于同样

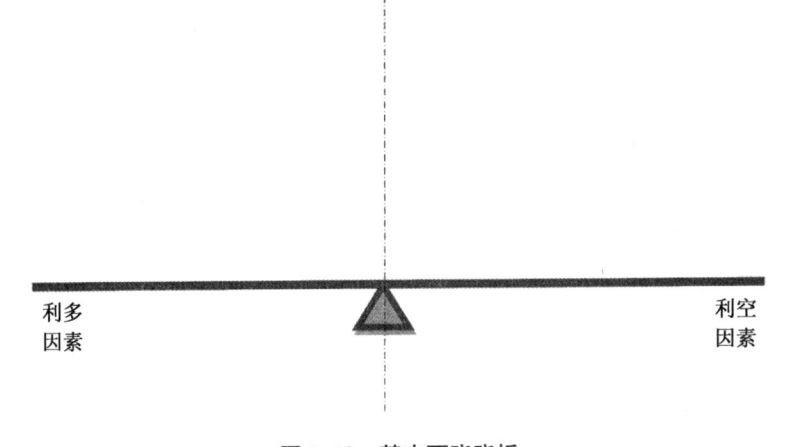

图 5.13 基本面跷跷板

的信息，不同的投资者可能会有不同的解读，甚至会出现相反的结论。例如，若CPI数据持续走高，有的投资者会认为货币超发，对股市是利好；有的投资者则认为CPI持续走高会伤害经济发展，政府会出台紧缩政策来抑制通货膨胀，因此对股市是利空。所以，对于信息的解读，是一项主观性很强的工作，并且投资者的观点各异。这样，在市场中，总会有人看多，有人看空，于是市场交易就活跃起来。我们此处所讲的跷跷板分析法只是提供一种方法，不同投资者所构建的跷跷板也会有所不同。

投资者需要做很多个这样的跷跷板（我自己的跷跷板就有几十个），整体A股、创业板、中小板等板块，以及环保、军工、证券、房地产、医药等行业，都要建立单独的跷跷板。这样，面对浩如烟海的大量信息，投资者只需要在快速阅读之后做出判断，然后加到跷跷板上相应的位置即可。例如，2014年11月21日，央行宣布降息。这条消息，对于整个股市都是一个利好，因此我们将它记在"A股市场"的跷跷板的利多因素一边；同时，降息对于证券、保险、有色、资源等行业有直接而重大的影响，我们将这条信息分别记在这些行业所对应的跷跷板上的相应位置。

我们使用这个简单实用的方法来收集、整理和评估信息，将它们分别记入它们应该去的地方，就有了一张详尽的多空力量跷跷板对比图，通过对利多因素和利空因素的权衡，再来做出投资决策——这比大多数个人投资者对信息的反馈要科学和系统得多。大多数个人投资者对于信息的收集和解读是片面的，他们可能因为一条突然出现的信息而进行交易，忽视了其他因素的影响。例如，在市场不景气的时候，突然出现一条利好消息，投资者可能就据此买入了，而忽略了整体市场不景气这个大背景，投资就可能遭受损失。

长期的实践证明，我们这种跷跷板分析法对投资者从事基本面分析工作大有裨益，读者可以尝试为之。

技术分析

仁者见仁，智者见智。

第六章

市面上关于股票市场和期货市场技术分析的书籍不计其数,因此我并不打算在本书中再对这些内容进行重复。我自己经常阅读的技术分析书籍主要是以下三本:

(1)John J. Murphy:*Technical Analysis of the Financial Markets*;

(2)Steve Nison:*Japanese Candlestick Charting Techniques*;

(3)Steve Nison:*Beyond Candlesticks*。

这三本书中,第一本是西方技术分析的经典之作,也是国内投资者阅读和学习比较常用的教科书。其中介绍的技术,不仅可以应用于股票市场,也可应用于期货市场——实际上,这本书写作的初衷,是首先适用于期货市场,而后人们发现它也可以应用于股票市场。例如,书中专门辟出章节来讲解 open interest(未平仓合约数),这个概念是期货市场特有的,股票市场并不存在。本章中的举例均以股票为例,这些原理和应用可以毫无障碍地应用于其他资产(包括公募基金)的投资。第二本和第三本是西方人对古老东方(日本)技术分析的现代阐释。蜡烛图如今被广泛地应用于世界各地的金融市场,我们所常见的K线图就是用蜡烛图来表现的(见图6.1)。

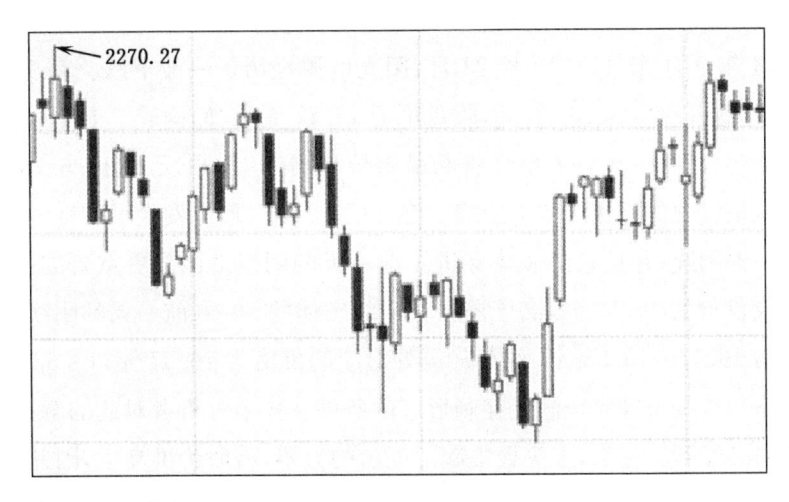

资料来源:Wind 资讯。

图 6.1 蜡烛图

日本人从这些蜡烛图的形状以及与它之前和之后的一系列蜡烛图中来推测市场投资者的心理状态,并根据这种推测来进行交易。举例来说,有一种底部反弹的形态叫做穿刺形态(piercing pattern),它出现在这样的市场环境中：(1)市场经历了比较明显的下跌过程；(2)在一根大阴线之后,紧接着一根阳线,这个阳线必须显著地从下至上刺进阴线的实体之内；(3)并且阳线的收盘价应该处于大阴线实体部分的50%以上(见图6.2)。

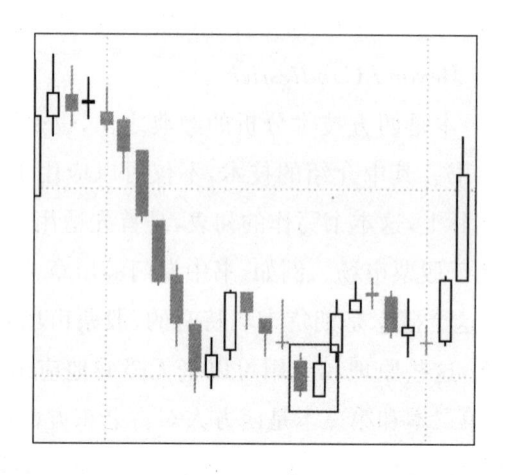

资料来源：Wind 资讯。

图 6.2　穿刺形态(阳光电源：300274)

2014年9月25日～10月23日,阳光电源经历了一波下跌。在10月23日,阳光电源开盘价为16.55元,收盘价为16.17元,它们构成了上图中这个蜡烛的实体部分；同一天它的最低价和最高价分别为16.11元和16.65元,它们分别是这根蜡烛的下影线和上影线。在10月24日,形势发生了转变。这一天出现了一根阳线,并且它的实体穿进了前一天的阴线之内。更重要的是,这根阳线的收盘价为16.52元,高于前一天阴线实体的50%(前一天的阴线实体价格区间为16.17～16.55元,实体50%处对应的价格为16.37元,16.52元高于这个价格),这些条件完全满足穿刺形态的条件。技术分析者对此的解读为：空头的势力已经到了尽头,多头聚集起了反击的力量,将股价推高了,因此这种形态预示着该股票将出现反转——在接下来的几个交易日内,阳光电源的股价的确上涨了不少。

上述条件是非常严格的,如果只是近似的满足,仍然不构成反转条件。例如,如果在大阴线之后的确出现了大阳线,但是大阳线向上穿刺的比例达不到50%(见图6.3),我们又如何来解读呢？

资料来源：Wind 资讯。

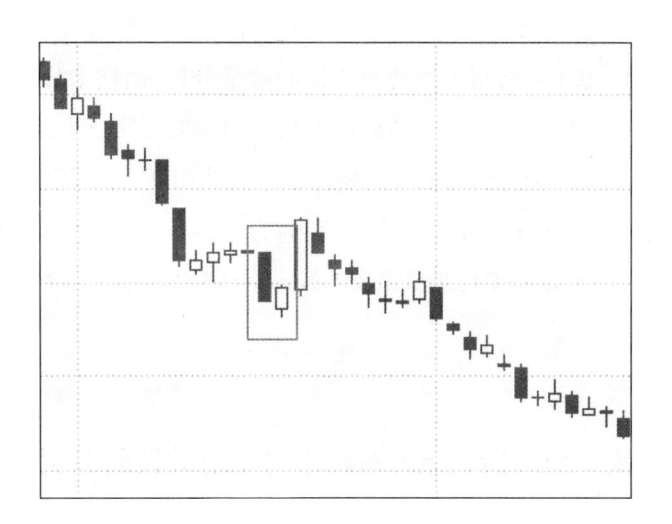

图 6.3　不达标的穿刺形态（深成指数：399001）

2008 年 8 月 18 日，深成指数大跌 4.86%，开盘于 8 256.64 点，收盘于 7 833.09 点；在接下来的 8 月 19 日，深成指数上涨 1.67%。这两根紧邻的实体线满足(1)市场经历了比较明显的下跌过程；(2)在一根大阴线之后，紧接着一根阳线，这根阳线必须显著的从下至上刺进阴线的实体之内，但是并不满足第三个条件：阳线的收盘价应该处于大阴线实体部分的 50% 以上（大阴线实体部分的 50% 处的点位为 8 044.87 点，而后面阳线的收盘点位为 7 963.57 点），所以这种形态并不构成反转形态。技术分析者对此的解读为：虽然在大幅下跌之后，市场出现了反弹，但是反弹的力度并不够，因此多头并没有集聚起反击的力量。随后的市场走势印证了这一点。

因此，蜡烛图的精髓实际上是对于投资者的心理揣测，其手段就是通过观察蜡烛图图形。蜡烛图的应用正是基于这样的心理推测来形成的一整套交易理论——在我看来，这正是蜡烛图技术分析的核心。

这三本书目前在国内均可找到，读者若有兴趣可找来仔细阅读。

本章共分为三节。第一节我们将讨论技术分析面临的制约。技术分析派和基本面分析派分别信奉不同的投资哲学，他们的着眼之处并不相同，在适用场景上也有所差别，两者是互相补充的关系，因此了解技术分析的限制有助于防止我们陷入迷信技术的陷阱。第二节我们将对技术分析中的主观判断进行说明。在大部分投资者的印象中，基本面分析是定性分析，技术分析是定量分析。但是实际上，基本面分析需要使用大量的数量分析，而技术分析也离不开主观判断——在前文中我们也讲过，蜡烛图的核心就是对投资者心理的揣测，不同的人揣测的结果并不会尽然相同，有时候甚至会截然相反。由于我们在本书中并没有全面地介绍技术分析的相关知识和应用，为了弥补这一缺憾，我们将在第三节把我们常用的一套最基本也是最重要的技术指标介绍给读者，以供参考。

第一节　假设条件对技术分析有效性的限制

所有的技术分析都是基于一定的假设。

正如我们在做数学的推理一样，我们要提出很多假设条件，然后在这些假设条件下一步一步进行论证，直至得到结论为止。技术分析也有其特定的假设条件，约翰·墨菲在《金融市场技术分析》一书中将技术分析的假设条件归纳为：

(1)资产的价格反映了所有信息(market action discounts everything)；

(2)价格按照趋势运行(prices move in trends)；

(3)历史会重演(history repeats itself)。

如果这些假设不能够满足，那么技术分析的手段就不一定有效。在现实中，这些假设有时候成立，有时候只是部分成立，有时候则完全不成立。

举例来说，第一条假设"资产的价格反映了所有信息"，它本身就是一个颇具争议性的议题。在最理想的状况下，关于某只股票的所有信息(企业经营状况、盈利状况、重大项目进展情况等)都是公开的，所有投资者得到的信息也是一样的，并以此作为交易的基础。在此种情形之下，股票的市场价格应该是比较接近于它的公允价值的。但是，在不成熟的资本市场中，信息的披露和流通对于不同的投资者来说是不对称的，握有重大内幕消息的投资者可以提前买入或卖出，取得其他投资者无法享有的优势(在各国金融市场的监管中，"内幕交易"、"老鼠仓"都是监管的重点和难点)。根据市场对于信息的反映程度，金融学中形成了一个重要的假说——有效市场假说(efficient market hypothesis)，它的提出者正是2013年诺贝尔经济学奖三位获奖人之一的尤金·法玛。

实际上,技术分析只是投资者使用的众多分析手段中的一种,他们还使用基本面分析等方法。这也从侧面说明这一条假设是不能够完全成立的——因为如果这条假设成立,所有基本面的信息都应该已经反映在价格之中,不需要再去关注基本面了。

再来看第二条假设:"价格按照趋势运动。"从长期来看,这条假设不可能成立,因为股票价格不可能一直上涨或一直下跌,总是在上涨、下跌或横盘的轮回中运动。因此,对于这个概念的理解和应用,应该采取"断章取义"的办法,即投资者所分析的这只股票"现在"是在什么样的趋势之中。例如,若当前的趋势是下降的,那么即便出现了"穿刺形态"这样的反转信号,股价不一定就会掉头向上(见图6.4)。

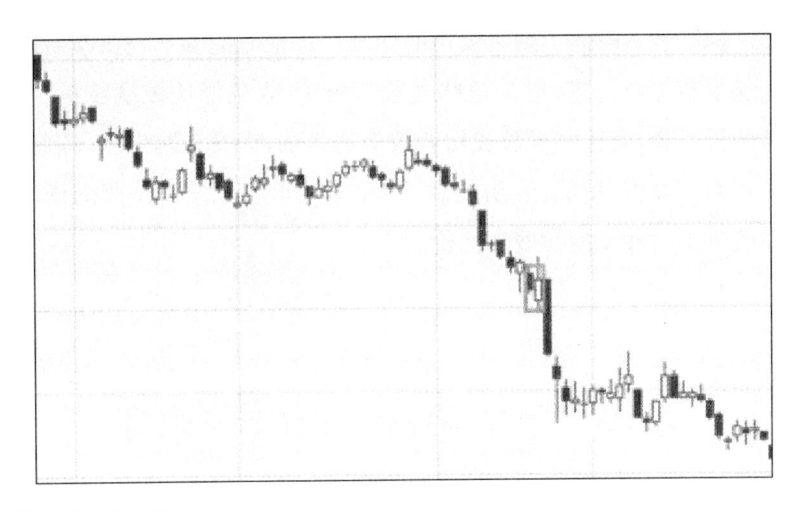

资料来源:Wind资讯。
图6.4　下降趋势中的穿刺形态(攀钢钒钛:000629)

2013年6月20日和21日,攀钢钒钛的股价构成了一个穿刺形态,但是它并没有形成反转,反而在第二天及以后的交易日中继续下跌。

所以,第二条假设的含义实际上是提醒投资者要放开眼界,从更为长期和宏观的角度来应用技术分析——因为蜡烛图一般由一根、两根、三根或数根蜡烛图构成,很多投资者便只关注短时间内的几根蜡烛图的走势来做投资决策,这是相当危险的。

第三条假设，"历史会重演。"但是，历史会一直重演吗？显然不可能。即便在某个时刻出现了与之前非常相似的蜡烛图组合，接下来的走势也不一定会重复历史，因为外部环境可能已经发生了变化。

行文至此，也许已经有投资者对于技术分析的看法变得悲观了，实际上大可不必。金融投资本来就是一项具有风险的活动，没有一项技术可以保证投资者稳赚不赔。我们在本书中所介绍的知识、技巧，其目的是帮助投资者提高投资成功的概率——注意，是"帮助"，而非"确保"。我之所以在此处指出技术分析缺陷（本章后文也有相当篇幅致力于这一工作），是因为我看到有很多投资者夸大了技术分析的作用，而忽略了它的不足。

诚然，世界上有一些仅靠技术分析就能够获利的投资者，但是他们在整个投资者中所占的比例非常小，一般投资者无法达到那样的境地——正如期货市场的情形一样。我有时候听期货公司的朋友们讲他们的客户一夜暴富的故事，从白手起家累至家财万贯，但是这些人数量极少，人生经历极度波折。有一些满心热诚的投资者，受这些少数成功者故事的激励，投身金融市场，却忽略了大多数投资者由于知识、技能、经历的缺乏，在金融市场中挣扎徘徊的现实，不惜以真金白银来支付冲动的学费和代价。

第二节　主观性对技术分析有效性的限制

技术分析是从统计学和心理学的应用中发展起来的，因此多多少少带有这两门学科的特点。其中，影响最大的在于它们的主观性。

很多投资者使用技术分析的原因，是因为它非常直观。

从直观的角度来看，技术分析主要使用图表的方式来进行。不论是蜡烛图、成交量、均线系统、KDJ系统等，都以图形呈现，一目了然——图形的这种直观性得到了很多上年纪的投资者的青睐，他们之中有些目不识丁，但是这并不构成他们读懂这些图形的障碍。

从客观的角度来讲，图表真实地记录了过去所发生的交易信息，能够客观地反映这些资产在过去的状况。但是这种"客观性"并不适用于对未来的预测,对未来价格走势的判断,只能在对过去信息分析加工的基础之上,主观判断得来。这些主观判断,在事后看来,有些是正确的,有些是错误的。并且,不同的投资者对技术图形的见解也不一样。有些投资者从两根蜡烛线看到了反转的形态,有些投资者从更多一些的蜡烛线中看到的却是下跌持续的形态。另外,有一些非常相像的形态,技术分析者又会推测出不同的市场心理,例如,前面我们谈到了"穿刺形态",如果大阴线之后的阳线表现不同,则它们的意义也不一样。

例如,如果大阴线之后的阳线实体完全覆盖了大阴线的实体(而不仅仅是"穿刺"),那么就形成了一个称之为"吞没形态"(engulfing pattern)的更加强烈的反转形态(见图6.5)。

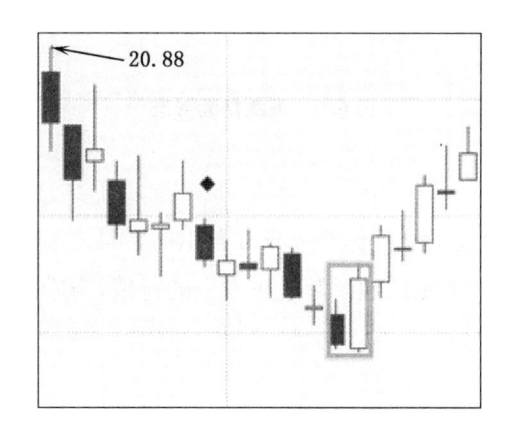

资料来源:Wind 资讯。

图 6.5　吞没形态

但是,如果阳线并没有"穿刺"进阴线,则会形成下跌持续的另外一种形态(见图6.6)。

由此,在大阴线之后的这根阳线具备特别的意义,它是预示着行情即将反转,还是预示着下跌将继续？这么重要的问题,难道是一根阳线的位置就能够决定的吗？而且,在某些情况下,吞没形态和穿刺形态之后,行情不仅没有反转,反而继续下跌;在另外一些情况下,持续下跌的形态之后出现的却是反转。

所以,实际上,技术分析不仅带有很强的主观性,还带有一定的偶然性。在事后,我们固然可以轻易地找到行情反转或继续下跌的各种原因,但是在事前

资料来源：Wind 资讯。

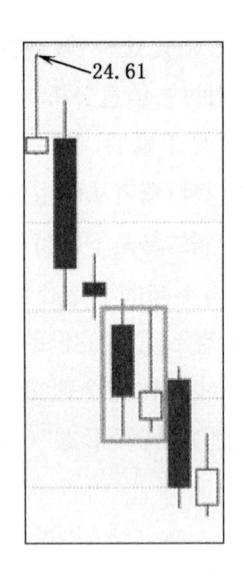

图 6.6　下跌持续形态

却并不能够料定。

不过，话说回来，技术分析仍然是非常有用的工具之一，它是长期实战经验的总结，可以帮助投资者更快地了解过去发生的行情，为后续决策打下基础。

第三节　我所使用的技术分析框架

虽然技术分析有着种种缺陷和问题，但它仍然是重要的辅助工具。本节我将向读者介绍我自己经常使用的技术分析手段（以股票市场为例，实际上也适用于其他市场，包括基金市场、期货市场等），供投资者参考。

一、选择上升趋势中的股票

这是一条最为基本的原则。

中国内地的股票市场上，主要以做多为主（当然投资者也可以通过股指期货、融资融券等方式进行做空），即投资者只能在股票价格上涨时才能获益。因此,投资者——即便是短线投资者,也需要从一个较长的时间内来考量股价的趋势。一般来说,股票价格会呈现3种基本趋势:上升、下降或横盘(见图6.7、图6.8和图6.9)。

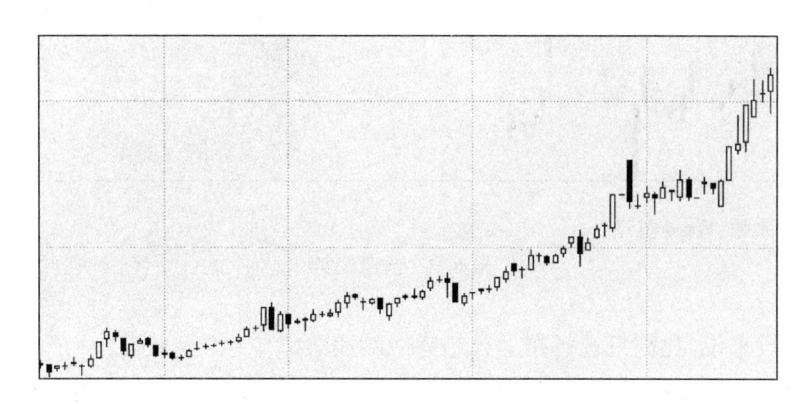

资料来源:Wind资讯。

图6.7 上升趋势

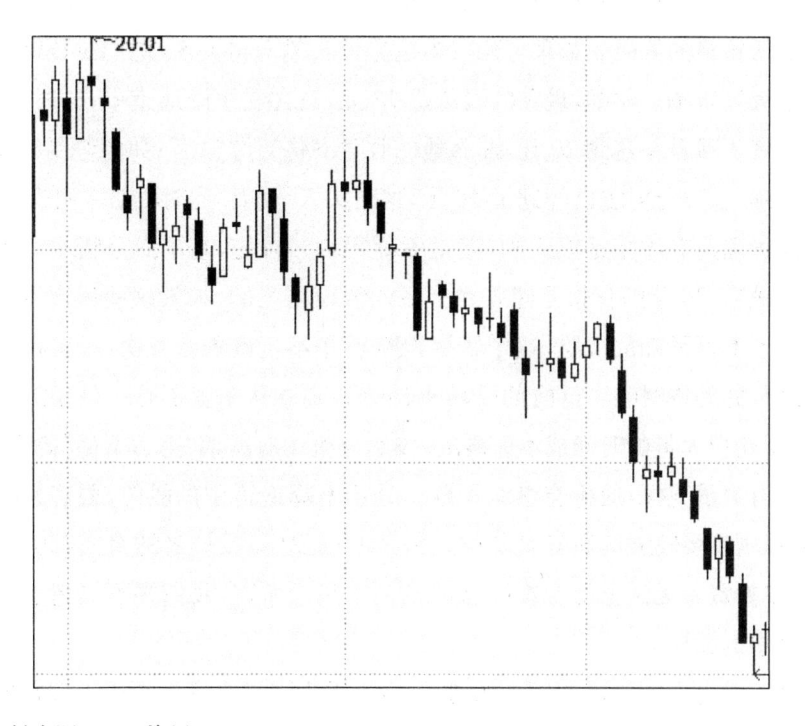

资料来源:Wind资讯。

图6.8 下降趋势

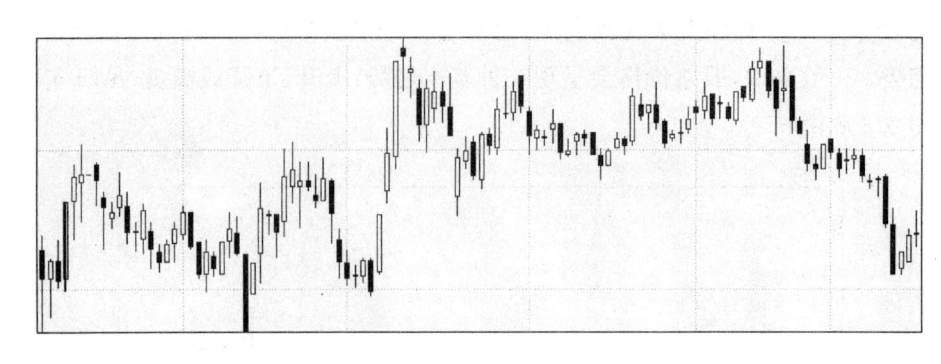

资料来源：Wind 资讯。

图 6.9 横盘趋势

一般来说，我们只选择在上升趋势中的股票。

有些投资者喜欢找下跌趋势中的股票，他们大多是基本面分析的信奉者。基本面分析会计算出一只股票的内在价值，例如 20 元。当前股票虽然还在下跌通道中，但是他们坚信价格会回升到他们预期的水平，因此股票越跌就可以收集更低价格的筹码。如果等到股票趋势掉头朝上再买入，他们的预期收益率水平会大打折扣。例如，现在的股价是 13 元，且还在下降通道中，这时买入，如果股票终于回升并达到 20 元，那么他的收益率将超过 50%；如果等到股票的上升趋势确立，股价可能已经到了 16 元，这时买入，到 20 元时收益率只有 25%。

这种理论有可能是成立的，但是不值得的。首先，基本面分析本身就具备天然的缺陷，20 元的价格是建立在一系列假设之上的，如果这些假设不成立或者发生了不可预知的风险，这个目标价格就是不正确的。其次，投资者可能得花上漫长的等待时间。行情的反转和趋势的确立从来就不是一件很简单的事情，需要花费大量的时间成本。再次，技术分析中有所谓"重力下坠"的说法，即如果没有力量支撑，股价会继续下跌。处于下降通道中的股票，很容易继续下跌，上涨则需要较强的利好来支撑。一旦亏损发生，投资者的身心都会受到压力，很多投资者无法忍受亏损而忍痛割肉出局。所以，我们并不提倡选择在下降趋势中的股票。

对于横盘中的股票，也需要特别小心。因为横盘本身就是买卖双方势均力敌的表现，任何一方都没有办法取得决定性的胜利，一直到基本面发生重大变化。这些重大变化可能是利好，也可能是利空，投资者需要对它的基本面做深入研究,衡量利弊,谨慎地选择投资标的。

对于上升趋势中的股票来说,技术分析成功的概率会更高一些。当然,这也仅仅是因为中国内地市场是多头盈利市场的原因,在可以做空的市场中选择下降趋势中的股票来做空,技术分析的成功概率也会更高一些。

二、选择均线系统呈多头形态的股票

均线系统的形态由不同期限的移动平均线构成,最为常用的是由 5 日、10 日、20 日、60 日和 120 日构成的均线系统。与趋势一样,我们只选择均线系统呈现上升形态的股票。

均线系统也是投资者常用的技术指标之一。与股票的趋势一样,均线系统也有上升、下跌及横盘三种形态(见图 6.10、图 6.11 和图 6.12)。

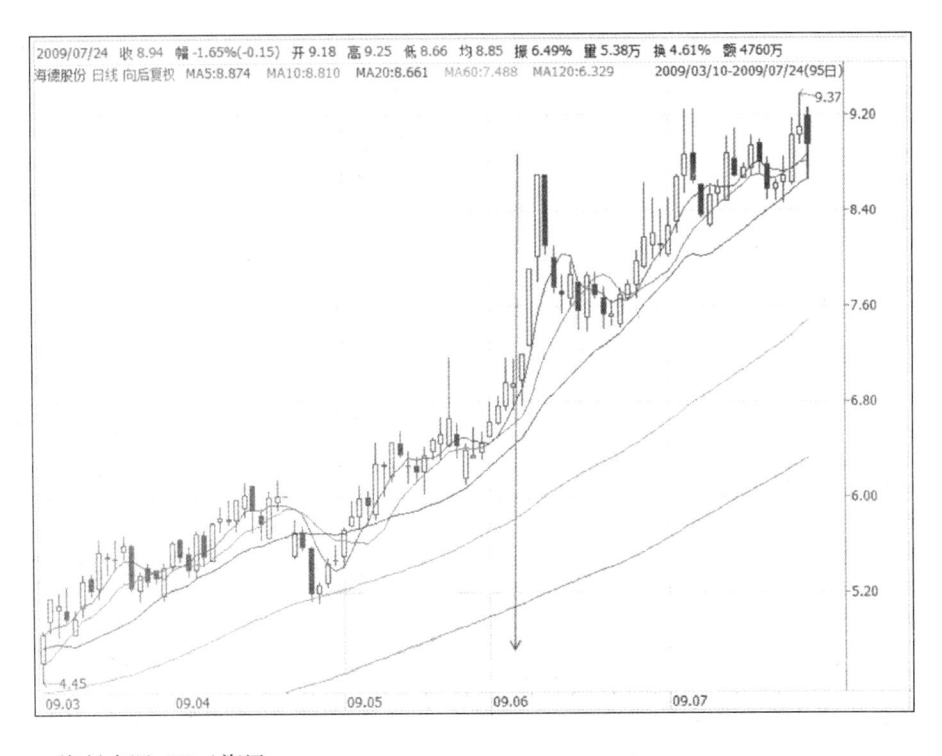

资料来源:Wind 资讯。

图 6.10 上升形态的均线系统

请读者看图 6.10 箭头的指向:从上至下的 5 根均线分别是 5 日均线、10 日均线、20 日均线、60 日均线和 120 日均线。在典型的多头均线系统中，短期均线在上，中长期均线在下。

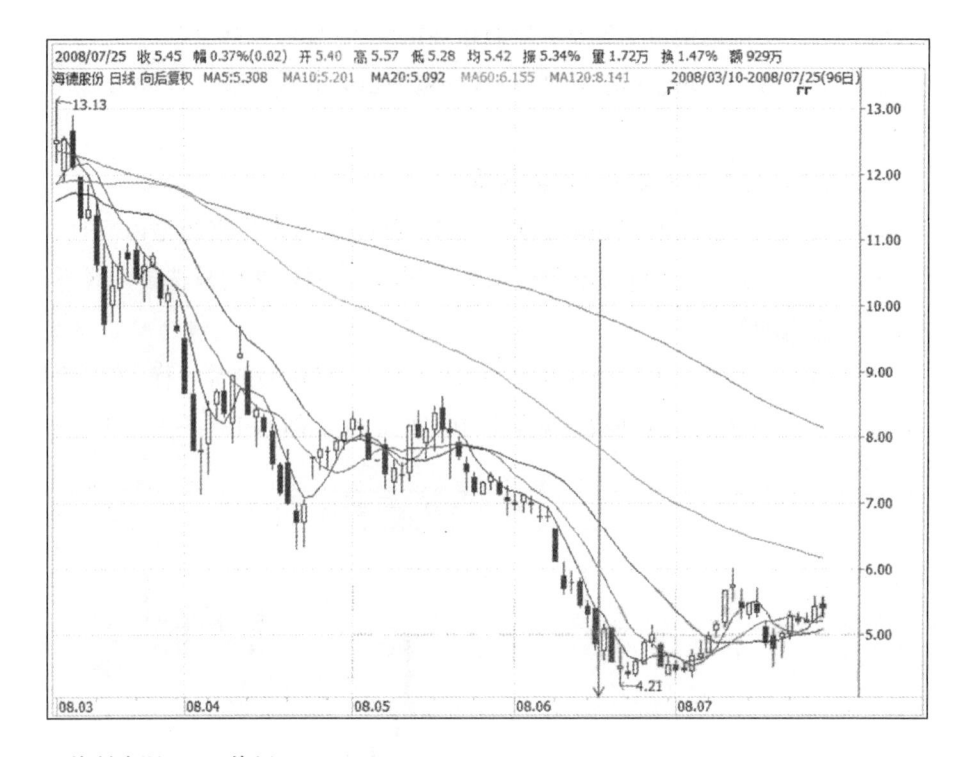

图 6.11 下跌形态的均线系统

资料来源：Wind 资讯。

请读者看图 6.11 的指向：从上至下的 5 根均线分别是 120 日均线、60 日均线、20 日均线、10 日均线和 5 日均线。在典型的空头均线系统中，长期均线在上，中短期均线在下。

在横盘的均线系统中，长期、中期和短期均线纠缠在一起，没有呈现出明显的顺序。

股票的价格趋势和均线系统都从比较宏观的角度为投资者提供了参考。在向上的价格趋势和均线系统中，虽然也会出现回调，但总体趋势如果没有被破坏，股价仍然会回升。因此，投资这类股票，比投资横盘或下跌中的股票要安全得多。

资料来源：Wind 资讯。

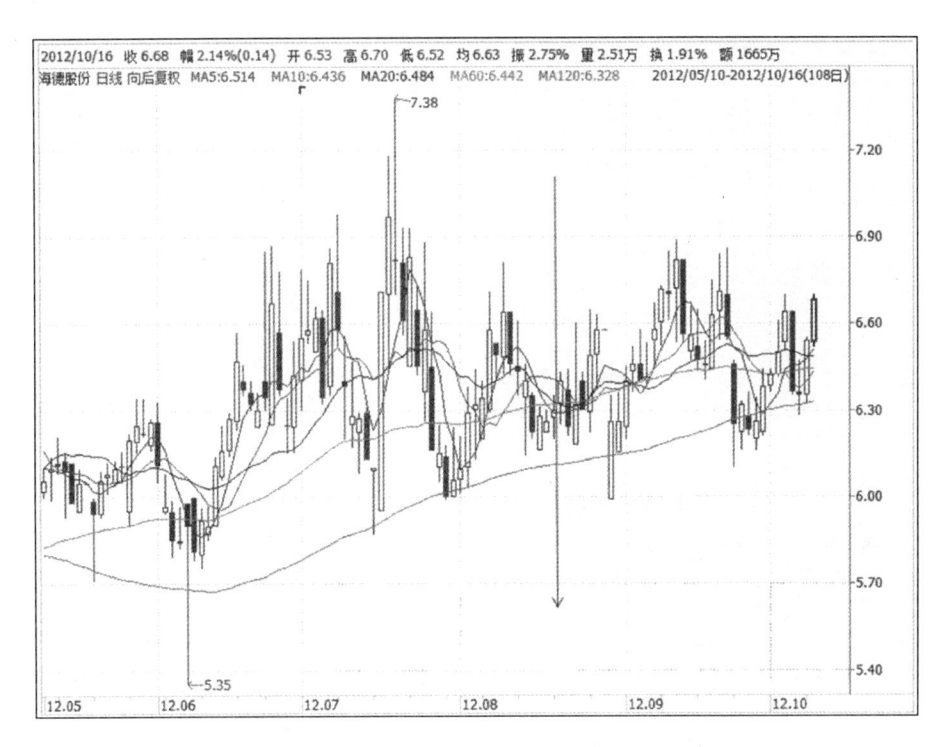

图 6.12　横盘形态的均线系统

三、蜡烛图

与价格趋势和均线系统相比，蜡烛图是决定买入或卖出的短期指标，具体的方法请投资者参看本章开头所列举的第二本和第三本书。

四、交易量

交易量反映的是投资者在当前价格走势中的交易行为。例如，在股票价格上升的过程中，成交量持续放大，说明多头还在持续不断买进，股票价格进一步上涨的概率较大（见图 6.13）；在股票价格下跌的过程中，成交量持续放大，说明空头还在持续不断抛售，股票价格进一步下跌的概率较大（见图 6.14）。

在股票价格上涨告一段落后，股票价格可能在一定的区间之内盘整甚至下跌，未来股票的走势就更加有必要参考成交量的变化。如果在盘整期成交量较

资料来源：Wind 资讯。

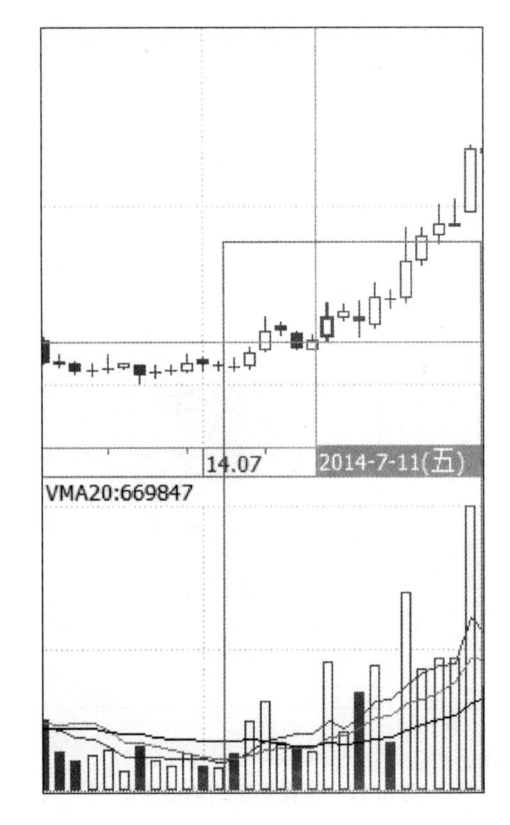

图 6.13　上涨过程中的放量

前期低迷，说明成交意愿不强，多头还没有积蓄起发起新一轮进攻的力量，空头的力量也受到压制，双方都在等待。如果出现一个股价大幅上涨或下降，同时成交量急剧放大的交易日，那么可以说，市场的方向已经决定了，下一步股价朝着这个上涨或下降所指示的方向运行的概率极大。

五、KDJ 指标

KDJ 指标又称随机指标，起先用于期货市场，后被广泛用于股市的中短期趋势分析，是期货和股票市场上最常用的技术分析工具之一。

KDJ 指标是根据统计学原理，通过一个特定的周期（通常为 9 日、9 周等）内出现过的最高价、最低价及最后一个计算周期的收盘价及这三者之间的比例

资料来源:Wind资讯。

图 6.14 下跌过程中的放量

关系,来计算最后一个计算周期的未成熟随机值,然后根据平滑移动平均线的方法来计算 K 值、D 值与 J 值,并绘成曲线图来研判股票走势。

K 线、D 线和 J 线分别代表了长、中、短期的移动平均值。当 D 线从下上穿 K 线,并且 J 线从下上穿 D 线和 K 线时,就形成了所谓的"金叉",是一个较好的买点(见图 6.15)。

当 D 线从上下穿 K 线,并且 J 线从上下穿 D 线和 K 线时,就形成了所谓的"死叉",是一个较好的卖点(见图 6.16)。

资料来源:Wind 资讯。

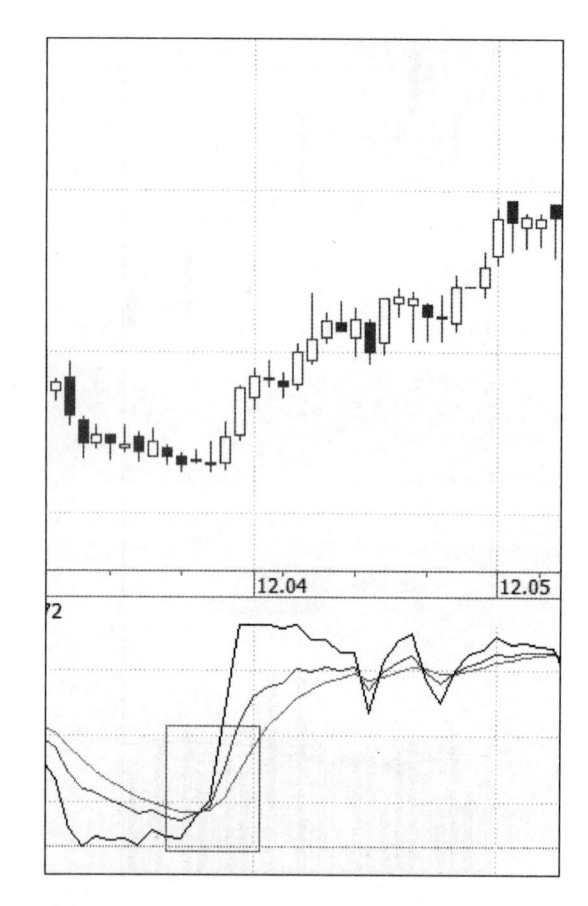

图 6.15　KDJ 金叉

资料来源：Wind 资讯。

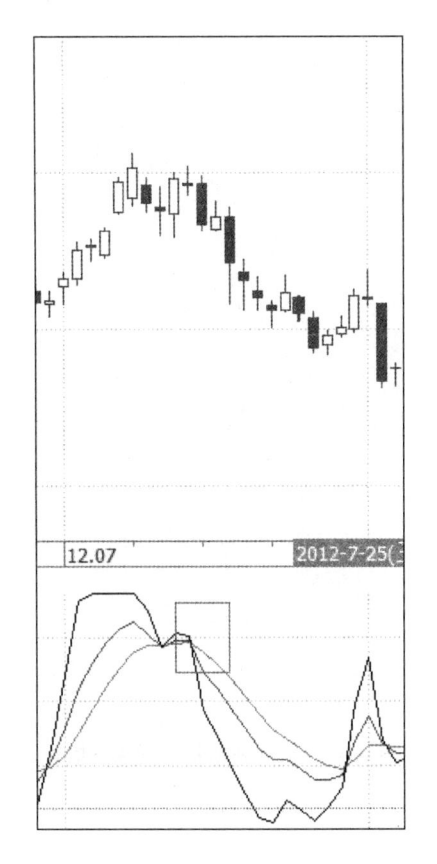

图 6.16　KDJ 死叉

六、MACD 指标

MACD 指标又称指数平滑异同平均线，是从双指数移动平均线发展而来的。

当 MACD 从负数转向正数，是买入的信号（见图 6.17）。

当 MACD 从正数转向负数，是卖出的信号（见图 6.18）。

资料来源：Wind 资讯。

图 6.17　MACD 所指示的买入信号

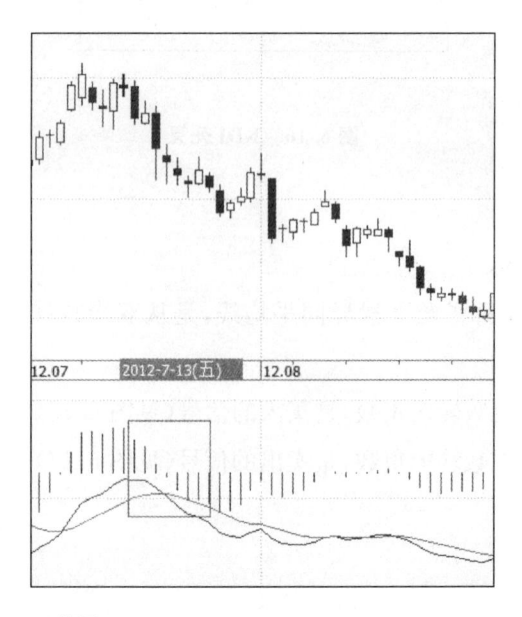

资料来源：Wind 资讯。

图 6.18　MACD 所指示的卖出信号

七、1 分钟均线系统

另外一个更为短期的买入和卖出的技术指标是 1 分钟均线系统。具体来说，在 1 分钟均线系统呈现多头排列时买入（见图 6.19），在 1 分钟均线系统呈现空头排列时卖出（见图 6.20）。

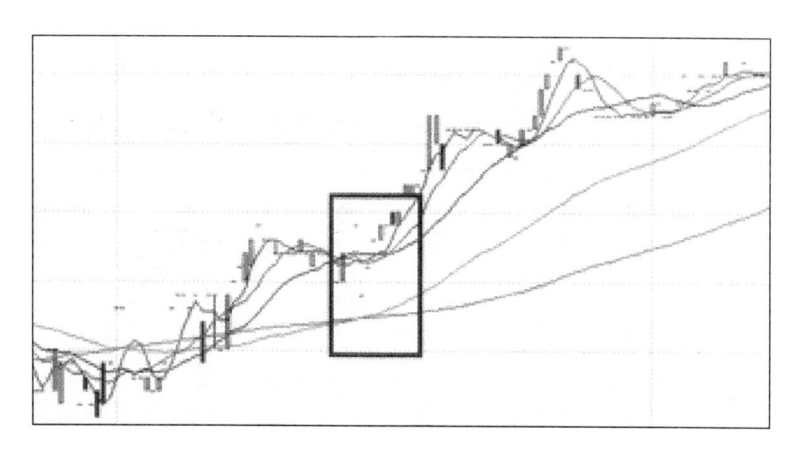

资料来源：Wind 资讯。

图 6.19　1 分钟均线系统指示的买入点

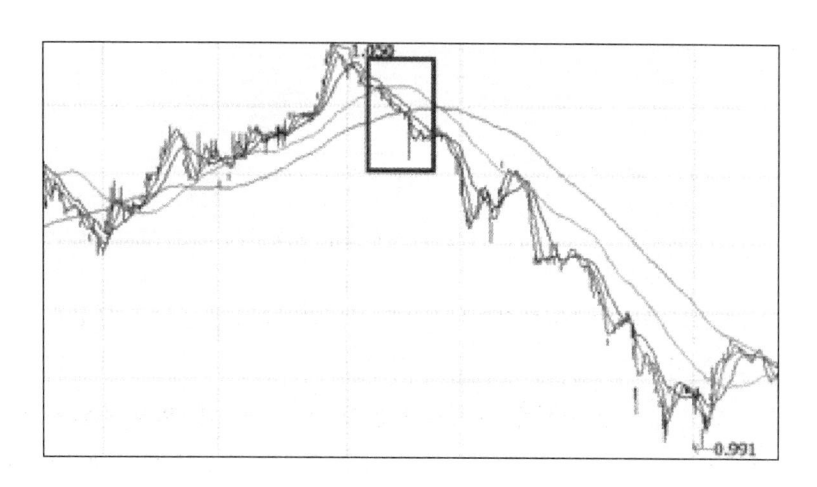

资料来源：Wind 资讯。

图 6.20　1 分钟均线系统指示的卖出点

图 6.19 中，1 分钟均线开始呈现多头排列，即短期均线位于最上方，以下依次是中长期均线。同时，为了安全起见，买入时最好最下面的 120 日均线是上升态势。

图 6.20 中，1 分钟均线开始呈现空头排列，即长期均线位于最上方，以下依

次是中短期均线。

有投资者会质疑:1分钟均线在时间上是不是太短?要是由于股票价格波动频繁,1分钟均线会在某个时候指示买入,又在另外的时候指示卖出,这中间的利润空间有多大?例如,1分钟均线指示买入的时候股价是10元,指示卖出的时候是10.20元,利润空间只有2%,是不是太窄了?

存在这种可能性。不过,在大量的实际观测中,这个空间一般有8%～15%(见图6.21),所以用1分钟均线系统来交易是有利可图的,特别是对于那些短线交易者。

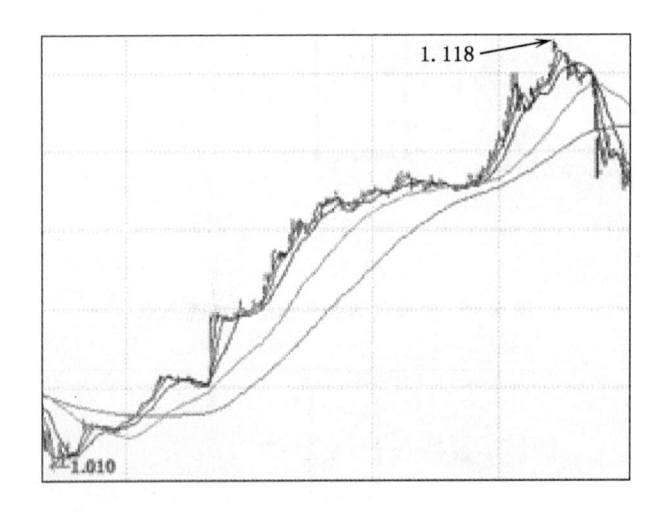

资料来源:Wind资讯。

图6.21　1分钟均线系统的利润空间

图6.21中,1分钟均线系统指示的买入点为1.01元左右,卖出点为1.11元左右,利润空间约为10%。

以上七个指标都是我所常用的技术指标(其他常用的指标还包括RSI指标、CCI指标等),它们需要交叉使用,互相支撑。但是我们仍需要提醒读者:这些技术指标在每个投资者眼中各不相同,同样的技术形态,有的投资者看到买入的信号,有的投资者看到等待的信号,甚至卖出的信号。技术分析是一项经验性的技能,需要大量的练习和复习,并且需要配合基本面分析等其他方面的支持,才能发挥最大效用。

综合案例：我的分级B基金投资手记

学以致用。

第七章

基于前面章节中我们对于基金市场和分级基金的认识,现在我们将焦点再次集中,纵深再次加强,结合市场的实际情况,与读者来分享我们在分级基金投资中的得失。我们关注的焦点是交易所内上市交易的分级 B 基金的投资。

本章共分为五节。第一节我们向读者介绍投资分级 B 基金的准备工作,包括开立账户和了解交易规则。第二节我们根据第四章的标准建立可供投资的基金池,并从风险的角度来建立套利监控模型。第三节我们介绍对基金池中的标的做进一步深入分析的方法和步骤。第四节我们将介绍如何将基本面分析和技术分析应用于投资实践中。最后,我们做一个简要的小结。

第一节 准备工作

一、开立交易所基金账户

本章所要讨论的分级 B 基金,全部是在证券交易所上市交易的基金品种,所以投资者投资这些基金的第一步就是开立基金账户。

基金账户的开立与股票账户的开立步骤几乎一致,有的证券公司在为客户开立股票账户的同时也会同时开立基金账户,所以一般有证券账户的客户也是开立了基金账户的,投资者可以尝试买入 1 手分级 B 基金,或者致电开户的证券公司,以确定自己是否已经开立基金账户。

每一个客户都有一个资金账户,用资金账户登录交易系统之后,就可以进行分级基金的投资操作了——很多客户不知道这一点,以为还要登录另外的系统。如果开立了基金账户,投资者只需要将分级 B 基金看作一类特殊的股票即可,它们的买卖方式和规则与深交所上市的股票的交易规则一样。

二、了解分级 B 基金的交易方式

分级 B 基金的交易方式与股票极为相似。在交易时间段(交易日 9:30～11:30,13:00～15:00,其中 14:57～15:00 为尾盘集中交易时段),投资者可以

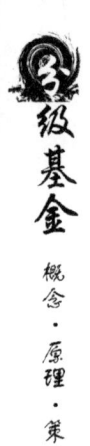

"手"为单位(1手＝100份基金份额,与股票交易的1手＝100股类似)进行分级B基金的交易。

投资者在下单之后,如果暂时没有成交,也可以撤销交易。

有了上面的准备工作,我们就可以开始分级B基金的投资之旅了。

第二节 基金池及套利和不定期折算监控模型的建立

一、基金池的构建

就像投资者会构建自己的股票池或者自选股组合一样,投资者可以构建分级B基金的基金池。在第四章中我们完成了这项工作,筛选出17只投资标的(见表7.1)。

表7.1　　　　　　　　　　　可投资的基金池

序号	基金代码	基金简称	跟踪指数代码	跟踪指数简称
1	150019.SZ	银华锐进	399330.SZ	深证100
2	150001.SZ	国投瑞银瑞福进取	399330.SZ	深证100
3	150013.SZ	国联安双禧B中证100	000903.SH	中证100
4	150052.SZ	信诚沪深300B	000300.SH	沪深300
5	150029.SZ	信诚中证500B	000905.SH	中证500
6	150086.SZ	申万菱信中小板B	399005.SZ	中小板指
7	150153.SZ	富国创业板B	399006.SZ	创业板指
8	150172.SZ	申万菱信申万证券行业B	801193.SI	证券Ⅱ(申万)
9	150158.SZ	信诚中证800金融B	h30086.CSI	中证800金融
10	150182.SZ	富国中证军工B	399967.SZ	中证军工
11	150187.SZ	申万菱信中证军工B	399967.SZ	中证军工
12	150185.SZ	申万菱信中证环保产业B	000827.CSI	中证环保
13	150191.SZ	新华中证环保产业B	000827.CSI	中证环保

续表

序号	基金代码	基金简称	跟踪指数代码	跟踪指数简称
14	150131.SZ	国泰国证医药卫生 B	399394.SZ	国证医药
15	150118.SZ	国泰国证房地产 B	399393.SZ	国证地产
16	150101.SZ	鹏华资源 B	000805.SH	A 股资源
17	150097.SZ	招商中证大宗商品 B	000979.SH	大宗商品

资料来源：Wind 资讯。

但是，仅仅建立可供投资的基金池是远远不够的。分级基金的独特之处之一，就是母基金与子基金之间的配对转换机制，即(M+N)份母基金可以拆分为 M 份分级 A 基金和 N 份分级 B 基金，反之亦然。对于大部分活跃的分级基金来说，母基金一般是开放式基金，不上市交易，投资者可以按照净值进行申购和赎回；子基金两类份额在证券交易所上市交易，以投资者之间的撮合价格成交，一旦以下等式不成立，就有可能出现套利机会：

(M+N)份母基金净值＝M 份分级 A 基金价格＋N 份分级 B 基金价格

例如：

2014 年 12 月 5 日，申万菱信中证环保产业母基金（基金代码：163114）的单位净值为 1.2463 元，同日该基金的子基金环保 A（基金代码：150184）和环保 B（基金代码：150185）的二级市场收盘价格分别为 0.889 元和 2.265 元。本组分级基金的配对转换规则是：200 份母基金可以分拆为 100 份分级 A 基金和 100 份分级 B 基金。

显然，上面的等式不成立：1.246 3×2≠0.889＋2.265。粗略计算套利空间为 26.53%[(0.889＋2.265)/(1.2463×2)－1]。

套利者可以用下面的方式来进行套利：

首先，在场内申购（注意，不是在场外。因为若在场外申购，在后面做分拆时需要先做转系统托管，需要花费更多的交易成本和时间成本）200 份母基金份额，成本为 249.26 元。这项工作需要在 2014 年 12 月 5 日（星期五）15 点之前完成——一般证券公司的交易软件中都有这项功能。但是，要注意，在申购时，一定要找到"场内基金申购"的功能模块进行，否则后面的操作无法进行。

其次，在下一个交易日 2014 年 12 月 8 日，将 200 份母基金分拆为 100 份分级 A 基金和 100 份分级 B 基金。这个操作中会有很多问题,我们来一一剖析。第一,我们在 12 月 5 日申购母基金份额时,只能以金额申购,而不能以数量申购,这与一般开放式基金的交易规则相同(因为我们的交易要以 12 月 5 日收盘之后计算出来的基金单位净值成交,在收盘之前我们无法精确计算母基金的单位净值,也就无法计算申购的基金份额了,这就是一般开放式基金的未知价交易规则。我们只能以金额申购,例如 1 万元),当天我们无法查知成交的基金份额。第二,在 12 月 8 日,我们仍然不能精确查知我们所申购的母基金份额,因而也不能进行精确的拆分。怎么办呢? 我们需要进行"盲拆",即在不知道母基金确切份额的情况下进行分拆。我们虽然不知道母基金的精确份额,但是这时我们已经知道 12 月 5 日收盘后母基金的净值,为 1.2463 元(在检验上述等式时,我们所使用的母基金单位净值为盘中估算值,分级 A 基金和分级 B 基金为临近收盘时的二级市场交易价格。因此,这种监控一定是要实盘进行),我们考虑基金的申购费用等交易费用,可以大概计算所申购的母基金份额(假设总的费用成本为 1%,则大概申购的份额为 10 000/(1.01×1.2463)=7 944 份)。为保险起见,我们申请分拆 7 500 份——一般证券公司的交易软件中也有分级基金分拆的功能。这样,在下一个交易日,我们将得到 3 750 份分级 A 基金和 3 750 份分级 B 基金,以及约 444 份母基金。

再次,在第三个交易日 2014 年 12 月 9 日,我们得到确认的基金份额:3 750 份分级 A 基金、3 750 份分级 B 基金,以及 444 份母基金。这时,我们以当时的市场价格分别卖出分级 A 基金、分级 B 基金,赎回母基金份额,就实现了套利(当日收盘时,分级 A 基金、分级 B 基金的收盘价分别为 0.847 元和 1.913 元,母基金单位净值为 1.2146 元,投资者一共可得到 10 889.28 元,套利利润率为 8.89%)。

需要注意的是:在这笔套利交易中:

第一,实盘测算的套利空间一定要够大。我们需要考虑极端的情况,如在 12 月 5 日我们发现了套利空间,如果在 12 月 8 日和 12 月 9 日,分级 B 基金连续两个跌停板,分级 A 基金价格下跌 5%,套利空间还在不在(考虑分级 B 基金在接下来的两个交易日中跌停的情况,是因为我们在 12 月 5 日建仓,最快要等到两个交易日后才能完成套利交易,如果届时分级 B 基金价格大幅下跌,套利空间就有可能不存在;假定分级 A 基金的价格下跌 5%(因为分级 A 基金的价格一般比较稳定,不会大幅下跌)。经过计算,如果分级 A 基金价格下跌 5%,分级 B 基金价格经历两个跌停,套利空间收窄为 7.49%。计算方法如下:

母基金单位净值:1.2463 元;

分级 A 基金价格在接下来的两个交易日中下跌 5%:0.889×95%＝0.845(元);

分级 B 基金价格在接下来的两个交易日中连续跌停:2.265×90%×90%＝1.835(元);

套利空间:(0.845＋1.835)/(1.2463×2)－1＝7.49%。

不过,这里还有一个前提,就是即使在 12 月 9 日,分级 B 基金价格跌停后,投资者仍然能够卖出分级 B 基金,否则他需要在 12 月 10 日再卖出分级 B 基金了——而在 12 月 10 日,分级 B 基金的价格仍然可能下跌,进一步侵蚀套利空间。

第二,一定要注意时间成本。一是要进行实盘监测,否则即便在 12 月 5 日收盘后监测到套利空间,仍然没有办法确定当日申购母基金份额,建仓的时间就要推迟一个交易日;二是一定要进行盲拆,如果等到 12 月 9 日母基金份额确定后再进行分拆,那么只能在下一个交易日,即 12 月 10 日才能进行分级 A 基金、分级 B 基金卖出操作,以及母基金份额的赎回。套利对于时间的要求极高,耽误一个交易日,套利利润就可能消失殆尽。

上面我们详细讲解了分拆套利的操作方法,一方面可供投资者参考,另一方面我们得出一个结论:在投资分级 B 基金之前,一定要监控套利空间,否则就会遭受损失。12 月 5 日至 12 月 9 日的三个交易日间,环保行业的基本面并没有发生大的变化,若投资者看到环保 B 涨势凶猛,在 12 月 5 日买入,就会遭受巨大损失(见图 7.1)。

12 月 8 日和 9 日,环保 B(基金代码:150185)的价格分别下跌了 6.18%和 9.98%,正是套利盘所导致。

因此,在正式投资之前,我们需要建立套利监控模型。

资料来源：Wind 资讯。

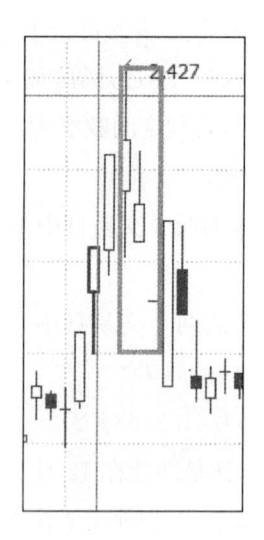

图 7.1　环保 B（基金代码：150185）走势

二、分级基金套利监控模型

上面我们分析了建立套利监控模型的必要性及逻辑，我们可以据此建立模型。

同时，由于分级基金的向上折算在牛市中也时常发生。我们在第四章中对向上折算的风险进行了分析，为了规避向上折算风险，我们也可以在套利监控模型中加入向上折算风险的监控模型。

加上这两个模型，我们的基金池就变成了表 7.2。

根据表 7.2，在 2014 年 12 月 5 日，申万菱信申万证券行业分级基金当天触发向上折算（折算规则为：母基金单位净值高于 1.500 元，当天该基金单位净值为 1.504 9 元，超出折算点 0.33%），下一个交易日该组分级基金的母基金暂停申购、赎回，分级 A 基金和分级 B 基金正常上市交易；直到第三个交易日，分级 A 基金、分级 B 基金才暂停交易一天，进行向上折算。所以，即便当天收盘后发现已经触发向上折算，还是有应对的时间。

另外，12 月 5 日收盘之后，我们发现了大量的套利机会。但是我们需要对这些套利机会做进一步的分析。例如，我们观察到信诚中证 800 金融的套利空间高达 69.90%，但是观察母基金、分级 A 基金和分级 B 基金的净值，均

表 7.2

分级基金基金池及套利、上折监控模型

序号	基金名称 2014/12/5	母基金 代码	母基金 最新净值	母基金 上折点	距离上折点	分级A基金 代码	分级A基金 现价	分级A基金 最新净值	分级A基金 溢价率	分级B基金 代码	分级B基金 现价	分级B基金 最新净值	分级B基金 溢价率	套利收益率(拆分套利)	风格
1	国联安双禧中证100	162509	1.2360	到期折算		150012	0.989	1.1070	−10.66%	150013	1.511	1.3220	14.30%	5.36%	中证100
2	信诚中证500分级	165511	1.0290	2.000	94.36%	121007		1.0190		150001	1.113	1.2210	−8.85%		中证500
3	国投瑞银瑞福深证100	121099	1.1200	2.000	78.57%	150028	0.997	1.0510	−5.14%	150029	1.158	1.0140	14.20%	−2.36%	深证100
4	银华深证100	161812	0.8800	2.000	127.27%	150018	0.949	1.0560	−10.13%	150019	0.818	0.7040	16.19%	0.40%	沪深300
5	信诚沪深300分级	165515	1.1210	1.500	33.81%	150051	0.918	1.0590	−13.31%	150052	1.497	1.1830	26.54%	7.72%	沪深300
6	申万菱信中小板	163111	1.1023	2.000	81.44%	150085	1.016	1.0378	−2.10%	150086	1.684	1.1668	44.33%	22.47%	中小板
7	富国创业板指数分级	161022	1.1250	1.500	33.33%	150152	0.974	1.0600	−8.11%	150153	1.699	1.1900	42.77%	18.80%	创业板
8	国泰国证房地产	160218	1.3165	2.000	51.92%	150117	1.020	1.0646	−4.19%	150118	1.860	1.5684	18.59%	9.38%	房地产
9	申万菱信中证环保产业	163114	1.2463	1.500	20.36%	150184	0.889	1.0312	−13.79%	150185	2.265	1.4614	54.99%	26.53%	环保
10	新华中证环保产业	164304	1.0490	1.500	42.99%	150190	0.973	1.0160	−4.23%	150191	1.355	1.0820	25.23%	10.96%	环保
11	富国中证军工	161024	1.0460	1.500	43.40%	150181	0.864	1.0090	−14.37%	150182	1.596	1.0830	47.37%	17.59%	军工
12	申万菱信中证军工	163115	1.2939	1.500	15.93%	150186	0.865	1.0222	−15.38%	150187	2.228	1.5656	42.31%	19.52%	军工
13	国泰国证医药卫生	160219	1.1004	1.500	36.31%	150130	1.035	1.0646	−2.78%	150131	1.518	1.1362	33.60%	16.00%	医药
14	申万菱信申万证券行业分级	163113	1.5049	1.500	−0.33%	150171	0.905	1.0441	−13.32%	150172	2.186	1.9657	11.21%	2.70%	证券
15	信诚中证800金融	165521	1.0000	1.500	50.00%	150157	0.914	1.0000	−8.60%	150158	2.484	1.0000	148.40%	69.90%	金融
16	鹏华中证A股资源产业	160620	1.2610	2.000	58.60%	150100	0.900	1.0560	−14.77%	150101	2.050	1.4660	39.84%	16.97%	资源
17	招商中证大宗商品	161715	0.9260	2.000	115.98%	150096	1.038	1.0600	−2.08%	150097	0.969	0.7920	22.35%	8.37%	大宗商品

为1.0000元,再去查阅该基金的公告,我们知道这组分级基金刚刚经历了一次上折,但是分级A基金和分级B基金的二级市场交易价格数据并没有相应更新,导致出现如此大的套利空间。而申万菱信中证环保分级基金的套利机会则是真实存在的。上面我们详解了如何利用这次套利机会来获利。

另外,在市场大跌的情况下,分级B基金的净值也可能会大幅缩水,也可能会引发向下折算,但是由于在熊市中,分级B基金并不是良好的投资品种,投资者不应该持有分级B基金,可以规避向下折算的风险(向下折算的触发条件一般是分级B基金的单位净值低于0.2500元,因此我们可以通过观察表7.2中分级B基金的单位净值来监控分级基金的下折风险)。

至此,我们建立起了新的基金池。下一步,我们需要对每一只分级B基金做更加深入的分析。

第三节　分级B基金的深入分析

我们在投资股票时会去了解发行股票的企业的相关情况,例如经营业绩、资本运作、前景规划、行业政策等,力图对所投资的标的有一个清晰的认识,减小投资中的不确定性。与此相似,在分级B基金的投资中,我们也需要进行这样的深入研究。但是,对基金的研究不同于对股票的研究,更多地,我们需要对基金的持仓结构进行分析。

在第四章中,我们对上述基金池中的标的进行了粗略的研究,并据此将它们分为两类:一类是跟踪整个市场的风格指数基金("宽基金"),一类是跟踪具体行业的行业指数基金("行业指数基金"),对于这两类基金,我们所要进行的研究工作并不相同,前者需要更加细致,后者可以比较模糊。

一、跟踪整个市场的风格指数分级基金("宽基金")

从前面的章节中,我们已经粗略地了解了这7只跟踪市场风格指数的分级基金。现在的问题是:什么时候才是投资这些基金的好时机?

要回答这个问题,我们需要进一步探究这些基金的持仓结构。在前面的章节中,我们已经知道:分级A基金和分级B基金所募集的金额合并在一起运作,投资所跟踪的标的指数成分股。而分级A基金只享受约定收益率,与母基金到底投资什么资产、如何运作等的关系并不大;分级B基金享受投资收益扣减交易成本及向分级A基金投资者支付约定收益之后的剩余收益,因此它的收益完全依赖母基金的投资收益。

我们只有知道了这些基金的持仓结构,才能知道在那些股票或行业上涨时,这些基金会随之上涨,为我们带来投资机会。我们以银华锐进(基金代码:150019)为例来深入分析基金的内部持仓结构。

1. 银华锐进(基金代码:150019)母基金的持仓明细分析

为了研究母基金的投资收益来自何处,我们对母基金的持仓明细进行了分析。我们通过查阅母基金的基础资料,可以查到母基金银华深证100基金(基金代码:161812)的持仓明细(见表7.3)。

表7.3　银华深证100基金(基金代码:161812)的持仓明细(2014年中报)

序号	品种简称	持仓市值(元)	持仓数量(股)	占股票市值比(%)	占基金净值比(%)	行业
1	万科A	800 189 759.91	96 758 133.00	5.28	4.9	房地产
2	格力电器	757 196 341.95	25 711 251.00	5	4.64	家用电器
3	平安银行	560 008 341.93	56 509 423.00	3.7	3.43	银行
4	美的集团	399 261 961.56	20 665 733.00	2.63	2.45	家用电器
5	五粮液	359 855 404.81	20 070 017.00	2.37	2.2	食品饮料
6	广发证券	323 047 954.60	32 964 077.00	2.13	1.98	非银金融
7	苏宁云商	302 526 726.24	46 116 879.00	2	1.85	商业贸易
8	长安汽车	275 614 757.31	22 389 501.00	1.82	1.69	汽车
9	中兴通讯	275 361 129.92	20 987 891.00	1.82	1.69	通信
10	长江证券	260 655 552.00	27 151 620.00	1.72	1.6	非银金融
11	双汇发展	253 301 792.34	7 077 446.00	1.67	1.55	食品饮料
12	云南白药	240 960 159.00	4 616 095.00	1.59	1.48	医药生物
13	海康威视	232 774 234.00	13 741 100.00	1.54	1.43	计算机
14	京东方A	228 578 770.63	105 335 839.00	1.51	1.4	电子
15	华谊兄弟	213 579 048.80	8 928 890.00	1.41	1.31	传媒
16	歌尔声学	212 645 865.24	7 976 214.00	1.4	1.3	电子
17	中联重科	209 400 177.09	47 268 663.00	1.38	1.28	机械设备
18	潍柴动力	207 993 403.89	11 691 591.00	1.37	1.27	汽车

225

续表

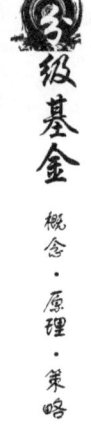

序号	品种简称	持仓市值（元）	持仓数量（股）	占股票市值比(%)	占基金净值比(%)	行 业
19	比亚迪	205 503 287.04	4 327 296.00	1.36	1.26	汽车
20	东阿阿胶	201 492 437.44	6 047 192.00	1.33	1.23	医药生物
21	TCL集团	196 959 049.44	86 385 548.00	1.3	1.21	家用电器
22	康得新	183 315 177.50	8 057 810.00	1.21	1.12	化工
23	科大讯飞	179 959 985.80	6 765 413.00	1.19	1.1	计算机
24	碧水源	179 161 807.50	6 125 190.00	1.18	1.1	公用事业
25	华侨城A	176 952 902.70	37 729 830.00	1.17	1.08	房地产
26	乐视网	175 641 090.40	4 000 936.00	1.16	1.08	传媒
27	杰瑞股份	174 637 947.75	4 338 831.00	1.15	1.07	机械设备
28	威孚高科	171 545 975.34	6 360 622.00	1.13	1.05	汽车
29	金风科技	168 650 918.15	17 771 435.00	1.11	1.03	电气设备
30	大华股份	164 338 027.70	6 097 886.00	1.08	1.01	计算机
31	机器人	160 977 495.00	5 475 425.00	1.06	0.99	机械设备
32	东华软件	155 551 985.44	7 731 212.00	1.03	0.95	计算机
33	大族激光	153 087 074.34	8 828 551.00	1.01	0.94	电子
34	华闻传媒	152 183 732.25	12 951 807.00	1	0.93	传媒
35	洋河股份	150 828 746.25	2 971 995.00	1	0.92	食品饮料
36	欧菲光	144 796 188.15	6 756 705.00	0.96	0.89	电子
37	中国宝安	140 819 474.89	13 792 309.00	0.93	0.86	综合
38	许继电气	138 745 879.70	6 919 994.00	0.92	0.85	电气设备
39	金螳螂	136 278 969.36	9 624 221.00	0.9	0.83	建筑装饰
40	双鹭药业	136 543 894.31	3 063 583.00	0.9	0.84	医药生物
41	中航飞机	134 944 266.60	12 815 220.00	0.89	0.83	国防军工
42	五矿稀土	133 256 547.02	6 351 599.00	0.88	0.82	有色金属
43	蓝色光标	132 041 887.62	4 975 203.00	0.87	0.81	传媒
44	金融街	131 038 088.70	24 043 686.00	0.86	0.8	房地产
45	网宿科技	130 601 534.80	2 047 046.00	0.86	0.8	通信
46	招商地产	128 770 776.80	12 358 040.00	0.85	0.79	房地产
47	中集集团	129 509 952.94	9 621 839.00	0.85	0.79	机械设备
48	泸州老窖	128 608 962.30	7 851 585.00	0.85	0.79	食品饮料
49	电广传媒	126 588 257.10	8 311 770.00	0.84	0.78	传媒
50	吉林敖东	126 760 764.00	8 167 575.00	0.84	0.78	医药生物
51	汇川技术	120 054 636.00	3 847 905.00	0.79	0.74	电气设备
52	桑德环境	120 173 953.90	5 259 254.00	0.79	0.74	公用事业
53	海格通信	119 563 459.29	7 505 553.00	0.79	0.73	通信
54	中科三环	117 030 747.24	9 851 073.00	0.77	0.72	有色金属

续表

序号	品种简称	持仓市值(元)	持仓数量(股)	占股票市值比(%)	占基金净值比(%)	行业
55	万向钱潮	114 274 751.88	11 116 221.00	0.75	0.7	汽车
56	宁波银行	112 612 333.20	12 240 471.00	0.74	0.69	银行
57	宏源证券	109 574 309.76	13 330 208.00	0.72	0.67	非银金融
58	盐湖股份	104 592 310.24	6 940 432.00	0.69	0.64	化工
59	神州泰岳	103 079 214.00	6 544 712.00	0.68	0.63	计算机
60	科伦药业	102 223 498.95	2 565 207.00	0.67	0.63	医药生物
61	中金岭南	101 829 333.60	14 974 902.00	0.67	0.62	有色金属
62	国元证券	100 056 259.20	10 599 180.00	0.66	0.61	非银金融
63	兴蓉投资	99 391 011.30	20 836 690.00	0.66	0.61	公用事业
64	贝因美	99 901 615.32	6 956 937.00	0.66	0.61	食品饮料
65	农产品	95 282 213.00	10 323 100.00	0.63	0.58	商业贸易
66	四维图新	91 704 872.04	5 517 742.00	0.61	0.56	计算机
67	西山煤电	91 117 124.79	17 289 777.00	0.6	0.56	采掘
68	南玻A	90 848 602.98	13 301 406.00	0.6	0.56	建筑材料
69	攀钢钒钛	88 833 765.28	42 708 541.00	0.59	0.54	采掘
70	燕京啤酒	89 168 391.00	13 718 214.00	0.59	0.55	食品饮料
71	华兰生物	89 259 729.30	3 419 913.00	0.59	0.55	医药生物
72	新兴铸管	87 148 226.48	23 490 088.00	0.58	0.53	钢铁
73	大北农	87 287 661.28	7 683 773.00	0.58	0.53	农林牧渔
74	一汽轿车	88 362 768.00	9 204 455.00	0.58	0.54	汽车
75	徐工机械	85 747 224.55	12 517 843.00	0.57	0.53	机械设备
76	掌趣科技	83 760 828.16	4 689 856.00	0.55	0.51	传媒
77	中信国安	84 048 118.80	11 058 963.00	0.55	0.51	综合
78	河北钢铁	82 421 112.36	44 312 426.00	0.54	0.5	钢铁
79	华润三九	78 670 581.00	4 277 900.00	0.52	0.48	医药生物
80	新希望	76 910 234.76	6 812 244.00	0.51	0.47	农林牧渔
81	铜陵有色	72 449 072.64	8 085 834.00	0.48	0.44	有色金属
82	奥飞动漫	70 555 566.50	1 922 495.00	0.47	0.43	传媒
83	新和成	68 555 332.02	5 533 118.00	0.45	0.42	医药生物
84	中色股份	68 804 520.96	6 921 984.00	0.45	0.42	有色金属
85	锡业股份	67 449 518.28	5 421 987.00	0.45	0.41	有色金属
86	国海证券	66 749 082.75	7 063 395.00	0.44	0.41	非银金融
87	软控股份	67 046 166.33	7 005 869.00	0.44	0.41	机械设备
88	海宁皮城	66 165 495.78	5 305 974.00	0.44	0.41	商业贸易
89	太钢不锈	64 989 816.35	24 524 459.00	0.43	0.4	钢铁
90	莱宝高科	61 423 884.60	5 435 742.00	0.41	0.38	电子

续表

序号	品种简称	持仓市值（元）	持仓数量（股）	占股票市值比(%)	占基金净值比(%)	行业
91	荣盛发展	62 323 859.83	6 581 189.00	0.41	0.38	房地产
92	云南铜业	62 537 967.87	8 217 867.00	0.41	0.38	有色金属
93	山西证券	61 232 780.07	9 434 943.00	0.4	0.38	非银金融
94	辰州矿业	58 735 031.96	7 852 277.00	0.39	0.36	有色金属
95	泛海控股	57 344 923.74	12 828 842.00	0.38	0.35	房地产
96	冀中能源	46 840 645.28	8 034 416.00	0.31	0.29	采掘
97	冀东水泥	42 103 774.08	5 178 816.00	0.28	0.26	建筑材料
98	獐子岛	42 157 780.44	3 015 578.00	0.28	0.26	农林牧渔
99	粤电力A	38 639 015.25	8 168 925.00	0.26	0.24	公用事业
100	中工国际	5 448 448.80	336 324.00	0.04	0.03	建筑装饰
101	神火股份	3 973 128.38	1 148 303.00	0.03	0.02	采掘
102	中天城投	3 890 376.90	762 819.00	0.03	0.02	房地产
103	登海种业	4 344 404.16	156 049.00	0.03	0.03	农林牧渔
104	滨江集团	2 336 130.72	412 016.00	0.02	0.01	房地产
105	中南建设	2 378 670.04	364 268.00	0.02	0.01	房地产
106	张裕A	3 012 351.62	124 942.00	0.02	0.02	食品饮料
107	露天煤业	2 246 959.00	345 686.00	0.01	0.01	采掘
108	美邦服饰	1 441 992.75	173 525.00	0.01	0.01	纺织服装
合计			1 457 880 345.00	100	92.82	

资料来源：Wind 资讯。

由表7.3可知：

第一，母基金的持仓中92.82%的持仓是股票，其余部分是为了保证基金流动性而配置的现金管理工具以及少量固定收益类资产。母基金的业绩表现与股票市场的表现关系密切。

第二，母基金的投资是充分分散化的。母基金的持股数量高达108只，其中占比最大的是万科A（股票代码：000002），即便如此，其所占的比重仅为5.28%。由于充分分散化，其持仓的每一只股票对于整体基金的贡献和影响极为有限，因此我们需要对这些股票做进一步处理。

我们处理的方式是将这些股票按照行业进行归类，计算每一行业所占的比重。这样，我们就知道，即便进行了充分的分散化，这个投资组合中还是有一些占比较高的行业的，因此当这些行业的股票表现较好时，基金的表现也会好。我们对母基金持仓的108只股票进行行业归类，并按照持仓市值进行计算，得出各行业的占比情况(见表7.4)。

表7.4　　银华深证100基金(基金代码:161812)的持仓行业占比

序号	行业	占比(%)	序号	行业	占比(%)
1	金融	10.52	13	商业贸易	3.06
2	房地产	9.01	14	公用事业	2.89
3	家用电器	8.93	15	电气设备	2.62
4	食品饮料	7.16	16	化工	1.90
5	汽车	7.02	17	钢铁	1.55
6	医药生物	6.89	18	采掘	1.54
7	传媒	6.30	19	综合	1.48
8	计算机	6.12	20	农林牧渔	1.39
9	机械设备	5.46	21	建筑装饰	0.94
10	电子	4.91	22	国防军工	0.89
11	有色金属	4.50	23	建筑材料	0.88
12	通信	3.47	24	纺织服装	0.01
合计			100.00		

资料来源:Wind资讯。

需要注意的是,上述比例的计算是根据母基金2014年中报所披露的持仓股票市值计算。实际上,由于每只股票的价格都会变动,表7.4中所计算的占比也会相应地发生变化,因此我们需要建立一个模型,对上述占比进行实时更新(模型的构建方法是:查询每一只股票的持仓,更新每日的最新股价,然后计算每一只股票的持仓市值;加总所有股票的持仓市值,并计算每只股票的持仓市值占比;最后再根据股票的行业分类将相同行业的股票占比汇总即可)。

我们仍以中报披露的数据为基准,来做进一步分析。从表7.4中我们可以看到,母基金持仓股票中市值最大的是行业金融行业,占比为10.52%;持仓市值前三位的分别是金融、房地产和家用电器,共占比28.46%;持仓市值前五位的分别是金融、房地产、家用电器、食品饮料和汽车,共占比42.64%。因此我们可以断定:

当金融、房地产、家用电器、食品饮料和汽车等这些大盘蓝筹行业的市场行情较好时,就是投资银华锐进(基金代码:150019)的好时机;

反过来,当金融、房地产、家用电器、食品饮料和汽车等这些大盘蓝筹行业

的市场行情较差时,应该避免投资银华锐进(基金代码:150019)。

2. 其他几只分级B基金的持仓明细分析

运用上述的方法,我们对于剩下的几只分级基金进行深入的分析,得出表7.5。

表7.5　　　　　　　　部分分级B基金的持仓行业配置

序号	基金代码	基金简称	跟踪指数	重仓行业
1	150019.SZ	银华锐进	深证100	金融、房地产、家用电器、食品饮料和汽车
2	150001.SZ	国投瑞银瑞福进取	深证100	金融、房地产、家用电器、食品饮料和汽车
3	150013.SZ	国联安双禧B中证100	中证100	50%金融(特别是银行,占35%)
4	150052.SZ	信诚沪深300B	沪深300	金融、房地产、食品饮料
5	150029.SZ	信诚中证500B	中证500	医药生物、化工、机械、电子

资料来源:Wind资讯。

3. 跟踪中小板指数和创业板指数的分级B基金的深入分析

细心的投资者可能已经发现,表7.5中并不包含分别跟踪中小板指数和创业板指数的两只分级基金,因为我们发现,运用上述分析方法对于这两只基金并不合适。

整个A股市场实际上呈现非常明显的分割。大致而言,可以分为:

(1)主板市场

包括所有在上海证券交易所上市的股票,以及在深圳证券交易所上市的非中小板和创业板股票。

(2)中小板市场

包括所有在深圳证券交易所上市的中小板股票,股票代码以"002"开头。

(3)创业板市场

包括所有在深圳证券交易所上市的创业板股票,股票代码以"300"开头。

熟悉A股市场的投资者都知道,投资资金会在上述三个市场中进行来回轮动,因而会出现某一个市场特别强势,而其他市场表现平庸的局面。试回顾2013年年初至2014年年初的这一时期,创业板指数屡创新高,而上证综指却相对疲软(见图7.2)。

我们在表7.5中所列示的分级基金,它们的投资标的大多在主板市场,而富国创业板B基金(基金代码:150183)和申万中小板B基金(基金代码:

资料来源：Wind 资讯。

图 7.2　创业板指数与上证综指走势对比

150086)分别跟踪的是创业板指数和中小板指数。

判断市场的资金是活跃在哪一个板块的方法也很简单,那就是对比几个市场指数的表现。

因此,加入富国创业板 B 基金(基金代码:150183)和申万中小板 B 基金(基金代码:150086)后,表 7.5 就变成了表 7.6。

表 7.6　　　　　　跟踪市场风格指数的分级 B 基金持仓分析

序号	基金代码	基金简称	跟踪指数	重仓行业
1	150019.SZ	银华锐进	深证 100	金融、房地产、家用电器、食品饮料和汽车
2	150001.SZ	国投瑞银瑞福进取	深证 100	金融、房地产、家用电器、食品饮料和汽车
3	150013.SZ	国联安双禧 B 中证 100	中证 100	50%金融(特别是银行,占 35%)
4	150052.SZ	信诚沪深 300B	沪深 300	金融、房地产、食品饮料
5	150029.SZ	信诚中证 500B	中证 500	医药生物、化工、机械、电子
6	150086.SZ	申万菱信中小板 B	中小板指	中小板
7	150153.SZ	富国创业板 B	创业板指	创业板

资料来源：Wind 资讯。

通过上面的分析，我们已经很清楚地了解了上述 7 只基金的业绩驱动因素了，只需要在这些因素发生积极的变化时进行投资就可以了，而对于这些因素进行监控就变得重要起来。这正是我们在第五章"基本面分析"和第六章"技术分析"中要进行的工作。

二、跟踪行业指数的分级 B 基金（行业指数基金）

跟踪行业指数的分级 B 基金比较简单，从这些基金的名称中很容易看出其行业分类。例如，申万菱信证券行业 B 基金（证券代码：150172），从名称中就能够看出它应该是跟踪某只证券行业指数的，而证券行业指数的成分股一定就是上市的证券公司股票了，因此一旦证券行业有利好的消息，它就是一个很好的投资标的。

因此，综合上面的分析，我们得到表 7.7。

表 7.7　　　　　　　　基金池中投资标的基本面分析

序号	基金代码	基金简称	跟踪指数简称	重仓行业或板块
1	150019.SZ	银华锐进	深证 100	金融、房地产、家用电器、食品饮料和汽车
2	150001.SZ	国投瑞银瑞福进取	深证 100	金融、房地产、家用电器、食品饮料和汽车
3	150013.SZ	国联安双禧 B 中证 100	中证 100	50% 金融（特别是银行，占 35%）
4	150052.SZ	信诚沪深 300B	沪深 300	金融、房地产、食品饮料
5	150029.SZ	信诚中证 500B	中证 500	生物医药、化工、机械、电子
6	150086.SZ	申万菱信中小板 B	中小板指	中小板
7	150153.SZ	富国创业板 B	创业板指	创业板
8	150172.SZ	申万菱信申万证券行业 B	证券Ⅱ（申万）	证券
9	150158.SZ	信诚中证 800 金融 B	中证 800 金融	金融
10	150182.SZ	富国中证军工 B	中证军工	军工
11	150187.SZ	申万菱信中证军工 B	中证军工	军工
12	150185.SZ	申万菱信中证环保产业 B	中证环保	环保
13	150191.SZ	新华中证环保产业 B	中证环保	环保
14	150131.SZ	国泰国证医药卫生 B	国证医药	生物医药
15	150118.SZ	国泰国证房地产 B	国证地产	房地产
16	150101.SZ	鹏华资源 B	A 股资源	资源
17	150097.SZ	招商中证大宗商品 B	大宗商品	大宗商品

我们将表 7.2 和表 7.7 进行整合，便得到更加完善的基金池（见表 7.8）。

表 7.8 更加完善的基金池

序号	基金名称 2014/12/5	母基金代码	母基金最新净值	上折点	距离上折点	分级A代码	分级A现价	分级A最新净值	分级A溢价率	分级B代码	分级B现价	分级B最新净值	分级B溢价率	套利收益率(拆分套利)	风格
1	国联安双禧中证100	162509	1.2360	到期折算		150012	0.989	1.1070	−10.66%	150013	1.511	1.3220	14.30%	5.36%	金融、房地产、家用电器、食品饮料和汽车
2	信诚中证500分级	165511	1.0290	2.000	94.36%	121007		1.0190		150001	1.113	1.2210	−8.85%		金融、房地产、家用电器、食品饮料和汽车
3	国投瑞银瑞福深证100	121099	1.1200	2.000	78.57%	150028	0.997	1.0510	−5.14%	150029	1.158	1.0140	14.20%	−2.36%	50%金融(特别是银行,占35%)
4	银华深证100	161812	0.8800	2.000	127.27%	150018	0.949	1.0560	−10.13%	150019	0.818	0.7040	16.19%	0.40%	金融、房地产、食品饮料
5	信诚沪深300分级	165515	1.1210	1.500	33.81%	150051	0.918	1.0590	−13.31%	150052	1.497	1.1830	26.54%	7.72%	生物医药、化工、机械、电子
6	申万菱信中小板	163111	1.1023	2.000	81.44%	150085	1.016	1.0378	−2.10%	150086	1.684	1.1668	44.33%	22.47%	中小板
7	富国创业板指数分级	161022	1.1253	1.500	33.33%	150152	0.974	1.0600	−8.11%	150153	1.699	1.1900	42.77%	18.80%	创业板
8	国泰国证房地产	160218	1.3165	2.000	51.92%	150117	1.020	1.0646	−4.19%	150118	1.860	1.5684	18.59%	9.38%	房地产
9	申万菱信中证环保产业	163114	1.2463	1.500	20.36%	150184	0.889	1.0312	−13.79%	150185	2.265	1.4614	54.99%	26.53%	环保
10	新华中证环保产业	164304	1.0490	1.500	42.99%	150190	0.973	1.0160	−4.23%	150191	1.355	1.0820	25.23%	10.96%	环保
11	富国中证军工	161024	1.0465	1.500	43.40%	150181	0.864	1.0090	−14.37%	150182	1.596	1.0830	47.37%	17.59%	军工
12	申万菱信中证军工	163115	1.2935	1.500	15.93%	150186	0.865	1.0222	−15.38%	150187	2.228	1.5656	42.31%	19.52%	军工
13	国泰国证医药卫生	160219	1.1004	1.500	36.31%	150130	1.035	1.0646	−2.78%	150131	1.518	1.1362	33.60%	16.00%	医药
14	申万菱信申万证券行业分级	163113	1.5049	1.500	−0.33%	150171	0.905	1.0441	−13.32%	150172	2.186	1.9657	11.21%	2.70%	证券
15	信诚中证800金融	165521	1.0000	1.500	50.00%	150157	0.914	1.0000	−8.60%	150158	2.484	1.0000	148.40%	69.90%	金融
16	鹏华中证A股资源产业	160620	1.2610	2.000	58.60%	150100	0.900	1.0560	−14.77%	150101	2.050	1.4660	39.84%	16.97%	资源
17	招商中证大宗商品	161715	0.9260	2.000	115.98%	150096	1.038	1.0600	−2.08%	150097	0.969	0.7920	22.35%	8.37%	大宗商品

至此,我们对可以投资的基金标的进行了比较细致而透彻的研究,并做好了向上折算和套利风险的监控体系。接下来,我们需要对市场和行业做分析。

第四节 市场和行业的基本面分析和技术分析的应用

第五章和第六章中我们分别简要介绍了股票投资的基本面分析。我们也可以将它们应用于分级B基金的投资上。

我们以国泰国证房地产B基金(证券代码:150118)为例。

一、基本面分析

一般投资者对于市场的分析不可能像专业研究员那么细致,只能进行比较模糊的分析,我们此处所要进行的分析,也采取这种方式。这种方式可以为一般投资者所理解和复制,具备更高的操作性。

我们所使用的资料均来自于公开市场,一般投资者都可以直接从网络上获取(我自己所经常使用的网站包括东方财富网、和讯网、腾讯财经等),本章中所使用的资料也由这些地方获取。

1. 宏观经济分析

经过三十多年的高速发展,中国的宏观经济增速在近年来有所放缓。以前"8%"是一个市场普遍认可的增长率,但是最近"8%"已经变得困难,经济正在进入"新常态",即经济增长速度会放缓至7%,伴随其中的是各种经济改革措施(混合所有制、新兴产业等)。

这是未来一段时期内中国经济发展的大环境。从这个大环境着手,我们大致可以做出如下判断:

第一,经济增速会放缓,但是从世界范围来看,7%的增速仍然是一个高增长的速度,因此对于宏观经济的前景不应该过度悲观。但是,在市场数据不断验证经济增速放缓的过程中,市场仍然会做出过度悲观的反应。投资者对于"新常态"需要一个适应过程,这个过程可能会持续较长时间。因此,在经济数据出炉的前后,投资者需要特别注意风险。

第二,经济在转型之中,各个行业的发展前景并不相同,一些传统的重污染、高能耗产业可能会受到抑制,一些新的产业会兴起,受到市场的热捧。因此,股市出现全面开花局面的概率较小,结构性的行情应该是主要特征——因此,跟踪行业指数的分级B基金或许会是较好的投资机会。

第三,经济增速放缓,政府政策会相对温和和宽松。在货币政策、财政政策、区域规划政策等方面,可能出现较好的倾向。经济增速放缓是一个十分敏感和重要的问题,控制不好会发生破坏力严重的硬着陆,因此政府政策会比较温和谨慎。

所以,综合来判断,未来经济增速虽然放缓,但是也会有一些新的行业崛起,政府政策也会部分对冲经济增速放缓所带来的冲击,市场的投资机会仍然存在,没有必要过分悲观。

2. 房地产行业的基本面分析

自20世纪90年代以来,房地产市场发展迅猛,房价节节攀升。地方政府为了增加财政收入,也鼓励房地产行业的发展,二十年间,房地产发展成为宏观经济中的支柱性产业之一,它所创造的价值、吸纳的就业、串联起的产业链都体量惊人。为了应对房价暴涨的局面,各届政府都出台了控制措施。这些措施或宽松或严格,目的在于抑制房价的上涨,但是却无法压制整个行业的发展。

所以,房地产行业在业绩与政策的平衡木上行走。一方面,房地产上市公司的业绩较好,而政策措施却比较严格。一旦政策有松动的迹象,房地产股票就会有所表现。

2011年中国实行的管控措施是最为严厉的,具体内容包括:二套房房贷首付比例提高至60%;对个人购买住房不足5年转手交易,统一按销售收入全额征税;商业银行暂停发放居民家庭购买第三套及以上住房贷款;严格限制向房地产行业的融资等。这些严厉的政策使房地产股票的走势也受到压制,从2013年9月份至2014年2月份,国泰国证房地产B基金(基金代码:150118)的价格也几乎腰斩(见图7.3)。

严厉的政策使房地产行业的发展受到压制,政府担心这一重要行业的持续抑制发展会对宏观经济造成伤害,特别是在整体经济下滑的宏观背景之下,这种担忧更是紧迫。于是,政策上也出现了松动,先后出台了放松限购、放松房地

资料来源：Wind 资讯。

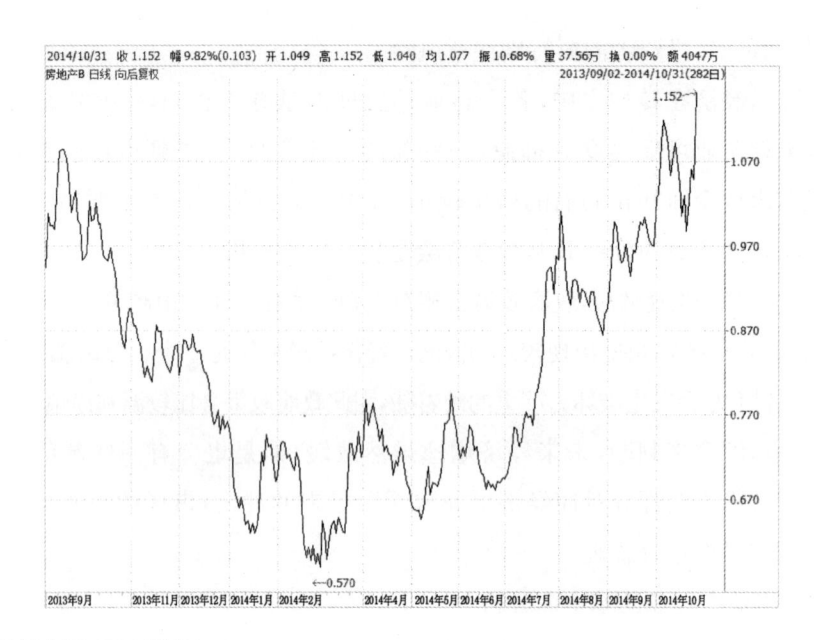

图 7.3　国泰国证房地产 B 基金（基金代码：150118）行情

产企业融资限制等，加上房地产行业的较好业绩支撑，房地产股票价格也企稳回升，国泰国证房地产 B 基金（基金代码：150118）也在 8 个月的时间内翻番，回到去年同期的水平（见图 7.3）。

运用我们在第五章中所介绍的跷跷板分析方法，我们将这些因素加到跷跷板上（见图 7.4）。

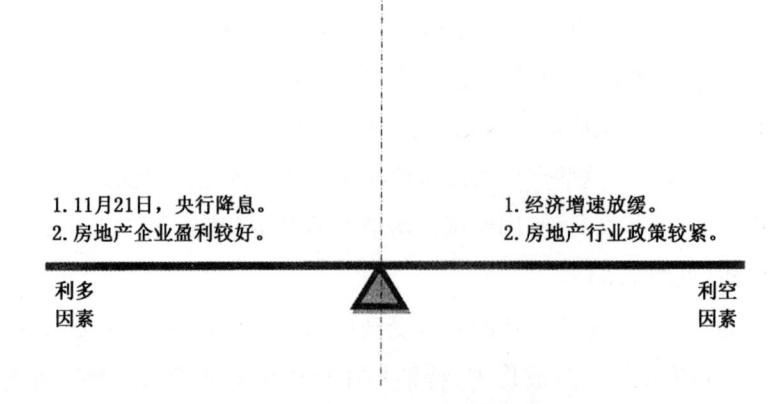

1. 11月21日，央行降息。
2. 房地产企业盈利较好。

1. 经济增速放缓。
2. 房地产行业政策较紧。

利多因素　　　　利空因素

图 7.4　房地产市场的基本面

对比这些利多因素和利空因素,我们可以做出对房地产行业基本面的基本认识。

以上,我们结合市场的基本面分析对国泰国证房地产 B 基金(基金代码:150118)的走势行情进行了解说。读者可以看到:

第一,对于分级 B 基金的基本面分析,我们只需要分析市场的大势和行业的发展趋势即可,并不需要深入了解这个行业中的每一只股票,所承担的工作量比我们进行个股的分析要轻得多。

第二,模糊的正确即可。我们不需要做过多的定量分析,只需要关注行业的基本面变化即可。对于行业的基本面,只要方向判断正确即可。

第三,分级 B 基金的基本面分析并不是一件特别困难的事情,因为有非常丰富的资料来帮助我们形成结论。除了房地产行业以外,证券行业、环保行业和基金行业都有非常丰富的资料。

二、技术分析

基本面分析判断方向,技术分析选择买卖时点。

1. 均线系统的运用

在第六章中,我们简单介绍了均线的用法,现在,我们将它用在对分级 B 基金走势的判断上,还是以国泰国证房地产 B 基金(基金代码:150118)为例(见图 7.5)。

在 2013 年 9 月份,5 日均线、10 日均线、20 日均线、60 日均线和 120 日均线高度贴合,终于到了一个不得不做出选择的时候。如果不看基本面的分析,此时的最佳策略是等待,等待市场做出方向选择后再进行下一步的行动。然后在 10 月份,市场选择的结果便一目了然,即选择向下,其标志就是:短期均线在长期均线之下,并且均线的斜率为负。短期均线在长期均线之下是典型的空头排列,即 120 日均线在最上方,5 日均线在最下方,其他均线依次分布于两者之间。均线的斜率为负,即均线是向右下方倾斜的,表明市场是在走低的。只要这种趋势没有改变,就不会有行情。虽然在 2014 年 1 月、3 月都出现过反弹,但是均线的排列顺序并没有改变,空头排列的特征仍然存在。直到 7 月份,各条均线再次相聚,重新做出选择。这一次是选择向上,均线呈现多头排列(短期均

资料来源：Wind 资讯。

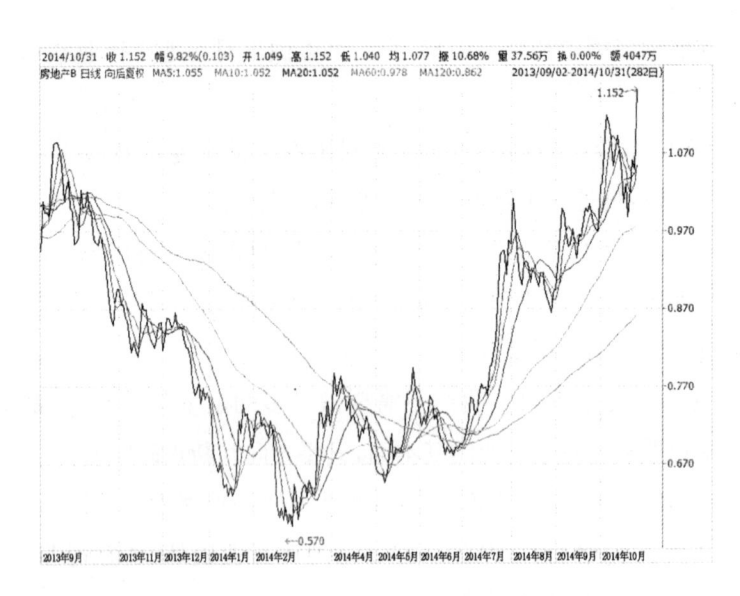

图 7.5　国泰国证房地产 B 基金（基金代码：150118）走势

线在长期均线之上），且均线的斜率为正（均线向右上方倾斜）。

利用均线系统来观测中长期走势是一个简单而常用的方法。这种方法虽然会错过 2014 年 1 月、3 月的反弹，但是也会避过较大级别的调整。我们选择那些均线呈现多头排列的股票或基金，虽然在短期内有可能出现亏损，但是稍微将时间拉长一点，一般都能够获得不错的收益。

在第一章中，我们知道分级 B 基金是反弹时的急先锋，但是我们通过观察每日均线会错过 2014 年 1 月、3 月的反弹，怎么解决这一问题呢？

办法很简单，那就是看更小级别的均线系统。我们一般使用的是 15 分钟级别的均线（见图 7.6）。

这里我们看到的是国泰国证房地产 B 基金（基金代码：150118）在 3 月份的一次反弹。实际上，投资者可以利用的小级别均线系统还有 1 分钟均线系统、5 分钟均线系统，以及 30 分钟和 60 分钟均线系统。级别越小，所反映的时间就越小。例如，日均线系统可以反映几个月的市场走势，15 分钟的可以显示几十天的市场走势。均线系统越小，投资者的利润空间就更小，交易就更为频繁——在第六章中，我们看到，利用 1 分钟均线系统的利润空间一般为 10% 左右；本章中我们看到，日均线系统的利润空间可能达到 30% 以上。

资料来源：Wind 资讯。

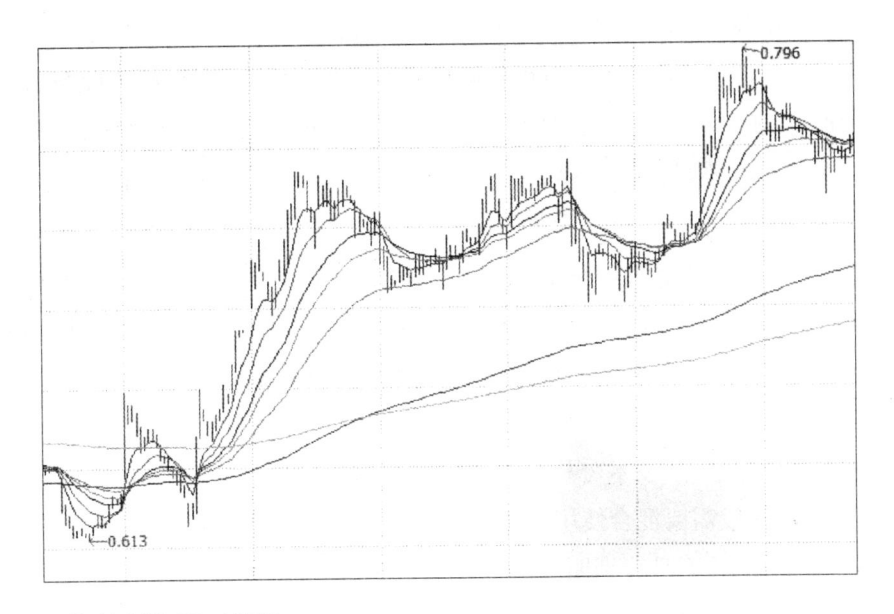

图 7.6　15 分钟级别下的国泰国证房地产 B 基金（基金代码：150118）走势

不过，最好的策略还是交叉使用几个级别的均线系统。

2. 蜡烛图

均线系统对于判断方向和买卖时点有较好的指导作用，而蜡烛图从投资者心理的角度对未来走势做出推测。我们还是来看具体的例子（见图 7.7）。

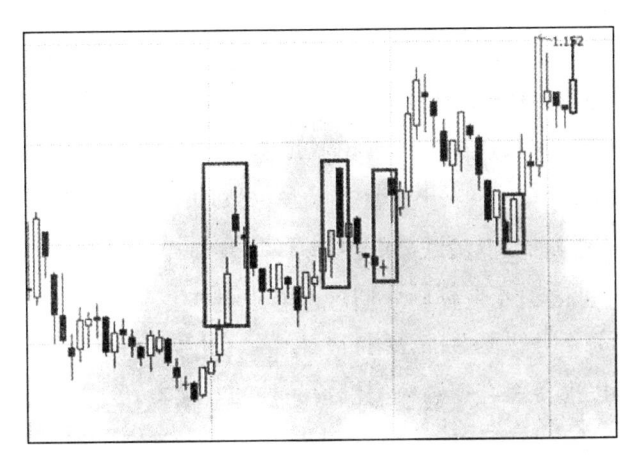

资料来源：Wind 资讯。

图 7.7　国泰国证房地产 B 基金（基金代码：150118）的蜡烛图走势

图 7.7 中我们分别可以看到黄昏之星、乌云盖顶、启明星以及看涨包孕的蜡烛图形态。不过这些形态出现的间隔并不是很长，并且既有看涨的形态也有看跌的形态，所以实际上这段时间行情并不是一个很稳定的状态，蜡烛图所显示出来的信息并不足以构成我们买入的理由——之所以在这里列举一个并不明显的上涨或下跌趋势，是因为我们想从另外一个角度来向读者展示技术分析的用法。在一般投资者的印象中，希望能够通过技术分析来判断股票的未来走势，但是市场的走势有时候是非常迷茫的，我们从这些技术形态的迷茫中所解读出来的信息也正是如此。而且，依靠单一的技术指标来进行判断是非常危险的，我们还需要找另外的指标来进行验证。

基本面分析也好，技术分析也好，都是投资者可以使用的手段。在实际投资中，这两种手段需要混合使用，互相加以印证。但是，有时候这些信息所表达出来的市场方向并不是特别明确的，基本面分析出来的可能是利好，但是技术面并没有支持这种结论；或者基本面处于不好的环境中，但是技术面却显示短期是一个投资的好机会。投资者应该牢记：这些分析手段的作用只是增加投资成功的概率，但是并不能保证百分之百的正确。除了分析手段之外，有时候我们还需要一点运气。

第五节 小 结

本章结合我们在分级 B 基金的投资实践，为读者介绍了分级 B 基金的投资流程和方法。当然，我们在本章中所介绍的，仅限于分级 B 基金的投资，并对分拆套利做了简要的介绍，这些并非分级基金投资的全部，投资者还可以衍生出更多的投资策略和方法，但是其基本原理在之前的篇章中都已经覆盖。只有不断地学习、练习和实践，才能提高我们投资成功的概率。

至此，我们关于分级基金的介绍告一段落。如果读者确信对这类基金的了解已足够，就可以准备将它作为我们投资品种的一类资产了，不过在此之前，我们需要对投资风险保持清醒的认识，这正是我们下一章的主题。

风险!风险!

为山九仞,功亏一篑。

第八章

风剑！风剑！

在前面的章节中，我们对于风险并没有进行集中的论述。因此，在本书的最后一章，我们有必要向读者做出风险提示。

本章共分为两节。第一节我们将探讨对于投资者来说，什么程度的风险是合适的。投资者的任何投资，都不应当超出他所能够承受的范围，否则会对正常的生活、工作造成极大的负面影响。第二节我们提出一些投资者应该具备的风险观。

第一节 多大的风险是合适的？

很多经典的教科书都给出了风险的衡量指标，例如 Beta 值、Sharp 比率等，但是它们基本上是不适用的，尤其是对个人投资者而言。

那么，对于大部分个人投资者，多大的风险是合适的？或者说，什么指标可以用来衡量个人投资者所承受的风险？

答案是：投资者自己的心理感受。

举例来说，小王是一名刚毕业的职场新人，年薪 10 万元。在工作两年之后，小王将积蓄的 10 万元全部投入股市，希望获得可观的收益来填补租房、旅游等方面的开支。但是，小王运气不好，入市的时候股市不景气，一进去就碰到一个跌停板，1 万元没有了。1 万元相当于小王 1 个多月的收入，他可能会坐卧不安，心神不宁。每到交易时段就忍不住要看盘面，希望它能够急速拉升，别的事情都没有办法集中精力来处理，只在交易时间以外的时间才能够进行本职工作。小王所持有的这只股票一旦有坏消息，他就愁眉不展；一旦有好消息，他又眉开眼笑。

小王在这里面临的风险是超出他的承受能力的。换言之，小王承担了过大的风险。

另外有一位投资者，他具备雄厚的财力，也同样投入 10 万元，跌停板或涨停板都不会对他的情绪和工作造成太大的干扰。那么，我们可以断定，他面临的风险在他的承受范围之内。

因此，我们认为，衡量个人投资者风险的指标，就是投资者的实际感受。

投资者对风险的实际感受，是由他的风险承受能力和风险承受意愿共同决定的。我们接着上面的例子继续说明。

在小王的例子中，他有很强的风险承受意愿，愿意用几乎所有的积蓄在市场上去博取收益。因此，从意愿上来讲，他的风险承受级别是"高"。但是，由于10万元几乎是他的全部资产，股票价格的波动会对他造成极大的情绪波动，乃至影响日常的生活和工作，那么我们可以断定，从能力上来讲，他的风险承受级别是"低"。

当风险承受意愿和风险承受能力出现不一致的时候，我们往往采取保守的评估办法，认定该投资者的风险等级为"低"。对于小王来说，8万元投资于固定收益类产品，2万元投资于股票或偏股型基金或许是更为合适的资产组合。

在第二个例子中，显然该投资者的风险承受意愿和风险承受能力较为匹配。

那么，我们有什么办法来衡量风险承受意愿和风险承受能力呢？

首先我们来看风险承受能力。

我们常用的指标是风险资产与总资产的占比。一般来说，风险资产占比越小，风险承受能力越强；反之亦然。

在小王的例子中，10万元几乎是他的全部资产，如果全部投资于风险资产，则风险资产的占比接近100%；在第二个例子中，该投资者可能有100万元，风险资产的占比只有10%。在波动的市场中，第二个例子中的投资者对于亏损的容忍程度会比小王高。同样一个跌停板，亏损1万元，对于小王来说，是损失了10%（1万元/10万元），对于第二个例子中的投资者来说，只是损失了1%（1万元/100万元），因此他们会有不同的感受。

再来看风险承受意愿。

这个指标与投资者的年龄、家庭、资产负债情况、爱好、知识结构等多方面的因素有关。例如，喜欢蹦极、坐过山车的投资者，比只喜欢轻度运动的投资者一般更愿意承担更高的风险；有负债的投资者一般比没有负债的投资者更倾向于保守的投资策略；等等。

总体来说，投资者对于风险的认识是一个非常难以量化的工作。很多投资者在购买金融产品之前,都会被要求进行风险测评。这些风险测评虽然并不能够全面和深入地评价投资者的风险偏好,但是在一定程度上能够做到如此。

第二节　投资者应该具备的风险观

一、亏损容易盈利难

从 30 元跌到 20 元,跌幅只是 33%;从 20 元涨回 30 元,涨幅需要达到 50%;

从 30 元跌到 15 元,跌幅只是 50%;从 15 元涨回 30 元,涨幅需要达到 100%。

投资者应该特别慎重地对待自己的每一笔投资。很多投资大师送出的第一条,也是最重要的一条建议就是:"不要亏本。"因为亏损容易盈利难。

二、宁可错过,不可错买

投资的目的是盈利,但是盈利的机会之中蕴藏着风险。对投资者来说,最保守的原则就是"宁可错过,不可错买"。你需要对自己的投资做深入细致的研究,在弄清楚你的投资项目之前,切勿盲目进入。虽然有可能因运气好而盈利,但是长此以往,好运气也会耗尽,受到伤害的永远是投资者自己。

三、卖比买更重要

投资盈利的手段,主要是赚取买卖差价。在什么时候卖,怎么卖,都是极其难以把握的问题。

很多投资者在买入之前或买入之后,都会不断修正自己的预期。例如,某只股票的买入价为 10 元,投资者的目标价位是 12 元。一旦股票不久之后真的涨起来,投资者的情绪会变得乐观起来。与此同时,关于股票上涨原因的各种利好消息会被重新挖掘和报道出来,其中有一些是单个投资者可能遗漏的,这时他可能会说:"哦,原来我还没有考虑到这个因素。如果把这个因素也加进去,预期目标要修正至 13 元了!"如果股价继续上冲,再加上大盘的配合,股价真的有可能很轻松就冲过原来 12 元的目标价位,投资者的预期也随着股价的上扬和乐观气氛的弥漫也被夸大,人性中贪婪的一面也在无形之中展现无遗,风险一旦降临,所有理性的判断就会在慌乱中被抹杀。

同样,如果一开始股价没有上扬,而是下跌了,投资者同样会修正自己的预期。当股价跌到 9.5 元时,投资者的预期可能已经变成了"一旦股价恢复到 10 元我就清仓撤离"。对于市场的恐惧被悲观的气氛所放大了。

第二条风险观是"宁可错过,不可错买"。但是,错买的现象并不可能完全杜绝,所以这时候如何卖出错买的资产,并尽可能减小损失就更加重要了。

四、不要做超出自己风险等级之外的投资

一个最简单的原则,就是这笔投资做完之后,无论盈亏,都不会对你的正常生活和工作受到显著而重大的影响。

不过,"富贵险中求",高风险往往伴随着高收益,适度的风险可以增加收益。我们强调风险,并不是奉劝投资者完全不承担风险,而是提醒投资者,应该在自己的风险范围内行事。

为山九仞,功亏一篑。投资者在做投资决策之前,务必把风险摆在第一位,尽量选择自己风险承受范围内的投资项目。

附录

附錄

附录 1

分级基金一览表

序号	母基金 基金代码	母基金 基金简称	分级 A 基金 基金代码	分级 A 基金 基金简称	分级 B 基金 基金代码	分级 B 基金 基金简称	成立日期
1	161207.OF	国投瑞银瑞和300	150008.SZ	国投瑞银瑞和小康	150009.SZ	国投瑞银瑞和远见	2009年10月14日
2	162509.OF	国联安双禧中证100	150012.SZ	国联安双禧A中证100	150013.SZ	国联安双禧B中证100	2010年4月16日
3	163406.OF	兴全合润分级	150016.SZ	兴全合润分级A	150017.SZ	兴全合润分级B	2010年4月22日
4	161812.OF	银华深证100	150018.SZ	银华稳进	150019.SZ	银华锐进	2010年5月7日
5	163109.OF	申万菱信深证成指分级	150022.SZ	申万菱信深证成收益	150023.SZ	申万菱信深成进取	2010年10月22日
6	164206.OF	天弘添利分级	150027.SZ	天弘添利分级A	150027.SZ	天弘添利分级B	2010年12月3日
7	165511.OF	信诚中证500分级	150028.SZ	信诚中证500A	150029.SZ	信诚中证500B	2011年2月11日
8	161816.OF	银华中证等权重90	150030.SZ	银华金利	150031.SZ	银华鑫利	2011年3月17日
9	160718.OF	嘉实多利分级	150032.SZ	嘉实多利优先	150033.SZ	嘉实多利进取	2011年3月23日
10	165310.OF	建信双利策略主题	150036.SZ	建信稳健	150037.SZ	建信进取	2011年5月6日
11	162215.OF	泰达宏利聚利分级	150034.SZ	泰达宏利聚利A	150035.SZ	泰达宏利聚利B	2011年5月13日
12	166010.OF	中欧鼎利分级	150039.SZ	中欧鼎利分级A	150040.SZ	中欧鼎利分级B	2011年6月16日
13	163003.OF	长信利鑫分级	163004.OF	长信利鑫分级A	150042.SZ	长信利鑫瑞样	2011年6月24日
14	161818.OF	银华消费主题分级	150047.SZ	银华瑞吉	150048.SZ	银华瑞祥	2011年9月28日
15	164208.OF	天弘丰利分级	164209.OF	天弘丰利分级A	150046.SZ	天弘丰利分级B	2011年11月23日
16	162216.OF	泰达宏利中证500	150053.SZ	泰达稳健	150054.SZ	泰达进取	2011年12月1日
17	160808.OF	长盛同端中证200	150064.SZ	长盛同端A	150065.SZ	长盛同端B	2011年12月6日

续表

序号	母基金 基金代码	母基金 基金简称	分级 A 基金 基金代码	分级 A 基金 基金简称	分级 B 基金 基金代码	分级 B 基金 基金简称	成立日期
18	161819.OF	银华中证内地资源主题	150059.SZ	银华金瑞	150060.SZ	银华鑫瑞	2011年12月8日
19	160618.OF	鹏华丰泽分级	160619.OF	鹏华丰泽分级A	150061.SZ	鹏华丰泽分级B	2011年12月8日
20	166401.OF	浦银安盛增利分级	150062.SZ	浦银安盛增利A	150063.SZ	浦银安盛增利B	2011年12月13日
21	160217.OF	国泰信用互利分级	150066.SZ	国泰互利A	150067.SZ	国泰互利B	2011年12月29日
22	162010.OF	长城久兆中小板300	150057.SZ	长城久兆稳健	150058.SZ	长城久兆积极	2012年1月30日
23	164809.OF	工银瑞信中证500	150055.SZ	工银瑞信中证500A	150056.SZ	工银瑞信中证500B	2012年1月31日
24	165515.OF	信诚沪深300分级	150051.SZ	信诚沪深300A	150052.SZ	信诚沪深300B	2012年2月1日
25	165705.OF	诺德双翼分级	165706.OF	诺德双翼A	150068.SZ	诺德双翼B	2012年2月16日
26	162105.OF	金鹰持久回报分级	162106.OF	金鹰持久回报A	150078.SZ	金鹰持久回报B	2012年3月9日
27	160127.OF	南方新兴消费增长	150049.SZ	南方新兴消费收益	150050.SZ	南方新兴消费进取	2012年3月13日
28	162510.OF	国联安双力中小板	150069.OF	国联安双力中小板A	150070.SZ	国联安双力中小板B	2012年3月23日
29	166011.OF	中欧盛世成长分级	150071.SZ	中欧盛世成长A	150072.SZ	中欧盛世成长B	2012年3月29日
30	163209.OF	诺安中证创业成长	150073.SZ	诺安稳健	150075.SZ	诺安进取	2012年3月29日
31	165517.OF	信诚双盈分级	165518.OF	信诚双盈分级A	150081.SZ	信诚双盈分级B	2012年4月13日
32	166012.OF	中欧信用增利分级	166013.OF	中欧信用增利A	150087.SZ	中欧信用增利B	2012年4月16日
33	166802.OF	浙商沪深300	150076.SZ	浙商稳健	150077.SZ	浙商进取	2012年5月7日
34	166105.OF	信达澳银稳定增利	166106.OF	信达澳银稳定增利A	150082.SZ	信达澳银稳定增利B	2012年5月7日
35	162714.OF	广发深证100分级	150083.SZ	广发深证100A	150084.SZ	广发深证100B	2012年5月7日

续表

序号	母基金 基金代码	母基金 基金简称	分级A基金 基金代码	分级A基金 基金简称	分级B基金 基金代码	分级B基金 基金简称	成立日期
36	163111.OF	申万菱信中小板	150085.SZ	申万菱信中小板A	150086.SZ	申万菱信中小板B	2012年5月8日
37	160806.OF	长盛同庆中证800	150098.SZ	长盛同庆中证800A	150099.SZ	长盛同庆中证800B	2012年5月12日
38	162511.OF	国联安双佳信用	162512.OF	国联安双佳信用A	150080.SZ	国联安双佳信用B	2012年6月4日
39	162107.OF	金鹰中证500	150088.SZ	金鹰中证500A	150089.SZ	金鹰中证500B	2012年6月5日
40	160417.OF	华安沪深300	150104.SZ	华安沪深300A	150105.SZ	华安沪深300B	2012年6月25日
41	161715.OF	招商中证大宗商品	150096.SZ	招商中证大宗商品A	150097.SZ	招商中证大宗商品B	2012年6月28日
42	121099.OF	国投瑞银瑞福进取	121007.OF	国投瑞银瑞福优先	150001.SZ	国投瑞银瑞福进取	2012年7月17日
43	161910.OF	万家中证创业成长	150090.SZ	万家中证创业成长A	150091.SZ	万家中证创业成长B	2012年8月2日
44	166301.OF	华商中证500分级	150110.SZ	华商中证500A	150111.SZ	华商中证500B	2012年9月6日
45	162907.OF	泰信基本面400	150094.SZ	泰信基本面400A	150095.SZ	泰信基本面400B	2012年9月7日
46	165707.OF	诺德深证300分级	150092.SZ	诺德深证300A	150093.SZ	诺德深证300B	2012年9月10日
47	160809.OF	长盛同辉深证100等权	150108.SZ	长盛同辉深证100等权A	150109.SZ	长盛同辉深证100等权B	2012年9月13日
48	161118.OF	易方达中小板指数	150106.SZ	易方达中小板指数A	150107.SZ	易方达中小板指数B	2012年9月20日
49	160620.OF	鹏华中证A股资源产业	150100.SZ	鹏华资源A	150101.SZ	鹏华资源B	2012年9月27日
50	164811.OF	工银瑞信深证100	150112.SZ	工银瑞信深证100A	150113.SZ	工银瑞信深证100B	2012年10月25日
51	550017.OF	信诚添金分级	550015.OF	信诚季季添金	550016.OF	信诚岁岁添金	2012年12/12日
52	163907.OF	中海惠裕纯债分级	163908.OF	中海惠裕纯债分级A	150114.SZ	中海惠裕纯债分级B	2013年1月7日
53	161823.OF	银华永兴纯债	161824.OF	银华永兴纯债A	150116.SZ	银华永兴纯债B	2013年1月18日

续表

序号	母基金 基金代码	母基金 基金简称	分级A基金 基金代码	分级A基金 基金简称	分级B基金 基金代码	分级B基金 基金简称	成立日期
54	166016.OF	中欧纯债分级	166017.OF	中欧纯债A	150119.SZ	中欧纯债B	2013年1月31日
55	163005.OF	长信利众分级	163006.OF	长信利众A	150102.SZ	长信利众B	2013年2月4日
56	160218.OF	国泰国证房地产	150117.SZ	国泰国证房地产A	150118.SZ	国泰国证房地产B	2013年2月6日
57	161716.OF	招商双债增强分级	161717.OF	招商双债增强A	150127.SZ	招商双债增强B	2013年3月1日
58	164812.OF	工银瑞信增利分级	164813.OF	工银瑞信增利A	150128.SZ	工银瑞信增利B	2013年3月6日
59	165312.OF	建信央视财经50	150123.SZ	建信央视财经50A	150124.SZ	建信央视财经50B	2013年3月28日
60	161507.OF	银河沪深300成长	150121.SZ	银河沪深300成长A	150122.SZ	银河沪深300成长B	2013年3月29日
61	160622.OF	鹏华丰利分级	160623.OF	鹏华丰利A	150129.SZ	鹏华丰利B	2013年4月23日
62	165807.OF	东吴鼎利分级	165808.OF	东吴鼎利A	150120.SZ	东吴鼎利B	2013年4月25日
63	167701.OF	德邦企债分级	150133.SZ	德邦企债分级A	150134.SZ	德邦企债分级B	2013年4月25日
64	162108.OF	金鹰元盛分级	162109.OF	金鹰元盛分级A	150132.SZ	金鹰元盛分级B	2013年5月2日
65	000091.OF	信诚新双盈	000092.OF	信诚新双盈A	000093.OF	信诚新双盈B	2013年5月9日
66	167501.OF	安信宝利分级	167502.OF	安信宝利分级A	150137.SZ	安信宝利分级B	2013年7月24日
67	167601.OF	国金通用沪深300	150140.SZ	国金通用沪深300A	150141.SZ	国金通用沪深300B	2013年7月26日
68	161718.OF	招商沪深300高贝塔	150145.SZ	招商沪深300高贝塔A	150146.SZ	招商沪深300高贝塔B	2013年8月1日
69	161826.OF	银华中证转债	150143.SZ	银华中证转债A	150144.SZ	银华中证转债B	2013年8月15日
70	165519.OF	信诚中证800医药	150148.SZ	信诚中证800医药A	150149.SZ	信诚中证800医药B	2013年8月16日
71	160219.OF	国泰国证医药卫生	150130.SZ	国泰国证医药卫生A	150131.SZ	国泰国证医药卫生B	2013年8月29日

续表

序号	母基金 基金代码	母基金 基金简称	分级A基金 基金代码	分级A基金 基金简称	基金代码	分级B基金 基金简称	成立日期
72	165520.OF	信诚中证800有色	150150.SZ	信诚中证800有色A	150151.SZ	信诚中证800有色B	2013年8月30日
73	161014.OF	富国汇利回报分级	150020.SZ	富国汇利回报分级A	150021.SZ	富国汇利回报分级B	2013年9月9日
74	163909.OF	中海惠丰纯债分级	163910.OF	中海惠丰纯债A	150154.SZ	中海惠丰纯债B	2013年9月12日
75	161022.OF	富国创业板指数分级	150152.SZ	富国创业板A	150153.SZ	富国创业板B	2013年9月12日
76	164210.OF	天弘同利分级	164211.OF	天弘同利分级A	150147.SZ	天弘同利分级B	2013年9月17日
77	163825.OF	中银互利分级	163826.OF	中银互利A	150156.SZ	中银互利B	2013年9月24日
78	000291.OF	鹏华丰信分级	000292.OF	鹏华丰信分级A	000293.OF	鹏华丰信分级B	2013年10月22日
79	161825.OF	银华中证800等权重	150138.SZ	银华中证800A	150139.OF	银华中证800B	2013年11月5日
80	164703.OF	汇添富利互聚盈分级	164704.OF	汇添富利互聚盈A	150142.SZ	汇添富利互聚盈B	2013年11月6日
81	000428.OF	易方达聚盈分级	000429.OF	易方达聚盈A	000430.OF	易方达聚盈B	2013年11月14日
82	000387.OF	泰达宏利瑞利分级	000387.OF	泰达宏利瑞利A	000388.OF	泰达宏利瑞利B	2013年11月14日
83	000440.OF	大成景祥分级	000357.OF	大成景祥A	000358.OF	大成景祥B	2013年11月19日
84	000316.OF	中海惠利纯债分级	000317.OF	中海惠利纯债A	000318.OF	中海惠利纯债B	2013年11月21日
85	000340.OF	嘉实新兴市场	000341.OF	嘉实新兴市场A	000342.OF	嘉实新兴市场B	2013年11月26日
86	166021.OF	中欧纯债添利分级	166022.OF	中欧纯债添利A	150159.SZ	中欧纯债添利B	2013年11月28日
87	519055.OF	海富通双利分级	519052.OF	海富通双利分级A	519053.OF	海富通双利分级B	2013年12月4日
88	000382.OF	富国恒利分级	000383.OF	富国恒利分级A	000384.OF	富国恒利分级B	2013年12月9日
89	161626.OF	融通通福分级	161627.OF	融通通福A	150160.SZ	融通通福B	2013年12月10日

续表

序号	母基金 基金代码	母基金 基金简称	分级 A 基金 基金代码	分级 A 基金 基金简称	分级 B 基金 基金代码	分级 B 基金 基金简称	成立日期
90	165521.OF	信诚中证800金融	150157.SZ	信诚中证800金融A	150158.SZ	信诚中证800金融B	2013年12月20日
91	161811.OF	银华沪深300分级	150167.SZ	银华沪深300A	150168.SZ	银华沪深300B	2014年1月7日
92	000497.OF	财通纯债分级	000498.OF	财通纯债分级A	000499.OF	财通纯债分级B	2014年1月17日
93	000453.OF	国金通用鑫利分级	000454.OF	国金通用鑫利A	000455.OF	国金通用鑫利B	2014年1月21日
94	164302.OF	新华惠鑫分级	164303.OF	新华惠鑫分级A	150161.SZ	新华惠鑫分级B	2014年1月24日
95	164705.OF	汇添富恒生指数	150169.SZ	汇添富恒生指数A	150170.SZ	汇添富恒生指数B	2014年3月6日
96	164509.OF	国富恒利分级	164510.OF	国富恒利分级A	150166.SZ	国富恒利分级B	2014年3月10日
97	163113.OF	申万菱信申万证券行业分级	150171.SZ	申万菱信申万证券行业A	150172.SZ	申万菱信申万证券行业B	2014年3月13日
98	000500.OF	华富恒富分级	000501.OF	华富恒富A	000502.OF	华富恒富B	2014年3月19日
99	161024.OF	富国中证军工	150181.SZ	富国中证军工A	150182.SZ	富国中证军工B	2014年4月4日
100	161831.OF	银华恒生H股	150175.SZ	银华恒生H股A	150176.SZ	银华恒生H股B	2014年4月9日
101	160626.OF	鹏华中信信息技术	150179.SZ	鹏华信息A	150180.SZ	鹏华信息B	2014年5月5日
102	160625.OF	鹏华中证800非银行金融	150177.SZ	鹏华非银行A	150178.SZ	鹏华非银行B	2014年5月5日
103	519059.OF	海富通双福分级	519057.OF	海富通双福A	519058.OF	海富通双福B	2014年5月6日
104	000622.OF	华富恒财分级	000623.OF	华富恒财分级A	000624.OF	华富恒财分级B	2014年5月7日
105	165809.OF	东吴中证可转换债券	150164.SZ	东吴中证可转换债券A	150165.SZ	东吴中证可转换债券B	2014年5月9日
106	161827.OF	银华永益分级	161828.OF	银华永益A	150162.SZ	银华永益B	2014年5月22日
107	163114.OF	申万菱信中证环保产业	150184.SZ	申万菱信中证环保产业A	150185.SZ	申万菱信中证环保产业B	2014年5月30日

续表

序号	母基金 基金代码	母基金 基金简称	分级A基金 基金代码	分级A基金 基金简称	分级B基金 基金代码	分级B基金 基金简称	成立日期
108	000631.OF	中银聚利分级	000632.OF	中银聚利A	000633.OF	中银聚利B	2014年6月5日
109	163115.OF	申万菱信中证军工	150186.SZ	申万菱信中证军工A	150187.SZ	申万菱信中证军工B	2014年7月24日
110	161719.OF	招商可转债	150188.SZ	招商可转债A	150189.SZ	招商可转债B	2014年7月31日
111	000674.OF	中海惠祥分级	000675.OF	中海惠祥分级A	000676.OF	中海惠祥分级B	2014年8月29日
112	161025.OF	富国中证移动互联网	150194.SZ	富国中证移动互联网A	150195.SZ	富国中证移动互联网B	2014年9月2日
113	164304.OF	新华中证环保产业	150190.SZ	新华中证环保产业A	150191.SZ	新华中证环保产业B	2014年9月11日
114	160628.OF	鹏华中证800地产	150192.SZ	鹏华中证800地产A	150193.SZ	鹏华中证800地产B	2014年9月12日
115	000813.OF	鑫元合享分级	000814.OF	鑫元合享分级A	000815.SZ	鑫元合享分级B	2014年10月15日
116	160222.OF	国泰国证食品饮料	150198.SZ	国泰国证食品饮料A	150199.SZ	国泰国证食品饮料B	2014年10月23日
117	000768.OF	长城久盈纯债	000769.OF	长城久盈纯债A	000770.OF	长城久盈纯债B	2014年10月28日
118	161720.OF	招商中证券公司	150200.SZ	招商中证券公司A	150201.SZ	招商中证券公司B	2014年11月13日
119	160630.OF	鹏华中证国防	150205.SZ	鹏华中证国防A	150206.SZ	鹏华中证国防B	2014年11月13日
120	161721.OF	招商沪深300地产	150207.SZ	招商沪深300地产A	150208.SZ	招商沪深300地产B	2014年11月27日
121	165522.OF	信诚中证TMT产业	150173.SZ	信诚中证TMT产业A	150174.SZ	信诚中证TMT产业B	2014年11月28日
122	160629.OF	鹏华中证传媒	150203.SZ	鹏华中证传媒A	150204.SZ	鹏华中证传媒B	2014年12月11日
123	000909.OF	鑫元合丰分级	000910.OF	鑫元合丰分级A	000911.OF	鑫元合丰分级B	2014年12月16日
124		中加纯债	000914.OF	中加纯债A	000915.OF	中加纯债B	2014年12月17日
125	161026.OF	富国国改革	150209.SZ	富国国改革A	150210.SZ	富国国改革B	2014年12月17

资料来源：Wind资讯（截至2014年12月31日）。

附录 2　分级基金的分组及分级 A 基金的约定收益率一览表

组别	序号	母基金 基金代码	母基金 基金简称	分级 A 基金 基金代码	分级 A 基金 基金简称	分级 A 基金 约定收益率	分级 B 基金 基金代码	分级 B 基金 基金简称
I	1	161207.OF	国投瑞银瑞和 300	150008.SZ	国投瑞银瑞和小康	年阈值为 10%	150009.SZ	国投瑞银瑞和远见
	2	162509.OF	国联安双禧中证 100	150012.SZ	国联安双禧 A 中证 100	一年期银行定期存款利率+3.5%	150013.SZ	国联安双禧 B 中证 100
	3	163406.OF	兴全合润分级	150016.SZ	兴全合润分级 A		150017.SZ	兴全合润分级 B
	4	161812.OF	银华深证 100	150018.SZ	银华稳进	一年期同期银行定期存款利率（税后）+3%	150019.SZ	银华锐进
	5	161014.OF	富国汇利回报分级	150020.SZ	富国汇利回报分级 A	两年期定期存款基准利率（税后）+利差	150021.SZ	富国汇利回报分级 B
	6	163109.OF	申万菱信深成指分级	150022.SZ	申万菱信深成收益	一年期银行定期存款利率（税后）+3.00%	150023.SZ	申万菱信深成进取
	7	165511.OF	信诚中证 500 分级	150028.SZ	信诚中证 500A	一年期银行定期存款利率（税后）+3.2%	150029.SZ	信诚中证 500B
	8	161816.OF	银华中证等权重 90	150030.SZ	银华金利	同期银行人民币一年期存款利率（税后）+3.5%	150031.SZ	银华鑫利
	9	160718.OF	嘉实多利分级	150032.SZ	嘉实多利优先	约定年收益率在存续期内恒定为 5%	150033.SZ	嘉实多利进取
	10	162215.OF	泰达宏利聚利分级	150034.SZ	泰达宏利聚利 A	五年期国债到期收益率×1.3	150035.SZ	泰达宏利聚利 B
	11	165310.OF	建信双利策略主题	150036.SZ	建信稳健	一年期银行定期存款利率+3.5%	150037.SZ	建信进取
	12	166010.OF	中欧鼎利分级	150039.SZ	中欧鼎利分级 A	一年期银行定期存款利率+1%	150040.SZ	中欧鼎利分级 B
	13	161818.OF	银华消费主题分级	150047.SZ	银华瑞吉	同期银行人民币一年期存款利率+4%	150048.SZ	银华瑞祥

续表

组别	序号	母基金		分级A基金		约定收益率	分级B基金	
		基金简称	基金代码	基金简称	基金代码		基金代码	基金简称
I	14	南方新兴消费增长	160127.OF	南方新兴消费收益	150049.SZ	一年期银行定期存款利率（税后）+3.2%	150050.SZ	南方新兴消费进取
	15	信诚沪深300分级	165515.OF	信诚沪深300A	150051.SZ	一年期银行定期年款利率（税后）+3.0%	150052.SZ	信诚沪深300B
	16	泰达宏利中证500	162216.OF	泰达稳健	150053.SZ	一年期同期银行定期存款利率（税后）+3.5%	150054.SZ	泰达进取
	17	工银瑞信中证500	164809.OF	工银瑞信中证500A	150055.SZ	一年期同期银行定期存款利率（税后）+3.5%	150056.SZ	工银瑞信中证500B
	18	长城久兆中小板300	162010.OF	长城久兆稳健	150057.SZ	约定年收益率在运作期间内恒定为5.8%	150058.SZ	长城久兆积极
	19	银华中证内地资源主题	161819.OF	银华金瑞	150059.SZ	同期银行人民币一年期定期存款利率+3.5%	150060.SZ	银华鑫瑞
	20	浦银安盛增利分级	166401.OF	浦银安盛增利A	150062.SZ	三年期银行定期存款利率+0.25%	150063.SZ	浦银安盛增利B
	21	长盛同瑞中证200	160808.OF	长盛同瑞A	150064.SZ	一年期银行定期存款利率（税后）+3.5%	150065.SZ	长盛同瑞B
	22	国泰信用互利分级	160217.OF	国泰互利A	150066.SZ	一年期银行定期存款利率+1.5%	150067.SZ	国泰互利B
	23	国联安双力中小板分级	162510.OF	国联安双力中小板A	150069.SZ	一年期银行定期存款利率+3.5%	150070.SZ	国联安双力中小板B
	24	中欧盛世成长分级	166011.OF	中欧盛世成长A	150071.SZ	约定年收益率在运作期间内恒定为6.50%	150072.SZ	中欧盛世成长B
	25	诺安中证创业成长	163209.OF	诺安稳健	150073.SZ	同期银行人民币一年期定期存款利率（税后）+3.5%	150075.SZ	诺安进取
	26	浙商沪深300	166802.OF	浙商稳健	150076.SZ	一年期银行定期存款利率（税后）+3%	150077.SZ	浙商进取

续表

组别	序号	母基金 基金代码	母基金 基金简称	分级A基金 基金代码	分级A基金 基金简称	约定收益率	分级B基金 基金代码	分级B基金 基金简称
I	27	162714.OF	广发深证100分级	150083.SZ	广发深证100A	同期银行人民币一年期定期存款利率(税后)+3.5%	150084.SZ	广发深证100B
	28	163111.OF	申万菱信中小板	150085.SZ	申万菱信中小板A	一年期银行定期存款利率(税后)+3.5%	150086.SZ	申万菱信中小板B
	29	162107.OF	金鹰中证500	150088.SZ	金鹰中证500A	一年期银行定期存款利率(税后)+3.5%	150089.SZ	金鹰中证500B
	30	161910.OF	万家中证创业成长	150090.SZ	万家中证创业成长A	一年期银行定期存款利率+3.5%	150091.SZ	万家中证创业成长B
	31	165707.OF	诺德深证300分级	150092.SZ	诺德深证300A	同期银行人民币一年期定期存款利率(税后)+3%	150093.SZ	诺德深证300B
	32	162907.OF	泰信基本面400	150094.SZ	泰信基本面400A	同期银行人民币一年期定期存款利率(税后)+3.5%	150095.SZ	泰信基本面400B
	33	161715.OF	招商中证大宗商品	150096.SZ	招商中证大宗商品A	一年期银行人民币一年期定期存款利率(税后)+3.5%	150097.SZ	招商中证大宗商品B
	34	160806.OF	长盛同庆中证800	150098.SZ	长盛同庆中证800A	一年期银行人民币一年期定期存款利率(税后)+3.5%	150099.SZ	长盛同庆中证800B
	35	160620.OF	鹏华中证A股资源产业	150100.SZ	鹏华资源A	同期银行人民币一年期定期存款利率(税后)+3%	150101.SZ	鹏华资源B
	36	160417.OF	华安沪深300	150104.SZ	华安沪深300A	同期银行人民币一年期定期存款利率(税后)+3.5%	150105.SZ	华安沪深300B
	37	161118.OF	易方达中小板指数	150106.SZ	易方达中小板指数100A	约定年基准收益率在分级运作期内恒定为7.0%	150107.SZ	易方达中小板指数100B
	38	160809.OF	长盛同辉深证100等权	150108.SZ	长盛同辉深证100等权A	约定年收益率在分级运作期内恒定为7.0%	150109.SZ	长盛同辉深证100等权B
	39	166301.OF	华商中证500分级	150110.SZ	华商中证500A	三年期人民币存款基准利率+2%	150111.SZ	华商中证500B

续表

组别	序号	母基金 基金代码	母基金 基金简称	分级A基金 基金代码	分级A基金 基金简称	约定收益率	分级B基金 基金代码	分级B基金 基金简称
I	40	164811.OF	工银瑞信深证100	150112.SZ	工银瑞信深证100A	一年期同期银行定期存款利率（税后）+3.5%	150113.SZ	工银瑞信深证100B
I	41	160218.OF	国泰国证房地产	150117.SZ	国泰国证房地产A	一年期定期存款利率（税后）+4.00%	150118.SZ	国泰国证房地产B
I	42	161507.OF	银河沪深300成长	150121.SZ	银河沪深300成长A	一年期银行定期存款利率（税后）+3.5%	150122.SZ	银河沪深300成长B
I	43	165312.OF	建信央视财经50	150123.SZ	建信央视财经50A	同期银行人民币一年期定期存款利率（税后）+4.5%	150124.SZ	建信央视财经50B
I	44	160219.OF	国泰国证医药卫生	150130.SZ	国泰国证医药卫生A	一年期定期存款利率（税后）+4.00%	150131.SZ	国泰国证医药卫生B
I	45	167701.OF	德邦企债分级	150133.SZ	德邦企债分级A	一年期存款利率+1.2%	150134.SZ	德邦企债分级B
I	46	161825.OF	银华中证800等权重	150138.SZ	银华中证800A	同期银行人民币一年期定期存款利率+3.5%	150139.SZ	银华中证800B
I	47	167601.OF	国金通用沪深300	150140.SZ	国金通用沪深300A	同期银行人民币一年期定期存款利率（税后）+3.5%	150141.SZ	国金通用沪深300B
I	48	161826.OF	银华中证转债	150143.SZ	银华中证转债A	同期银行人民币一年期定期存款利率（税后）+3.0%	150144.SZ	银华中证转债B
I	49	161718.OF	招商沪深300高贝塔	150145.SZ	招商沪深300高贝塔A	一年期银行定期存款利率（税后）+3.5%	150146.SZ	招商沪深300高贝塔B
I	50	165519.OF	信诚中证800医药	150148.SZ	信诚中证800医药A	一年期银行定期存款利率（税后）+3.2%	150149.SZ	信诚中证800医药B
I	51	165520.OF	信诚中证800有色	150150.SZ	信诚中证800有色A	一年期银行定期存款利率（税后）+3.2%	150151.SZ	信诚中证800有色B
I	52	161022.OF	富国创业板指数分级	150152.SZ	富国创业板A	同期银行人民币一年期定期存款利率（税后）+3.5%	150153.SZ	富国创业板B

续表

序号	母基金 基金代码	母基金 基金简称	分级A基金 基金代码	分级A基金 基金简称	约定收益率	分级B基金 基金代码	分级B基金 基金简称
53	165521.OF	信诚中证800金融	150157.SZ	信诚中证800金融A	一年期银行定期存款年利率（税后）+3.2%	150158.SZ	信诚中证800金融B
54	165809.OF	东吴中证可转换债券	150164.SZ	东吴中证可转换债券A	一年期银行定期存款年利率（税后）+3.0%	150165.SZ	东吴中证可转换债券B
55	161811.OF	银华沪深300分级	150167.SZ	银华沪深300A	同期银行人民币一年期定期存款利率（税后）+3.5%	150168.SZ	银华沪深300B
56	164705.OF	汇添富恒生指数	150169.SZ	汇添富恒生指数A	同期银行人民币一年期定期存款利率（税后）+3.00%	150170.SZ	汇添富恒生指数B
57	163113.OF	申万菱信申万证券行业分级	150171.SZ	申万菱信申万证券行业A	一年期银行定期存款利率（税后）+3.00%	150172.SZ	申万菱信申万证券行业B
58	161831.OF	银华恒生H股	150175.SZ	银华恒生H股A	同期银行人民币一年期定期存款利率+3.5%	150176.SZ	银华恒生H股B
59	160625.OF	鹏华中证800非银行金融	150177.SZ	鹏华非银行A	同期银行人民币一年期定期存款利率（税后）+3%	150178.SZ	鹏华非银行B
60	160626.OF	鹏华中证信息技术	150179.SZ	鹏华信息A	同期银行人民币一年期定期存款利率（税后）+3%	150180.SZ	鹏华信息B
61	161024.OF	富国中证军工	150181.SZ	富国中证军工A	同期银行人民币一年期定期存款利率（税后）+3%	150182.SZ	富国中证军工B
62	163114.OF	申万菱信中证环保产业	150184.SZ	申万菱信中证环保产业A	一年期银行定期存款利率（税后）+3.00%	150185.SZ	申万菱信中证环保产业B
63	163115.OF	申万菱信中证军工	150186.SZ	申万菱信中证军工A	一年期银行定期存款利率（税后）+3.00%	150187.SZ	申万菱信中证军工B
64	161719.OF	招商可转债	150188.SZ	招商可转债A	中国人民银行公布并执行的金融机构三年期存款基准利率（税后）+利差(0.5～2%)	150189.SZ	招商可转债B
65	164304.OF	新华中证环保产业	150190.SZ	新华中证环保产业A	同期银行人民币一年期定期存款利率（税后）+4.0%	150191.SZ	新华中证环保产业B

组别：I

续表

组别	序号	母基金		分级A基金			分级B基金	
		基金代码	基金简称	基金代码	基金简称	约定收益率	基金代码	分级B基金简称
I	66	160628.OF	鹏华中证800地产	150192.SZ	鹏华中证800地产A	同期银行人民币一年期定期存款利率（税后）+3%	150193.SZ	鹏华中证800地产B
	67	161025.OF	富国中证移动互联网	150194.SZ	富国中证移动互联网A	同期银行人民币一年期定期存款利率（税后）+3%	150195.SZ	富国中证移动互联网B
	68	160222.OF	国泰国证食品饮料	150198.SZ	国泰国证食品饮料A	同期银行人民币一年期定期存款利率（税后）+4.00%	150199.SZ	国泰国证食品饮料B
	69	161720.OF	招商中证证券公司	150200.SZ	招商中证证券公司A	同期银行人民币一年期定期存款利率（税后）+3%	150201.SZ	招商中证证券公司B
	70	160630.OF	鹏华中证国防	150205.SZ	鹏华中证国防A	一年期存款基准利率（税后）+3%	150206.SZ	鹏华中证国防B
	71	161721.OF	招商沪深300地产	150207.SZ	招商沪深300地产A	同期银行人民币一年期定期存款利率（税后）+3%	150208.SZ	招商沪深300地产B
	72	165522.OF	信诚中证TMT产业	150173.SZ	信诚中证TMT产业A	一年期银行定期存款年利率（税后）+3%	150174.SZ	信诚中证TMT产业B
	73	160629.OF	鹏华中证传媒	150203.SZ	鹏华中证传媒A	同期银行人民币一年期定期存款利率（税后）+3%	150204.SZ	鹏华中证传媒B
	74	161026.OF	富国国企改革	150209.SZ	富国国企改革A	一年期银行定期存款利率×1.35	150210.SZ	富国国企改革B
	75	160618.OF	鹏华丰泽分级	160619.OF	鹏华丰泽分级A	一年期银行定期存款利率+1.4%	150061.SZ	鹏华丰泽分级B
II	76	160622.OF	鹏华丰利分级	160623.OF	鹏华丰利A	1.4%	150129.SZ	鹏华丰利B
	77	161626.OF	融通通福分级	161627.OF	融通通福A	人民币一年期银行定期存款利率（税后）+利差(0.5%~2%)	150160.SZ	融通通福B
	78	161716.OF	招商双债增强分级	161717.OF	招商双债增强A	MAX[4%,金融机构一年期存款基准利率+1.3%]	150127.SZ	招商双债增强B

续表

组别	序号	母基金 基金简称	母基金 基金代码	分级A基金 基金简称	分级A基金 基金代码	约定收益率	分级B基金 基金简称	分级B基金 基金代码
II	79	银华永兴纯债	161823.OF	银华永兴纯债A	161824.OF	人民币一年期银行定期存款利率×1.4	银华永兴纯债B	150116.SZ
II	80	银华永益分级	161827.OF	银华永益A	161828.OF	人民币一年期银行定期存款利率（税后）+利差（0至2%）	银华永益B	150162.SZ
II	81	金鹰持久回报分级	162105.OF	金鹰持久回报A	162106.OF	一年期银行定期存款利率（税后）+1.1%	金鹰持久回报B	150078.SZ
II	82	金鹰元盛分级	162108.OF	金鹰元盛分级A	162109.OF	max(一年期定期存款利率（税后）+利差(1.5%, 2.5%)	金鹰元盛分级B	150132.SZ
II	83	国联安双佳信用	162511.OF	国联安双佳信用A	162512.OF	一年期银行定期存款年利率×1.4	国联安双佳信用B	150080.SZ
II	84	长信利鑫分级	163003.OF	长信利鑫分级A	163004.OF	一年期银行定期存款利率×1.1+0.8%	长信利鑫分级B	150042.SZ
II	85	长信利众分级	163005.OF	长信利众A	163006.OF	一年期银行定期存款利率×1.2+1.0%	长信利众B	150102.SZ
II	86	中银互利分级	163825.OF	中银互利A	163826.OF	一年定期存款利率×1.1+利差	中银互利B	150156.SZ
II	87	中海惠裕纯债分级	163907.OF	中海惠裕纯债分级A	163908.OF	一年期银行定期存款基准利率+1.4%	中海惠裕纯债分级B	150114.SZ
II	88	中海惠丰纯债分级	163909.OF	中海惠丰纯债A	163910.OF	一年期银行定期存款基准利率+1.5%	中海惠丰纯债B	150154.SZ
II	89	天弘添利分级	164206.OF	天弘添利分级A	164207.OF	一年期银行定期存款利率×1.3	天弘添利分级B	150027.SZ
II	90	天弘丰利分级	164208.OF	天弘丰利分级A	164209.OF	一年期银行定期存款利率×1.35	天弘丰利分级B	150046.SZ
II	91	天弘同利分级	164210.OF	天弘同利分级A	164211.OF	一年期银行定期存款利率×1.6	天弘同利分级B	150147.SZ

续表

组别	序号	母基金 基金代码	母基金 基金简称	分级A基金 基金代码	分级A基金 基金简称	约定收益率	分级B基金 基金代码	分级B基金 基金简称
Ⅱ	92	164302.OF	新华惠鑫分级	164303.OF	新华惠鑫分级A	一年期银行定期存款利率（税后）×1.4+利差（0至1%）	150161.SZ	新华惠鑫分级B
	93	164509.OF	国富恒利分级	164510.OF	国富恒利分级A	人民币一年期银行定期存款利率×1.4	150166.SZ	国富恒利分级B
	94	164703.OF	汇添富互利分级	164704.OF	汇添富互利分级A	一年期银行定期存款利率（税后）×1.1+利差	150142.SZ	汇添富互利分级B
	95	164812.OF	工银瑞信增利分级	164813.OF	工银瑞信增利A	一年期银行定期存款利率+1.4%	150128.SZ	工银瑞信增利B
	96	165517.OF	信诚双盈分级	165518.OF	信诚双盈分级A	一年期银行定期存款利率（税后）+1.5%	150081.SZ	信诚双盈分级B
	97	165705.OF	诺德双翼分级	165706.OF	诺德双翼A	一年期银行定期存款利率×1.3	150068.SZ	诺德双翼B
	98	165807.OF	东吴鼎利分级	165808.OF	东吴鼎利A	一年期银行定期存款利率×0.7+6个月Shibor×0.5	150120.SZ	东吴鼎利B
	99	166012.OF	中欧信用增利分级	166013.OF	中欧信用增利A	一年期银行定期存款利率+1.25%	150087.SZ	中欧信用增利B
	100	166016.OF	中欧纯债分级	166017.OF	中欧纯债A	一年期银行定期存款利率+1.25%	150119.SZ	中欧纯债B
	101	166021.OF	中欧纯债添利分级	166022.OF	中欧纯债添利A	一年期银行定期存款利率（税后）+利差（0～2.5%）	150159.SZ	中欧纯债添利B
	102	166105.OF	信达澳银稳定增利	166106.OF	信达澳银稳定增利A	一年期银行定期存款基准利率×1.3	150082.SZ	信达澳银稳定增利B
	103	167501.OF	安信宝利分级	167502.OF	安信宝利分级A	一年期银行定期存款利率×1.2+利差（0～3%）	150137.SZ	安信宝利分级B
	104	121099.OF	国投瑞银瑞福深证100	121007.OF	国投瑞银瑞福优先	一年期银行定期存款利率（税后）+3%	150001.SZ	国投瑞银瑞福进取

续表

组别	序号	母基金 基金代码	母基金 基金简称	分级A基金 基金代码	分级A基金 基金简称	约定收益率	分级B基金 基金代码	分级B基金 基金简称
Ⅲ	105	000091.OF	信诚新双盈	000092.OF	信诚新双盈A	一年期银行定期存款利率（税后）+利差（0~2%）	000093.OF	信诚新双盈B
	106	000291.OF	鹏华丰信分级	000292.OF	鹏华丰信分级A	一年期银行定期存款利率（税后）+利差（0~2%）	000293.OF	鹏华丰信分级B
	107	000316.OF	中海惠利纯债分级	000317.OF	中海惠利纯债A	一年期银行定期存款基准利率（税前）+利差（0~2%）	000318.OF	中海惠利纯债B
	108	000340.OF	嘉实新兴市场	000341.OF	嘉实新兴市场A	同期美元利率参照银行公布的一年期美元定期存款利率的平均值（1%~2%）	000342.OF	嘉实新兴市场B
	109	000440.OF	大成景祥分级	000357.OF	大成景祥A	一年期银行定期存款利率（税后）+利差（0~2.3%）	000358.OF	大成景祥B
	110	000382.OF	富国恒利分级	000383.OF	富国恒利分级A	一年期银行定期存款利率（税后）+利差（0~2%）	000384.OF	富国恒利分级B
	111	000387.OF	泰达宏利瑞利A	000387.OF	泰达宏利瑞利A	一年期银行定期存款利率（税后）+利差（0.5~3%）	000388.OF	泰达宏利瑞利B
	112	000428.OF	易方达聚盈分级	000429.OF	易方达聚盈A	一年银行定期存款利率（税后）+利差（0~3%）	000430.OF	易方达聚盈B
	113	000453.OF	国金通用鑫利分级	000454.OF	国金通用鑫利A	一年期银行定期存款利率（税后）+利差（0~3%）	000455.OF	国金通用鑫利B
	114	000497.OF	财通纯债分级	000498.OF	财通纯债分级A	一年期银行定期存款利率（税后）+2.5%	000499.OF	财通纯债分级B
	115	000500.OF	华富富分级	000501.OF	华富富A	一年期银行定期存款利率（税后）×1.4+利差（0~1%）	000502.OF	华富富B
	116	000622.OF	华富恒财分级	000623.OF	华富恒财分级A	一年期银行定期存款利率（税后）×1.4+利差（0%~3%）	000624.OF	华富恒财分级B

续表

组别	母基金		分级 A 基金			分级 B 基金	
	基金代码	基金简称	基金代码	基金简称	约定收益率	基金代码	基金简称
Ⅲ	000631.OF	中银聚利分级	000632.OF	中银聚利 A	一年期定期存款利率（税后）×1.1+利差（0.5%～3.0%）	000633.OF	中银聚利 B
	000674.OF	中海惠祥分级	000675.OF	中海惠祥分级 A	一年期银行定期存款基准利率（税前）+利差（0～3%）	000676.OF	中海惠祥分级 B
	519055.OF	海富通双利分级	519052.OF	海富通双利分级 A	一年期银行定期存款利率（税后）×1.2+利差（0～2%）	519053.OF	海富通双利分级 B
	519059.OF	海富通双福分级	519057.OF	海富通双福 A	一年期银行定期存款利率（税后）×1.2+利差（0～2%）	519058.OF	海富通双福 B
	550017.OF	信诚添金分级	550015.OF	信诚季季添金	一年期银行定期存款利率（税后）+利差（0 至 2%）	550016.OF	信诚岁岁添金
	000813.OF	鑫元合享分级	000814.OF	鑫元合享分级 A	一年期银行定期存款利率（税后）×1.4+利差（0%～3%）	000815.OF	鑫元合享分级 B
	000768.OF	长城久盈纯债	000769.OF	长城久盈纯债 A	1 年期银行定期存款利率（税后）+利差（0～3%）	000770.OF	长城久盈纯债 B
	000909.OF	鑫元合丰分级	000910.OF	鑫元合丰分级 A	一年期银行定期存款利率（税后）×1.1+利差	000911.OF	鑫元合丰分级 B
			000914.OF	中加纯债 A	一年期银行定期存款利率（税后）×1.1+利差	000915.OF	中加纯债 B

序号
117
118
119
120
121
122
123
124
125

资料来源：Wind 资讯（截至 2014 年 12 月 31 日）。

附录 3

用电子表格(EXCEL)构建住房按揭贷款还款进度表

房产价值	100 万元
首付金额	30 万元
贷款金额	70 万元
贷款期限	30 年(360 个月)
贷款利率	6.50%(年利率)
还款方式	等额本息(每月偿还额相等)

还款期次	期初本金余额(元)	等额本息偿还额(元)	本期利息(元)	本期本金偿还(元)	期末本金余额(元)
1	700 000.00	4 424.48	3 791.67	632.81	699 367.19
2	699 367.19	4 424.48	3 788.24	636.24	698 730.95
3	698 730.95	4 424.48	3 784.79	639.68	698 091.27
4	698 091.27	4 424.48	3 781.33	643.15	697 448.12
5	697 448.12	4 424.48	3 777.84	646.63	696 801.49
6	696 801.49	4 424.48	3 774.34	650.13	696 151.35
7	696 151.35	4 424.48	3 770.82	653.66	695 497.70
8	695 497.70	4 424.48	3 767.28	657.20	694 840.50
9	694 840.50	4 424.48	3 763.72	660.76	694 179.74
10	694 179.74	4 424.48	3 760.14	664.34	693 515.41
11	693 515.41	4 424.48	3 756.54	667.93	692 847.47
12	692 847.47	4 424.48	3 752.92	671.55	692 175.92
……	……	……	……	……	……
356	21 767.39	4 424.48	117.91	4 306.57	17 460.82
357	17 460.82	4 424.48	94.58	4 329.90	13 130.92
358	13 130.92	4 424.48	71.13	4 353.35	8 777.57
359	8 777.57	4 424.48	47.55	4 376.93	4 400.64
360	4 400.64	4 424.48	23.84	4 400.64	0.00

说明:

1. 等额本息偿还额:这是购房者每月应该偿付的款项,俗称"月供"。在 EXCEL 的单元格内输入"=-PMT(6.5%/12,360,700 000)"即可计算出来。其中,6.5%/12 表示贷款的月利率,用年利率除以 12 得来;360 表示贷款期限为 30 年(360 个月);700 000 表示贷款的初始本金。

2. 本期利息:这是本期购房者偿还的利息,计算方式为:起初本金余额×年利率/12。

3. 本期本金偿还:等于等额本息偿还额减去本期利息。

4. 期末本金余额:等于期初本金余额减去本期本金偿还。

5. 期初本金余额:等于上期期末本金余额,第一期期初本金余额为初始贷款金额。

附录 4
基金公司一览表

序号	基金公司	基金数量	资产合计（亿元）	成立日期	办公地址
1	天弘基金管理有限公司	16	5 897.97	2004年11月8日	天津市
2	华夏基金管理有限公司	47	3 115.95	1998年4月9日	北京市
3	工银瑞信基金管理有限公司	52	2 532.36	2005年6月21日	北京市
4	嘉实基金管理有限公司	68	2 445.99	1999年3月25日	北京市
5	易方达基金管理有限公司	60	2 087.71	2001年4月17日	广州市
6	南方基金管理有限公司	57	1 949.01	1998年3月6日	深圳市
7	中银基金管理有限公司	44	1 609.30	2004年7月29日	上海市
8	广发基金管理有限公司	58	1 315.26	2003年8月5日	广州市
9	建信基金管理有限责任公司	46	1 211.39	2005年9月19日	北京市
10	招商基金管理有限公司	44	1 157.74	2002年12月27日	深圳市
11	汇添富基金管理股份有限公司	50	1 150.74	2005年2月3日	上海市
12	博时基金管理有限公司	53	1 126.58	1998年7月13日	深圳市
13	上投摩根基金管理有限公司	37	1 036.53	2004年5月12日	上海市
14	富国基金管理有限公司	53	950.77	1999年4月13日	上海市
15	银华基金管理有限公司	44	949.64	2001年5月28日	北京市
16	兴业全球基金管理有限公司	14	913.97	2003年9月30日	上海市
17	华安基金管理有限公司	54	873.94	1998年6月4日	上海市
18	大成基金管理有限公司	47	739.51	1999年4月12日	深圳市
19	鹏华基金管理有限公司	57	688.54	1998年12月22日	深圳市
20	诺安基金管理有限公司	37	654.16	2003年12月9日	深圳市
21	华泰柏瑞基金管理有限公司	21	599.39	2004年11月18日	上海市
22	景顺长城基金管理有限公司	39	592.42	2003年6月12日	深圳市
23	华宝兴业基金管理有限公司	30	580.07	2003年3月7日	上海市
24	农银汇理基金管理有限公司	22	570.08	2008年3月18日	上海市
25	国泰基金管理有限公司	47	548.59	1998年3月5日	上海市
26	申万菱信基金管理有限公司	18	486.27	2004年1月15日	上海市
27	长城基金管理有限公司	24	476.35	2001年12月27日	深圳市
28	融通基金管理有限公司	26	474.13	2001年5月22日	深圳市
29	国投瑞银基金管理有限公司	30	442.65	2002年6月13日	深圳市
30	长盛基金管理有限公司	37	433.76	1999年3月26日	北京市

续表

序号	基金公司	基金数量	资产合计（亿元）	成立日期	办公地址
31	华商基金管理有限公司	21	423.73	2005年12月20日	北京市
32	宝盈基金管理有限公司	14	394.09	2001年5月18日	深圳市
33	民生加银基金管理有限公司	21	384.23	2008年11月3日	深圳市
34	中邮创业基金管理有限公司	14	372.45	2006年5月8日	北京市
35	交银施罗德基金管理有限公司	35	360.04	2005年8月4日	上海市
36	银河基金管理有限公司	24	343.86	2002年6月14日	上海市
37	信诚基金管理有限公司	32	313.44	2005年9月30日	上海市
38	光大保德信基金管理有限公司	17	308.82	2004年4月22日	上海市
39	海富通基金管理有限公司	32	289.03	2003年4月18日	上海市
40	中欧基金管理有限公司	17	254.62	2006年7月19日	上海市
41	国联安基金管理有限公司	23	241.98	2003年4月3日	上海市
42	泰达宏利基金管理有限公司	24	233.01	2002年6月6日	北京市
43	新华基金管理有限公司	23	191.99	2004年12月9日	重庆市
44	国寿安保基金管理有限公司	5	187.62	2013年10月29日	北京市
45	长信基金管理有限责任公司	17	177.61	2003年5月9日	上海市
46	中融基金管理有限公司	3	173.98	2013月年5月31日	北京市
47	中海基金管理有限公司	22	173.97	2004年3月18日	上海市
48	兴业基金管理有限公司	2	143.88	2013年4月17日	上海市
49	摩根士丹利华鑫基金管理有限公司	18	134.31	2003年3月14日	深圳市
50	平安大华基金管理有限公司	7	126.40	2011年1月7日	深圳市
51	万家基金管理有限公司	19	124.52	2002年8月23日	上海市
52	国海富兰克林基金管理有限公司	17	115.82	2004年11月15日	上海市
53	浦银安盛基金管理有限公司	17	113.78	2007年8月5日	上海市
54	鑫元基金管理有限公司	7	107.77	2013年8月29日	上海市
55	华富基金管理有限公司	16	100.68	2004年4月19日	上海市
56	泰信基金管理有限公司	15	100.68	2003年5月23日	上海市
57	东方基金管理有限责任公司	16	97.10	2004年6月11日	北京市
58	汇丰晋信基金管理有限公司	13	89.36	2005年11月16日	上海市
59	东吴基金管理有限公司	17	72.40	2004年9月2日	上海市
60	国金通用基金管理有限公司	6	68.10	2011年11月2日	北京市
61	金鹰基金管理有限公司	17	62.89	2002年12月25日	广州市

续表

序号	基金公司	基金数量	资产合计（亿元）	成立日期	办公地址
62	华福基金管理有限责任公司	1	55.92	2013年10月25日	上海市
63	信达澳银基金管理有限公司	10	54.62	2006年6月5日	深圳市
64	德邦基金管理有限公司	3	46.40	2012年3月27日	上海市
65	益民基金管理有限公司	6	44.24	2005年12月12日	北京市
66	安信基金管理有限责任公司	9	43.95	2011年12月6日	深圳市
67	前海开源基金管理有限公司	8	42.40	2013年1月23日	深圳市
68	中加基金管理有限公司	3	41.42	2013年3月27日	北京市
69	天治基金管理有限公司	10	39.50	2003年5月27日	上海市
70	上海东方证券资产管理有限公司	3	33.66	2010年6月8日	上海市
71	上银基金管理有限公司	2	33.09	2013年8月30日	上海市
72	诺德基金管理有限公司	9	28.66	2006年6月8日	上海市
73	长安基金管理有限公司	4	24.54	2011年9月5日	上海市
74	金元惠理基金管理有限公司	10	15.37	2006年11月28日	上海市
75	北信瑞丰基金管理有限公司	3	14.08	2014年3月17日	北京市
76	华润元大基金管理有限公司	5	13.66	2013年1月17日	深圳市
77	中信建投基金管理有限公司	3	13.27	2013年9月9日	北京市
78	圆信永丰基金管理有限公司	2	12.22	2014年1月2日	厦门市
79	中金基金管理有限公司	2	9.98	2014年2月10日	北京市
80	方正富邦基金管理有限公司	5	9.36	2011年7月8日	北京市
81	财通基金管理有限公司	6	9.35	2011年6月21日	上海市
82	江信基金管理有限公司	1	8.97	2013年1月28日	北京市
83	富安达基金管理有限公司	6	5.82	2011年4月27日	上海市
84	浙商基金管理有限公司	4	5.21	2010年10月21日	杭州市
85	英大基金管理有限公司	3	4.38	2012年8月17日	北京市
86	国开泰富基金管理有限责任公司	1	4.22	2013年7月16日	北京市
87	永赢基金管理有限公司	1	3.65	2013年11月7日	上海市
88	西部利得基金管理有限公司	4	2.35	2010年7月20日	上海市
89	华融证券股份有限公司	1	2.12	2007年9月7日	北京市
90	东海基金管理有限责任公司	1	2.00	2013年2月25日	上海市
91	红塔红土基金管理有限公司	1	0.97	2012年6月12日	深圳市
92	中原英石基金管理有限公司	1	0.76	2013年1月23日	上海市

续表

序号	基金公司	基金数量	资产合计（亿元）	成立日期	办公地址
93	华宸未来基金管理有限公司	2	0.62	2012年6月20日	上海市
94	九泰基金管理有限公司	0		2014年7月3日	北京市
95	创金合信基金管理有限公司	0		2014年7月9日	深圳市
96	红土创新基金管理有限公司	0		2014年6月18日	深圳市
97	嘉合基金管理有限公司	0		2014年7月30日	上海市
98	深圳德棉博元基金管理有限公司	0		2014年8月22日	深圳市

资料来源：Wind资讯（截至2014年12月31日）。

附录 5

QDII 基金一览表

序号	证券代码	证券简称	基金规模（亿元）	基金成立日	交易币种	投资风格	投资区域
1	241002.OF	华宝兴业成熟市场	0.19	2011年3月15日	CNY	股票型	成熟市场
2	519602.OF	海富通大中华精选	0.37	2011年1月27日	CNY	股票型	大中华
3	040021.OF	华安大中华升级	1.25	2011年5月17日	CNY	股票型	大中华地区
4	262001.OF	景顺长城大中华	0.27	2011年9月22日	CNY	股票型	大中华地区
5	000934.OF	国富大中华精选		2014年11月14日	CNY	混合型	大中华地区
6	000614.OF	华安国际龙头（DAX）ETF联接	10.99	2014年8月12日	CNY	被动指数型	德国
7	513030.OF	华安国际龙头（DAX）ETF	3.37	2014年8月8日	CNY	被动指数型	德国
8	160121.OF	南方金砖四国	1.11	2010年12月9日	CNY	被动指数型	金砖四国
9	161714.OF	招商标普金砖四国	0.55	2011年2月11日	CNY	被动指数型	金砖四国
10	165510.OF	信诚金砖四国	0.31	2010年12月17日	CNY	积极配置型	金砖四国
11	000043.OF	嘉实美国成长人民币	0.48	2013年6月14日	CNY	股票型	美国
12	000179.OF	广发美国房地产人民币	1.61	2013年8月9日	CNY	被动指数型	美国
13	000193.OF	国泰美国房地产开发	0.52	2013年8月7日	CNY	股票型	美国
14	096001.OF	大成标普500等权重	1.38	2011年3月23日	CNY	被动指数型	美国
15	162411.OF	华宝兴业标普油气	0.53	2011年9月29日	CNY	被动指数型	美国
16	206011.OF	鹏华美国房地产	2.38	2011年11月25日	CNY	股票型	美国
17	513500.OF	博时标普500ETF	4.25	2013年12月5日	CNY	被动指数型	美国
18	519981.OF	长信标普100等权重	0.29	2011年3月30日	CNY	增强指数型	美国
19	000044.OF	嘉实美国成长美元现汇	0.06	2013年6月14日	USD	股票型	美国
20	000180.OF	广发美国房地产美元	0.26	2013年8月9日	USD	被动指数型	美国
21	000834.OF	大成纳斯达克100	1.98	2014年11月13日	CNY	被动指数型	美国
22	000041.OF	华夏全球精选	110.43	2007年10月9日	CNY	股票型	全球
23	000049.OF	中银标普全球精选	0.21	2013年3月19日	CNY	被动指数型	全球
24	000103.OF	国泰境外高收益	0.47	2013年4月26日	CNY	债券型	全球
25	000290.OF	鹏华全球高收益债	0.22	2013年10月22日	CNY	债券型	全球
26	000369.OF	广发全球医疗保健人民币	1.90	2013年12月10日	CNY	被动指数型	全球
27	000391.OF	招商标普高收益人民币	0.37	2013年12月11日	CNY	增强指数型	全球
28	001061.OF	华夏海外收益A人民币	1.67	2012年12月7日	CNY	债券型	全球
29	001063.OF	华夏海外收益C	0.44	2012年12月7日	CNY	债券型	全球
30	040046.OF	华安纳斯达克100人民币	0.41	2013年8月2日	CNY	被动指数型	全球
31	050015.OF	博时大中华亚太精选	1.60	2010年7月27日	CNY	股票型	全球
32	050020.OF	博时抗通胀	2.35	2011年4月25日	CNY	增强回报型	全球
33	050025.OF	博时标普500ETF联接	3.71	2012年6月14日	CNY	被动指数型	全球

续表

序号	证券代码	证券简称	基金规模（亿元）	基金成立日	交易币种	投资风格	投资区域
34	070012.OF	嘉实海外中国股票	87.07	2007年10月12日	CNY	股票型	全球
35	070031.OF	嘉实全球房地产	1.18	2012年7月24日	CNY	股票型	全球
36	080006.OF	长盛环球景气行业	0.43	2010年5月26日	CNY	股票型	全球
37	100050.OF	富国全球债券	0.47	2010年10月20日	CNY	债券型	全球
38	100055.OF	富国全球顶级消费品	0.52	2011年7月13日	CNY	股票型	全球
39	118002.OF	易方达标普消费品人民币	1.18	2012年6月4日	CNY	增强指数型	全球
40	160213.OF	国泰纳斯达克100	6.63	2010年4月29日	CNY	被动指数型	全球
41	160216.OF	国泰大宗商品	0.17	2012年5月3日	CNY	股票型	全球
42	160416.OF	华安标普全球石油	0.48	2012年3月29日	CNY	被动指数型	全球
43	160719.OF	嘉实黄金	1.22	2011年8月4日	CNY	股票型	全球
44	161116.OF	易方达黄金主题	3.42	2011年5月6日	CNY	股票型	全球
45	161210.OF	国投瑞银新兴市场	0.34	2010年6月10日	CNY	股票型	全球
46	161620.OF	融通丰利四分法	1.62	2013年2月5日	CNY	混合型	全球
47	161815.OF	银华抗通胀主题	1.53	2010年12月6日	CNY	主题型	全球
48	163208.OF	诺安油气能源	1.00	2011年9月27日	CNY	股票型	全球
49	163813.OF	中银全球策略	1.94	2011年3月3日	CNY	股票型	全球
50	164701.OF	汇添富黄金及贵金属	1.70	2011年8月31日	CNY	股票型	全球
51	164815.OF	工银瑞信标普全球资源	0.03	2013年5月28日	CNY	被动指数型	全球
52	165513.OF	信诚全球商品主题	0.06	2011年12月20日	CNY	混合型	全球
53	183001.OF	银华全球核心优选	1.66	2008年5月26日	CNY	优选增长型	全球
54	202801.OF	南方全球精选	96.43	2007年9月19日	CNY	混合型	全球
55	206006.OF	鹏华环球发现	0.49	2010年10月12日	CNY	股票型	全球
56	217015.OF	招商全球资源	0.79	2010年3月25日	CNY	股票型	全球
57	229001.OF	泰达宏利全球新格局	0.12	2011年7月20日	CNY	股票型	全球
58	241001.OF	华宝兴业中国成长	0.86	2008年5月7日	CNY	股票型	全球
59	270023.OF	广发全球精选	3.38	2010年8月18日	CNY	股票型	全球
60	270027.OF	广发标普全球农业	1.26	2011年6月28日	CNY	被动指数型	全球
61	270042.OF	广发纳斯达克100	2.84	2012年8月15日	CNY	被动指数型	全球
62	320013.OF	诺安全球黄金	7.27	2011年1月13日	CNY	股票型	全球
63	320017.OF	诺安全球收益不动产	0.99	2011年9月23日	CNY	股票型	全球
64	378006.OF	上投摩根新兴市场	0.38	2011年1月30日	CNY	股票型	全球
65	378546.OF	上投摩根全球天然资源	0.25	2012年3月26日	CNY	股票型	全球
66	486001.OF	工银瑞信全球配置	6.31	2008年2月14日	CNY	股票型	全球
67	486002.OF	工银瑞信全球精选	1.01	2010年5月25日	CNY	股票型	全球
68	513100.OF	国泰纳斯达克100ETF	0.86	2013年4月25日	CNY	被动指数型	全球

续表

序号	证券代码	证券简称	基金规模（亿元）	基金成立日	交易币种	投资风格	投资区域
69	519601.OF	海富通海外精选	1.31	2008年6月27日	CNY	股票型	全球
70	519696.OF	交银环球精选	1.44	2008年8月22日	CNY	价值型	全球
71	519709.OF	交银全球自然资源	0.08	2012年5月22日	CNY	股票型	全球
72	539001.OF	建信全球机遇	0.92	2010年9月14日	CNY	股票型	全球
73	539002.OF	建信新兴市场优选	0.68	2011年6月21日	CNY	股票型	全球
74	539003.OF	建信全球资源	0.12	2012年6月26日	CNY	股票型	全球
75	000393.OF	招商标普高收益港币	0.47	2013年12月11日	HKD	增强指数型	全球
76	000370.OF	广发全球医疗保健美元	0.31	2013年12月10日	USD	被动指数型	全球
77	000392.OF	招商标普高收益美元	0.06	2013年12月11日	USD	增强指数型	全球
78	000593.OF	易方达标普消费品美元现汇	0.19	2014年3月28日	USD	增强指数型	全球
79	001065.OF	华夏海外收益A美元现汇	0.27	2012年12月7日	USD	债券型	全球
80	001066.OF	华夏海外收益A美元现钞	0.27	2012年12月7日	USD	债券型	全球
81	040047.OF	华安纳斯达克100美元现钞	0.07	2013年8月2日	USD	被动指数型	全球
82	040048.OF	华安纳斯达克100美元现汇	0.07	2013年8月2日	USD	被动指数型	全球
83	000340.OF	嘉实新兴市场	11.53	2013年11月26日	CNY	债券型	新兴市场
84	000342.OF	嘉实新兴市场B	10.59	2013年11月26日	CNY	债券型	新兴市场
85	000341.OF	嘉实新兴市场A	1.72	2013年11月26日	USD	债券型	新兴市场
86	000274.OF	广发亚太中高收益人民币	0.41	2013年11月28日	CNY	债券型	亚太
87	377016.OF	上投摩根亚太优势	86.12	2007年10月22日	CNY	股票型	亚太
88	000275.OF	广发亚太中高收益美元	0.07	2013年11月28日	USD	债券型	亚太
89	000927.OF	博时大中华美元现汇	0.21	2014年12月3日	USD	股票型	亚太
90	050030.OF	博时亚洲票息人民币	8.90	2013年2月1日	CNY	债券型	亚洲
91	118001.OF	易方达亚洲精选	0.61	2010年1月21日	CNY	股票型	亚洲
92	457001.OF	国富亚洲机会	0.24	2012年2月22日	CNY	股票型	亚洲
93	460010.OF	华泰柏瑞亚洲企业	0.30	2010年12月2日	CNY	股票型	亚洲
94	050202.OF	博时亚洲票息美元现汇	1.45	2013年2月1日	USD	债券型	亚洲
95	050203.OF	博时亚洲票息美元现钞	1.45	2013年2月1日	USD	债券型	亚洲
96	160125.OF	南方中国中小盘	0.43	2011年9月26日	CNY	被动指数型	中国
97	150169.OF	汇添富恒生指数A(净值)	0.62	2014年3月6日		被动指数型	中国香港
98	150170.OF	汇添富恒生指数B(净值)	0.62	2014年3月6日		被动指数型	中国香港
99	150175.OF	银华恒生H股A(净值)	0.21	2014年4月9日		被动指数型	中国香港
100	150176.OF	银华恒生H股B(净值)	0.21	2014年4月9日		被动指数型	中国香港
101	000071.OF	华夏恒生ETF联接（人民币）	0.89	2012年8月21日	CNY	被动指数型	中国香港

续表

序号	证券代码	证券简称	基金规模（亿元）	基金成立日	交易币种	投资风格	投资区域
102	040018.OF	华安香港精选	0.83	2010年9月19日	CNY	股票型	中国香港
103	100061.OF	富国中国中小盘	7.03	2012年9月4日	CNY	股票型	中国香港
104	110031.OF	易方达恒生H股ETF联接人民币	0.77	2012年8月21日	CNY	被动指数型	中国香港
105	159920.OF	华夏恒生ETF	1.21	2012年8月9日	CNY	被动指数型	中国香港
106	160717.OF	嘉实恒生中国企业	0.63	2010年9月30日	CNY	被动指数型	中国香港
107	161831.OF	银华恒生H股	0.21	2014年4月9日	CNY	被动指数型	中国香港
108	164705.OF	汇添富恒生指数	0.62	2014年3月6日	CNY	被动指数型	中国香港
109	470888.OF	汇添富香港优势精选	0.63	2010年6月25日	CNY	股票型	中国香港
110	510900.OF	易方达恒生H股ETF	0.85	2012年8月9日	CNY	被动指数型	中国香港
111	000075.OF	华夏恒生ETF联接（美元现汇）	0.14	2012年8月21日	USD	被动指数型	中国香港
112	000076.OF	华夏恒生ETF联接（美元现钞）	0.14	2012年8月21日	USD	被动指数型	中国香港
113	110032.OF	易方达恒生H股ETF联接美元现汇	0.12	2012年8月21日	USD	被动指数型	中国香港
114	110033.OF	易方达恒生H股ETF联接美元现钞	0.12	2012年8月21日	USD	被动指数型	中国香港
115	513600.OF	南方恒生ETF	2.87	2014年12月23日	CNY	被动指数型	中国香港
116	513660.OF	华夏沪港通恒生ETF	8.79	2014年12月23日	CNY	被动指数型	中国香港

资料来源：Wind资讯（截至2014年12月31日）。

附录6
货币市场型基金一览表

序号	证券代码	证券简称	基金成立日
1	260102.OF	景顺长城货币A	2003年10月24日
2	040003.OF	华安现金富利A	2003年12月30日
3	217004.OF	招商现金增值A	2004年1月14日
4	050003.OF	博时现金收益A	2004年1月16日
5	290001.OF	泰信天天收益	2004年2月10日
6	202301.OF	南方现金增利A	2004年3月5日
7	519999.OF	长信利息收益A	2004年3月19日
8	003003.OF	华夏现金增利A	2004年4月7日
9	320002.OF	诺安货币A	2004年12月6日
10	150005.OF	银河银富货币A	2004年12月20日
11	519505.OF	海富通货币A	2005年1月4日
12	180009.OF	银华货币B	2005年1月31日
13	180008.OF	银华货币A	2005年1月31日
14	110006.OF	易方达货币A	2005年2月2日
15	070008.OF	嘉实货币A	2005年3月18日
16	240007.OF	华宝兴业货币B	2005年3月31日
17	240006.OF	华宝兴业货币A	2005年3月31日
18	160606.OF	鹏华货币A	2005年4月12日
19	37001B.OF	上投摩根货币B	2005年4月13日
20	370010.OF	上投摩根货币A	2005年4月13日
21	288101.OF	华夏货币A	2005年4月20日
22	270004.OF	广发货币A	2005年5月20日
23	200003.OF	长城货币A	2005年5月30日
24	091005.OF	大成货币B	2005年6月3日
25	090005.OF	大成货币A	2005年6月3日
26	163802.OF	中银货币A	2005年6月7日

续表

序号	证券代码	证券简称	基金成立日
27	360003.OF	光大货币	2005年6月9日
28	020007.OF	国泰货币	2005年6月21日
29	162206.OF	泰达宏利货币A	2005年11月10日
30	080011.OF	长盛货币	2005年12月12日
31	161608.OF	融通易支付货币A	2006年1月19日
32	519588.OF	交银货币A	2006年1月20日
33	482002.OF	工银瑞信货币	2006年3月20日
34	519518.OF	汇添富货币A	2006年3月23日
35	530002.OF	建信货币	2006年4月25日
36	340005.OF	兴全货币	2006年4月27日
37	519508.OF	万家货币A	2006年5月24日
38	100025.OF	富国天时货币A	2006年6月5日
39	410002.OF	华富货币	2006年6月21日
40	350004.OF	天治天得利货币	2006年7月5日
41	310338.OF	申万菱信货币A	2006年7月7日
42	560001.OF	益民货币	2006年7月17日
43	110016.OF	易方达货币B	2006年7月18日
44	519506.OF	海富通货币B	2006年8月1日
45	400005.OF	东方金账簿货币A	2006年8月2日
46	160609.OF	鹏华货币B	2006年9月15日
47	150015.OF	银河银富货币B	2006年11月1日
48	100028.OF	富国天时货币B	2006年11月29日
49	519517.OF	汇添富货币B	2007年5月22日
50	519589.OF	交银货币B	2007年6月22日
51	128011.OF	国投瑞银货币B	2009年1月19日
52	121011.OF	国投瑞银货币A	2009年1月19日
53	270014.OF	广发货币B	2009年4月20日
54	460006.OF	华泰柏瑞货币A	2009年5月6日

续表

序号	证券代码	证券简称	基金成立日
55	460106.OF	华泰柏瑞货币B	2009年5月6日
56	202302.OF	南方现金增利B	2009年7月22日
57	213909.OF	宝盈货币B	2009年8月5日
58	213009.OF	宝盈货币A	2009年8月5日
59	217014.OF	招商现金增值B	2009年12月1日
60	041003.OF	华安现金富利B	2009年12月23日
61	260202.OF	景顺长城货币B	2010年4月30日
62	583001.OF	东吴货币A	2010年5月11日
63	583101.OF	东吴货币B	2010年5月11日
64	392001.OF	中海货币A	2010年7月28日
65	392002.OF	中海货币B	2010年7月28日
66	660007.OF	农银汇理货币A	2010年11月23日
67	660107.OF	农银汇理货币B	2010年11月23日
68	519998.OF	长信利息收益B	2010年11月25日
69	253051.OF	国联安货币B	2011年1月26日
70	253050.OF	国联安货币A	2011年1月26日
71	519509.OF	浦银安盛货币A	2011年3月9日
72	519510.OF	浦银安盛货币B	2011年3月9日
73	550011.OF	信诚货币B	2011年3月23日
74	550010.OF	信诚货币A	2011年3月23日
75	541011.OF	汇丰晋信货币B	2011年11月2日
76	540011.OF	汇丰晋信货币A	2011年11月2日
77	070029.OF	嘉实安心货币B	2011年12月28日
78	070028.OF	嘉实安心货币A	2011年12月28日
79	320019.OF	诺安货币B	2012年2月21日
80	163820.OF	中银货币B	2012年3月29日
81	200103.OF	长城货币B	2012年4月6日
82	161615.OF	融通易支付货币B	2012年5月2日

续表

序号	证券代码	证券简称	基金成立日
83	471030.OF	汇添富理财30天B	2012年5月9日
84	470030.OF	汇添富理财30天A	2012年5月9日
85	040029.OF	华安月月鑫B	2012年5月9日
86	040028.OF	华安月月鑫A	2012年5月9日
87	040031.OF	华安季季鑫B	2012年5月23日
88	040030.OF	华安季季鑫A	2012年5月23日
89	470060.OF	汇添富理财60天A	2012年6月12日
90	471060.OF	汇添富理财60天B	2012年6月12日
91	040034.OF	华安月安鑫B	2012年6月14日
92	040033.OF	华安月安鑫A	2012年6月14日
93	360017.OF	光大添天利A	2012年6月19日
94	360018.OF	光大添天利B	2012年6月19日
95	420106.OF	天弘现金B	2012年6月20日
96	420006.OF	天弘现金A	2012年6月20日
97	470014.OF	汇添富理财14天A	2012年7月10日
98	471014.OF	汇添富理财14天B	2012年7月10日
99	202303.OF	南方理财14天A	2012年8月14日
100	202304.OF	南方理财14天B	2012年8月14日
101	485018.OF	工银瑞信7天理财B	2012年8月22日
102	485118.OF	工银瑞信7天理财A	2012年8月22日
103	531014.OF	建信双周安心理财B	2012年8月28日
104	530014.OF	建信双周安心理财A	2012年8月28日
105	070035.OF	嘉实理财宝7天A	2012年8月29日
106	070036.OF	嘉实理财宝7天B	2012年8月29日
107	360022.OF	光大添盛理财B	2012年9月5日
108	360021.OF	光大添盛理财A	2012年9月5日
109	090021.OF	大成月添利理财A	2012年9月20日
110	091021.OF	大成月添利理财B	2012年9月20日

续表

序号	证券代码	证券简称	基金成立日
111	380002.OF	中银理财14天B	2012年9月24日
112	380001.OF	中银理财14天A	2012年9月24日
113	202305.OF	南方理财60天A	2012年10月19日
114	202306.OF	南方理财60天B	2012年10月19日
115	001057.OF	华夏理财30天A	2012年10月24日
116	001058.OF	华夏理财30天B	2012年10月24日
117	360019.OF	光大添天盈A	2012年10月25日
118	360020.OF	光大添天盈B	2012年10月25日
119	380004.OF	中银理财60天B	2012年10月26日
120	380003.OF	中银理财60天A	2012年10月26日
121	485020.OF	工银瑞信14天理财B	2012年10月26日
122	485120.OF	工银瑞信14天理财A	2012年10月26日
123	519716.OF	交银理财21天A	2012年11月5日
124	091022.OF	大成现金增利B	2012年11月20日
125	090022.OF	大成现金增利A	2012年11月20日
126	040038.OF	华安日日鑫A	2012年11月26日
127	040039.OF	华安日日鑫B	2012年11月26日
128	110051.OF	易方达月月利B	2012年11月26日
129	110050.OF	易方达月月利A	2012年11月26日
130	550013.OF	信诚理财7日盈B	2012年11月27日
131	550012.OF	信诚理财7日盈A	2012年11月27日
132	091023.OF	大成月月盈B	2012年11月29日
133	090023.OF	大成月月盈A	2012年11月29日
134	217026.OF	招商理财7天B	2012年12月7日
135	210012.OF	金鹰货币A	2012年12月7日
136	210013.OF	金鹰货币B	2012年12月7日
137	217025.OF	招商理财7天A	2012年12月7日
138	288201.OF	华夏货币B	2012年12月10日

续表

序号	证券代码	证券简称	基金成立日
139	630112.OF	华商现金增利 B	2012 年 12 月 11 日
140	630012.OF	华商现金增利 A	2012 年 12 月 11 日
141	020031.OF	国泰现金管理 A	2012 年 12 月 11 日
142	020032.OF	国泰现金管理 B	2012 年 12 月 11 日
143	166015.OF	中欧货币 B	2012 年 12 月 12 日
144	166014.OF	中欧货币 A	2012 年 12 月 12 日
145	070088.OF	嘉实货币 B	2012 年 12 月 17 日
146	690010.OF	民生加银现金增利 A	2012 年 12 月 18 日
147	690210.OF	民生加银现金增利 B	2012 年 12 月 18 日
148	530028.OF	建信月盈安心理财 A	2012 年 12 月 20 日
149	531028.OF	建信月盈安心理财 B	2012 年 12 月 20 日
150	519888.OF	汇添富收益快线货币 A	2012 年 12 月 21 日
151	519889.OF	汇添富收益快线货币 B	2012 年 12 月 21 日
152	380007.OF	中银理财 7 天 A	2012 年 12 月 24 日
153	380008.OF	中银理财 7 天 B	2012 年 12 月 24 日
154	730103.OF	方正富邦货币 B	2012 年 12 月 26 日
155	730003.OF	方正富邦货币 A	2012 年 12 月 26 日
156	511990.OF	华宝兴业现金添益	2012 年 12 月 27 日
157	519717.OF	交银理财 21 天 B	2013 年 1 月 9 日
158	270047.OF	广发理财 30 天 B	2013 年 1 月 14 日
159	270046.OF	广发理财 30 天 A	2013 年 1 月 14 日
160	519511.OF	万家日日薪 A	2013 年 1 月 15 日
161	110052.OF	易方达双月利 A	2013 年 1 月 15 日
162	110053.OF	易方达双月利 B	2013 年 1 月 15 日
163	310339.OF	申万菱信货币 B	2013 年 1 月 21 日
164	001077.OF	华夏理财 21 天 A	2013 年 1 月 22 日
165	001078.OF	华夏理财 21 天 B	2013 年 1 月 22 日
166	471021.OF	汇添富理财 21 天 B	2013 年 1 月 24 日

续表

序号	证券代码	证券简称	基金成立日
167	470021.OF	汇添富理财21天A	2013年1月24日
168	740602.OF	长安货币B	2013年1月25日
169	740601.OF	长安货币A	2013年1月25日
170	050029.OF	博时理财30天A	2013年1月28日
171	050129.OF	博时理财30天B	2013年1月28日
172	485122.OF	工银瑞信60天理财A	2013年1月28日
173	485022.OF	工银瑞信60天理财B	2013年1月28日
174	710502.OF	富安达现金通货币B	2013年1月29日
175	531029.OF	建信双月安心B	2013年1月29日
176	530029.OF	建信双月安心A	2013年1月29日
177	710501.OF	富安达现金通货币A	2013年1月29日
178	380010.OF	中银理财30天A	2013年1月31日
179	380011.OF	中银理财30天B	2013年1月31日
180	519801.OF	华夏保证金B	2013年2月4日
181	519800.OF	华夏保证金A	2013年2月4日
182	750006.OF	安信现金管理货币A	2013年2月5日
183	750007.OF	安信现金管理货币B	2013年2月5日
184	660116.OF	农银汇理7天理财B	2013年2月5日
185	660016.OF	农银汇理7天理财A	2013年2月5日
186	690012.OF	民生加银家盈7天A	2013年2月7日
187	690212.OF	民生加银家盈7天B	2013年2月7日
188	000009.OF	易方达天天A	2013年3月4日
189	000013.OF	易方达天天R	2013年3月4日
190	000010.OF	易方达天天B	2013年3月4日
191	519722.OF	交银理财60天B	2013年3月13日
192	519528.OF	海富通现金管理货币A	2013年3月13日
193	519529.OF	海富通现金管理货币B	2013年3月13日
194	519721.OF	交银理财60天A	2013年3月13日

续表

序号	证券代码	证券简称	基金成立日
195	161623.OF	融通七天理财 B	2013 年 3 月 14 日
196	161622.OF	融通七天理财 A	2013 年 3 月 14 日
197	519898.OF	大成现金宝 A	2013 年 3 月 27 日
198	519899.OF	大成现金宝 B	2013 年 3 月 27 日
199	159002.OF	易方达保证金 B	2013 年 3 月 29 日
200	159001.OF	易方达保证金 A	2013 年 3 月 29 日
201	511880.OF	银华交易货币	2013 年 4 月 1 日
202	000090.OF	民生加银家盈月度 B	2013 年 4 月 25 日
203	000089.OF	民生加银家盈月度 A	2013 年 4 月 25 日
204	159003.OF	招商保证金快线 A	2013 年 5 月 17 日
205	159004.OF	招商保证金快线 B	2013 年 5 月 17 日
206	000198.OF	天弘余额宝	2013 年 5 月 29 日
207	472007.OF	汇添富理财 7 天 B	2013 年 5 月 29 日
208	471007.OF	汇添富理财 7 天 A	2013 年 5 月 29 日
209	000037.OF	广发理财 7 天 A	2013 年 6 月 20 日
210	000038.OF	广发理财 7 天 B	2013 年 6 月 20 日
211	000204.OF	国富日日收益 B	2013 年 7 月 24 日
212	000203.OF	国富日日收益 A	2013 年 7 月 24 日
213	519501.OF	万家货币 R	2013 年 8 月 15 日
214	519507.OF	万家货币 B	2013 年 8 月 15 日
215	000211.OF	光大现金宝 B	2013 年 9 月 5 日
216	000210.OF	光大现金宝 A	2013 年 9 月 5 日
217	000330.OF	汇添富现金宝	2013 年 9 月 12 日
218	000300.OF	德邦德利货币 A	2013 年 9 月 16 日
219	000301.OF	德邦德利货币 B	2013 年 9 月 16 日
220	530030.OF	建信周盈安心理财 A	2013 年 9 月 17 日
221	531030.OF	建信周盈安心理财 B	2013 年 9 月 17 日
222	000371.OF	民生加银现金宝	2013 年 10 月 18 日

续表

序号	证券代码	证券简称	基金成立日
223	000332.OF	中加货币C	2013年10月21日
224	000331.OF	中加货币A	2013年10月21日
225	000389.OF	广发天天红	2013年10月22日
226	000359.OF	易方达易理财	2013年10月24日
227	000343.OF	华夏财富宝	2013年10月25日
228	000353.OF	华夏现金增利E	2013年10月28日
229	000324.OF	华润元大现金收益A	2013年10月29日
230	000325.OF	华润元大现金收益B	2013年10月29日
231	000380.OF	景顺长城景益货币A	2013年11月26日
232	000381.OF	景顺长城景益货币B	2013年11月26日
233	519858.OF	广发现金宝A	2013年12月2日
234	519859.OF	广发现金宝B	2013年12月2日
235	000434.OF	新华壹诺宝	2013年12月3日
236	000379.OF	平安大华日增利	2013年12月3日
237	000424.OF	长盛添利宝A	2013年12月9日
238	000425.OF	长盛添利宝B	2013年12月9日
239	519808.OF	嘉实保证金理财A	2013年12月11日
240	519809.OF	嘉实保证金理财B	2013年12月11日
241	000397.OF	汇添富全额宝	2013年12月13日
242	000439.OF	国金通用鑫盈货币	2013年12月16日
243	000323.OF	农银汇理14天理财B	2013年12月18日
244	000322.OF	农银汇理14天理财A	2013年12月18日
245	000464.OF	嘉实活期宝	2013年12月18日
246	000133.OF	中银理财21天B	2013年12月19日
247	000132.OF	中银理财21天A	2013年12月19日
248	000485.OF	嘉实1个月理财A	2013年12月24日
249	000486.OF	嘉实1个月理财E	2013年12月24日
250	000484.OF	鑫元货币B	2013年12月30日

续表

序号	证券代码	证券简称	基金成立日
251	000483.OF	鑫元货币 A	2013 年 12 月 30 日
252	000509.OF	广发钱袋子	2014 年 1 月 10 日
253	000506.OF	国寿安保货币 B	2014 年 1 月 20 日
254	000505.OF	国寿安保货币 A	2014 年 1 月 20 日
255	000493.OF	南方现金通 A	2014 年 1 月 21 日
256	000495.OF	南方现金通 C	2014 年 1 月 21 日
257	000494.OF	南方现金通 B	2014 年 1 月 21 日
258	000528.OF	工银瑞信薪金 A	2014 年 1 月 27 日
259	000475.OF	广发天天利 A	2014 年 1 月 27 日
260	000476.OF	广发天天利 B	2014 年 1 月 27 日
261	000539.OF	中银活期宝	2014 年 2 月 14 日
262	000540.OF	国金通用金腾通	2014 年 2 月 17 日
263	000569.OF	鹏华增值宝	2014 年 2 月 26 日
264	000543.OF	上银慧财宝 B	2014 年 2 月 27 日
265	000575.OF	兴全添利宝	2014 年 2 月 27 日
266	000533.OF	永赢货币	2014 年 2 月 27 日
267	000542.OF	上银慧财宝 A	2014 年 2 月 27 日
268	000581.OF	嘉实活钱包	2014 年 3 月 17 日
269	000558.OF	国投瑞银瑞易货币	2014 年 3 月 20 日
270	000560.OF	诺安天天宝 E	2014 年 3 月 25 日
271	000559.OF	诺安天天宝 A	2014 年 3 月 25 日
272	000588.OF	招商招钱宝 A	2014 年 3 月 25 日
273	519567.OF	浦银安盛日日盈 B	2014 年 3 月 25 日
274	519566.OF	浦银安盛日日盈 A	2014 年 3 月 25 日
275	000604.OF	银华多利宝 A	2014 年 4 月 25 日
276	000605.OF	银华多利宝 B	2014 年 4 月 25 日
277	000625.OF	诺安天天宝 B	2014 年 4 月 28 日
278	000607.OF	招商招钱宝 B	2014 年 4 月 29 日

续表

序号	证券代码	证券简称	基金成立日
279	000618.OF	嘉实薪金宝	2014年4月29日
280	000638.OF	富国富钱包	2014年5月7日
281	000640.OF	诺安理财宝A	2014年5月12日
282	000641.OF	诺安理财宝B	2014年5月13日
283	000599.OF	信诚薪金宝	2014年5月14日
284	519513.OF	万家日日薪R	2014年5月15日
285	519512.OF	万家日日薪B	2014年5月15日
286	240021.OF	华宝兴业活期通T	2014年5月21日
287	000643.OF	华宝兴业活期通A	2014年5月21日
288	000645.OF	华夏薪金宝	2014年5月26日
289	000602.OF	富国收益宝	2014年5月26日
290	000576.OF	中邮货币A	2014年5月28日
291	000600.OF	汇添富和聚宝	2014年5月28日
292	000580.OF	中邮货币B	2014年5月28日
293	519568.OF	浦银安盛日日盈D	2014年5月30日
294	000665.OF	博时现金收益B	2014年6月3日
295	000650.OF	汇添富货币D	2014年6月5日
296	000642.OF	汇添富货币C	2014年6月5日
297	000647.OF	易方达财富快线A	2014年6月17日
298	000686.OF	建信嘉薪宝	2014年6月17日
299	000648.OF	易方达财富快线B	2014年6月17日
300	000626.OF	大成丰财宝A	2014年6月18日
301	000671.OF	天弘季加利理财B	2014年6月18日
302	000644.OF	招商招金宝A	2014年6月18日
303	000670.OF	天弘季加利理财A	2014年6月18日
304	000651.OF	招商招金宝B	2014年6月18日
305	000627.OF	大成丰财宝B	2014年6月18日
306	000687.OF	南方薪金宝	2014年6月23日

续表

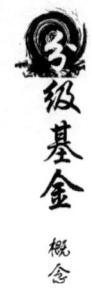

序号	证券代码	证券简称	基金成立日
307	000657.OF	银华活钱宝 A	2014 年 6 月 23 日
308	000658.OF	银华活钱宝 B	2014 年 6 月 23 日
309	000662.OF	银华活钱宝 F	2014 年 6 月 23 日
310	000661.OF	银华活钱宝 E	2014 年 6 月 23 日
311	000660.OF	银华活钱宝 D	2014 年 6 月 23 日
312	000659.OF	银华活钱宝 C	2014 年 6 月 23 日
313	000705.OF	易方达天天增利 B	2014 年 6 月 25 日
314	000704.OF	易方达天天增利 A	2014 年 6 月 25 日
315	000615.OF	长城工资宝	2014 年 6 月 25 日
316	000699.OF	中银薪钱包	2014 年 6 月 26 日
317	000681.OF	信达澳银慧管家 A	2014 年 6 月 26 日
318	000683.OF	信达澳银慧管家 E	2014 年 6 月 26 日
319	000682.OF	信达澳银慧管家 C	2014 年 6 月 26 日
320	000487.OF	嘉实 3 个月理财 A	2014 年 6 月 27 日
321	000488.OF	嘉实 3 个月理财 E	2014 年 6 月 27 日
322	000719.OF	南方现金通 E	2014 年 7 月 2 日
323	000716.OF	工银瑞信薪金 B	2014 年 7 月 3 日
324	000678.OF	华宝兴业现金宝 E	2014 年 7 月 14 日
325	000709.OF	华安汇财通	2014 年 7 月 17 日
326	000725.OF	大成添利宝 B	2014 年 7 月 28 日
327	000724.OF	大成添利宝 A	2014 年 7 月 28 日
328	000726.OF	大成添利宝 E	2014 年 7 月 28 日
329	620010.OF	金元惠理金元宝 A	2014 年 8 月 1 日
330	620011.OF	金元惠理金元宝 B	2014 年 8 月 1 日
331	000738.OF	中信建投货币	2014 年 8 月 5 日
332	000721.OF	兴业货币 A	2014 年 8 月 6 日
333	000700.OF	泰达宏利货币 B	2014 年 8 月 6 日
334	000722.OF	兴业货币 B	2014 年 8 月 6 日

续表

序号	证券代码	证券简称	基金成立日
335	000715.OF	民生加银家盈月度 E	2014年8月11日
336	519131.OF	海富通季季增利	2014年8月19日
337	000685.OF	上投摩根现金管理	2014年8月19日
338	000759.OF	平安大华财富宝	2014年8月21日
339	000764.OF	万家货币 E	2014年8月22日
340	000735.OF	博时天天增利 B	2014年8月25日
341	000734.OF	博时天天增利 A	2014年8月25日
342	000740.OF	华福货币 B	2014年8月27日
343	000741.OF	华福货币 A	2014年8月27日
344	000748.OF	广发活期宝	2014年8月28日
345	000758.OF	招商招钱宝 C	2014年8月29日
346	000771.OF	诺安聚鑫宝 A	2014年9月1日
347	000779.OF	诺安聚鑫宝 B	2014年9月4日
348	000791.OF	银华双月定期理财	2014年9月5日
349	000732.OF	中原英石货币 A	2014年9月11日
350	000733.OF	中原英石货币 B	2014年9月11日
351	000710.OF	交银现金宝	2014年9月12日
352	000789.OF	易方达龙宝 A	2014年9月12日
353	000790.OF	易方达龙宝 B	2014年9月12日
354	519516.OF	浦银安盛货币 E	2014年9月15日
355	000785.OF	华融现金增利 A	2014年9月16日
356	000707.OF	景顺长城景丰 B	2014年9月16日
357	000701.OF	景顺长城景丰 A	2014年9月16日
358	000786.OF	华融现金增利 B	2014年9月16日
359	000787.OF	华融现金增利 C	2014年9月16日
360	000693.OF	建信现金添利	2014年9月17日
361	000730.OF	博时现金宝 A	2014年9月18日
362	000784.OF	博时月月盈 R	2014年9月22日

续表

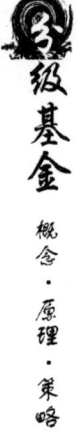

序号	证券代码	证券简称	基金成立日
363	000783.OF	博时月月盈 A	2014 年 9 月 22 日
364	000677.OF	工银瑞信现金快线	2014 年 9 月 23 日
365	000773.OF	万家现金宝	2014 年 9 月 23 日
366	000818.OF	诺安天天宝 C	2014 年 9 月 24 日
367	000797.OF	方正富邦金小宝	2014 年 9 月 24 日
368	000809.OF	招商招利 1 个月 B	2014 年 9 月 25 日
369	000808.OF	招商招利 1 个月 A	2014 年 9 月 25 日
370	000819.OF	新华财富金 30 天	2014 年 9 月 26 日
371	000832.OF	天弘现金 C	2014 年 10 月 15 日
372	000836.OF	国投瑞银钱多宝 A	2014 年 10 月 17 日
373	000837.OF	国投瑞银钱多宝 I	2014 年 10 月 17 日
374	519878.OF	国寿安保场内申赎 A	2014 年 10 月 20 日
375	519879.OF	国寿安保场内申赎 B	2014 年 10 月 20 日
376	000847.OF	中融货币 A	2014 年 10 月 21 日
377	000846.OF	中融货币 C	2014 年 10 月 21 日
378	000806.OF	信诚 3 个月理财 A	2014 年 10 月 22 日
379	000848.OF	工银瑞信添益快线	2014 年 10 月 22 日
380	400006.OF	东方金账簿货币 B	2014 年 10 月 22 日
381	000807.OF	信诚 3 个月理财 B	2014 年 10 月 22 日
382	000863.OF	富国天时货币 D	2014 年 11 月 3 日
383	000862.OF	富国天时货币 C	2014 年 11 月 3 日
384	000868.OF	国投瑞银增利宝 A	2014 年 11 月 13 日
385	000869.OF	国投瑞银增利宝 B	2014 年 11 月 13 日
386	000860.OF	银华惠增利	2014 年 11 月 14 日
387	000895.OF	国寿安保薪金宝	2014 年 11 月 20 日
388	000871.OF	北信瑞丰宜投宝 A	2014 年 11 月 20 日
389	000872.OF	北信瑞丰宜投宝 B	2014 年 11 月 20 日
390	511800.OF	易方达货币 E	2014 年 11 月 21 日

续表

序号	证券代码	证券简称	基金成立日
391	000891.OF	博时现金宝B	2014年11月21日
392	000750.OF	安信现金增利	2014年11月24日
393	000857.OF	上投摩根天添盈E	2014年11月25日
394	511860.OF	博时保证金	2014年11月25日
395	000855.OF	上投摩根天添盈A	2014年11月25日
396	000856.OF	上投摩根天添盈B	2014年11月25日
397	000713.OF	上投摩根天添宝B	2014年11月25日
398	000712.OF	上投摩根天添宝A	2014年11月25日
399	000883.OF	中金现金管家B	2014年11月28日
400	000882.OF	中金现金管家A	2014年11月28日
401	000920.OF	易方达财富快线Y	2014年12月3日
402	000903.OF	新华活期添利	2014年12月4日
403	511810.OF	南方理财金H	2014年12月5日
404	000816.OF	南方理财金A	2014年12月5日
405	000912.OF	英大现金宝	2014年12月10日
406	202307.OF	南方收益宝	2014年12月15日
407	000921.OF	中邮现金驿站A	2014年12月18日
408	000923.OF	中邮现金驿站C	2014年12月18日
409	000922.OF	中邮现金驿站B	2014年12月18日
410	000908.OF	农银汇理红利B	2014年12月19日
411	000907.OF	农银汇理红利A	2014年12月19日
412	159005.OF	汇添富收益快钱A	2014年12月23日
413	159006.OF	汇添富收益快钱B	2014年12月23日

资料来源：Wind资讯（截至2014年12月31日）。

附录 7

保本型基金一览表

序号	证券代码	基金简称	最新份额（亿份）	保本周期	保本比例	成立日期
1	202202.OF	南方避险增值	48.88	3 年	100%	2003 年 6 月 27 日
2	180002.OF	银华保本增值	27.91	3 年	100%	2004 年 3 月 2 日
3	530012.OF	建信保本	19.94	3 年	100%	2011 年 1 月 18 日
4	470018.OF	汇添富保本	15.48	3 年	100%	2011 年 1 月 26 日
5	270024.OF	广发聚祥保本	25.72	3 年	100%	2011 年 3 月 15 日
6	400013.OF	东方保本	7.58	3 年	100%	2011 年 4 月 14 日
7	020022.OF	国泰保本	18.89	3 年	100%	2011 年 4 月 19 日
8	090013.OF	大成保本	8.41	3 年	100%	2011 年 4 月 20 日
9	320015.OF	诺安保本	19.07	3 年	100%	2011 年 5 月 13 日
10	210006.OF	金鹰保本	5.51	3 年	100%	2011 年 5 月 17 日
11	080007.OF	长盛同鑫保本	13.36	3 年	100%	2011 年 5 月 24 日
12	519676.OF	银河保本	6.34	3 年	100%	2011 年 5 月 31 日
13	202212.OF	南方保本	39.4	3 年	100%	2011 年 6 月 21 日
14	180028.OF	银华永祥保本	7.76	3 年	100%	2011 年 6 月 28 日
15	163411.OF	兴全保本	9.44	3 年	100%	2011 年 8 月 3 日
16	620007.OF	金元惠理保本	0.99	3 年	100%	2011 年 8 月 16 日
17	217020.OF	招商安达保本	4.56	3 年	100%	2011 年 9 月 1 日
18	202211.OF	南方恒元保本二期	34.76	3 年	100%	2011 年 12 月 13 日
19	121010.OF	国投瑞银瑞源保本	3.05	3 年	100%	2011 年 12 月 20 日
20	487016.OF	工银瑞信保本	19.69	3 年	100%	2011 年 12 月 27 日
21	290012.OF	泰信保本	0.7	3 年	100%	2012 年 2 月 22 日
22	320020.OF	诺安汇鑫保本	34.97	3 年	100%	2012 年 5 月 28 日
23	206013.OF	鹏华金刚保本	16.03	3 年	100%	2012 年 6 月 13 日
24	090019.OF	大成景恒保本	9.46	3 年	100%	2012 年 6 月 15 日
25	393001.OF	中海保本	4.25	3 年	100%	2012 年 6 月 20 日
26	519710.OF	交银荣安保本	15.62	3 年	100%	2012 年 6 月 20 日
27	080015.OF	长盛同鑫二号保本	12.79	3 年	100%	2012 年 7 月 10 日
28	020018.OF	国泰金鹿保本四期	9.54	2 年	100%	2012 年 7 月 27 日
29	200016.OF	长城保本	19.16	3 年	100%	2012 年 8 月 2 日
30	582003.OF	东吴保本	7.76	3 年	100%	2012 年 8 月 13 日

续表

序号	证券代码	基金简称	最新份额（亿份）	保本周期	保本比例	成立日期
31	217024.OF	招商安盈保本	45.6	3年	100%	2012年8月20日
32	700004.OF	平安大华保本	10.19	3年	100%	2012年9月11日
33	163823.OF	中银保本	42.19	3年	100%	2012年9月19日
34	000610.OF	新华阿里一号保本	7.50	1.5年	100%	2014年4月25日
35	000649.OF	长城久鑫保本	25.60	3年	100%	2014年7月30日
36	519675.OF	银河润利保本	8.38	2年	100%	2014年8月6日
37	020018.OF	国泰金鹿保本五期	4.28	2年	100%	2014年8月26日
38	000749.OF	国金通用鑫安保本	13.40	1年	100%	2014年8月27日
39	000676.OF	中海惠祥分级B	10.89	2年	100%	2014年8月29日
40	000804.OF	中信建投稳利保本	3.81	2年	100%	2014年9月26日
41	000900.OF	新华阿鑫一号保本	8.89	1.5年	100%	2014年12月2日
42	202211.OF	南方恒元保本三期	6.36	3年	100%	2014年12月30日

资料来源：Wind资讯（截至2014年12月31日）。

参考文献

1. 中国证券业协会. 证券投资基金[M]. 北京:中国金融出版社,2012年.
2. 中国证券业协会. 证券投资分析[M]. 北京:中国金融出版社,2012年.
3. John D. Stowe, Thomas R. Robinson, Jerald E. Pinto, Dennis W. McLeavey.*Analysis of Equity Investments:Valuation*,Association for Investment Management and Research,2002—08—01.
4. John J. Murphy. Technical Analysis of the Financial Markets,*Prentice Hall Press*,1999—01—04.
5. Steve Nison. Japanese Candlestick Charting Techniques,*New York Institute of Finance*,1991—3—22.
6. Steve Nison. Beyond Candlesticks,*Wiley*,1994—11—10.
7. John Jagerson,S. Wade Hansen. Profiting With Forex:The Most Effective Tools and Techniques for Trading Currencies,*McGraw-Hill Education*,2006—7—12.

致　谢

本书的写作是我在工作中积累的知识和经验的延伸。这项写作工作很大程度上得益于我在中国出口信用保险公司、天风证券股份有限公司及汉口银行股份有限公司的同僚们和朋友们的支持与帮助，其中有一些内容还借鉴了之前的工作成果，在此向他们表示感谢。

本书的写作还得到巴曙松博士的鼓励。我与巴博士毕业于同一所中学，他的成就有目共睹，也是我们这些后辈学弟学妹们的榜样。巴博士工作繁忙，我没有机会当面请教，只在几次会议上匆匆聊上几句，即便如此，我也受益匪浅，得到不少的教益和鼓励。在此，也向他表示感谢。

另外，本书在写作过程中使用了 Wind 资讯的大量数据和截图——它也是我从工作开始至今一直使用的得力工具——在此也一并表示感谢。

当然，由于种种原因，书中定有遗漏和不足之处，尚请读者批评指正。